行政法ガール

大島 義則
Yoshinori Oshima

法律文化社

はしがき

　『行政法ガール』は，司法試験公法系第２問（行政法）を素材にしながら，行政法の事例問題の解き方を学べる小説です。

　本書は行政法を勉強する法学部生，ロースクール生，司法試験受験生を主な想定読者としていますが，行政法に関する具体的な紛争解決にあたる法律家や公務員のトレーニング素材にもなるものであり，広く行政法に関心のある方にお楽しみいただける内容となっております。

　本書の内容は，ライトノベル風のストーリーを交えながら平成18年から平成25年までの司法試験の過去問を検討するものです（平成23年以前は，「新司法試験」と呼ばれていましたが，平成24年以後は「司法試験」と呼称が改められました。本書ではすべて「司法試験」と呼ぶこととしています。）。特に第０話は，平成25年の問題を素材として，行政法事例問題の解き方を丁寧に説明する内容にしてあります。また，各話の最後には，行政法事例問題を解く際に役立つ「行政法的なものの考え方」（仕組み解釈等）を解説したラミ先生のワンポイントアドバイスと各問題の解答例をつけています。なお，司法試験の事例問題には様々な解答の筋道があり，本書の解答例はそのうちの１つの例に過ぎませんので，この点は十分ご留意下さい。また，各話末尾の注及び本書最後の判例一覧表は，あくまで本書を読み解く上で必要最小限度のものです。行政法の勉強をさらに深めたい方は，各文献・判例の原文に直接あたって勉強をするのも良いでしょう。

　本書の類書として，拙著『憲法ガール』（法律文化社，2013年）があります。『憲

法ガール』は憲法の事例問題を小説形式で解説したものですので，憲法にご興味がある方は，こちらも是非お手に取ってみてください。本書のストーリーは単独で楽しめるものとなっていますが，お話としては『憲法ガール』の「続き」となっています。

　本書を用いて何度も事例演習を行えば，次第に行政法の紛争事例の解決方法を身につけることができるでしょう。本書の登場人物の「声」が，あなたの行政法学習を支援し，支えてくれる「導き手」になることを筆者は切に願います。

目　次

第 0 話　　行政法事例問題の解き方　平成25年司法試験 …………001
　　　　　　学問としての行政法と個別行政法／行政事件訴訟の類型／取消訴訟の
　　　　　　訴訟要件／処分性の定式／内部行為論と処分性／規範定立行為と処分
　　　　　　性／本案の主張方法

第 1 話　　新たな出会い　平成18年司法試験その１ …………………027
　　　　　　２項道路一括指定処分の無効確認訴訟／２項道路指定の不存在確認訴
　　　　　　訟／セットバック義務不存在確認訴訟

第 2 話　　トンデモない展開　平成18年司法試験その２ ……………051
　　　　　　無効確認訴訟の訴訟物／財産権侵害／配慮義務違反／委任命令の合法
　　　　　　性

第 3 話　　京都御所で大騒動　平成19年司法試験その１ ……………061
　　　　　　執行停止の種類／退去強制令書発付の法的性格と処分性／処分性と仕
　　　　　　組み解釈／入管法に基づく収容・送還の執行停止の可否／通常生ずる
　　　　　　損害説／平成16年行訴法改正と執行停止／原処分主義と裁決主義

第 4 話　　物語を紡ぐ者　平成19年司法試験その２ …………………083
　　　　　　退去強制事由を争うための実体法上の主張

第 5 話　　清水の舞台　平成20年司法試験その１ ……………………091
　　　　　　勧告の処分性／公表の執行停止／公表の処分性／行訴法の訴訟類型の
　　　　　　比較

第 6 話　　月下の勉強会　平成20年司法試験その２ …………………111
　　　　　　行政調査の手続的規律／行政調査の瑕疵と取消事由／勧告の手続的規
　　　　　　律／手続的瑕疵と取消事由

| 第 7 話 | 記憶のかけら　平成21年司法試験その1 ……… 121 |

原告適格の判断枠組み／原告適格の必要的考慮要素／建築確認と狭義の訴えの利益／執行停止の要件と狭義の訴えの利益／平成16年行訴法改正と執行停止

| 第 8 話 | 記憶の解放　平成21年司法試験その2 ……… 143 |

接道義務／自主条例に基づく説明会の開催義務／公聴会の開催義務／主張制限の範囲／主張制限緩和論

| 第 9 話 | 記憶の秘密　平成22年司法試験その1 ……… 155 |

住民訴訟の4号請求／住民監査請求前置／住民訴訟における「住民」要件／一般競争入札の趣旨／随意契約の許容性

| 第10話 | 黒い天使の翼　平成22年司法試験その2 ……… 173 |

地自法96条1項6号・同237条2項の「適正な対価」の意義／地方議会による請求権放棄の可否

| 第11話 | 声　平成23年司法試験その1 ……… 183 |

原告適格と仕組み解釈／公法上の当事者訴訟と差止訴訟の比較／職権取消しの可否／迷惑施設と同意制

| 第12話 | 世界の命運　平成23年司法試験その2 ……… 205 |

行政の義務履行確保の制度／条例の設計方法／条例制定権の限界／条例と比例原則

| 補　話 | 銀色の狼　平成24年司法試験 ……… 215 |

都市計画決定の処分性／長期の都市計画存続の適法性／都市計画と損失補償請求

判例一覧 ……… 240

凡　例

＊文　献

阿部Ⅱ	阿部泰隆『行政法解釈学Ⅱ』（有斐閣，2009年）
石森	石森久広『ロースクール演習行政法』（法学書院，2012年）
宇賀Ⅰ	宇賀克也『行政法概説Ⅰ　行政法総論（第5版）』（有斐閣，2013年）
宇賀・行手法解説	宇賀克也『行政手続法の解説（第6次改訂版）』（学陽書房，2013年）
大貫＝土田	大貫裕之＝土田伸也『行政法　事案解析の作法』（日本評論社，2010年）
改正行訴法研究	小早川光郎編『改正行政事件訴訟法研究（ジュリ増刊）』（有斐閣，2005年）
神橋	神橋一彦『行政救済法』（信山社，2012年）
行管・逐条行手法	財団法人行政管理研究センター『逐条解説　行政手続法（18年改訂版）』（ぎょうせい，2006年）
公法訴訟第○回	石川健治＝神橋一彦＝土井真一＝中川丈久「公法訴訟（第1回）〜（第21回・最終回）」法学教室368号（2011年）〜392号（2013年）
小山	小山剛『「憲法上の権利」の作法（新版）』（尚学社，2011年）
コンメⅠ	室井力＝芝池義一＝浜川清編『コンメンタール行政法Ⅰ（第2版）行政手続法・行政不服審査法』（日本評論社，2008年）
コンメⅡ	室井力＝芝池義一＝浜川清編『コンメンタール行政法Ⅱ（第2版）行政事件訴訟法・国家賠償法』（日本評論社，2006年）
櫻井＝橋本	櫻井敬子＝橋本博之『行政法（第4版）』（弘文堂，2013年）
塩野Ⅰ	塩野宏『行政法Ⅰ（第五版補訂版）行政法総論』（有斐閣，2013年）
塩野Ⅱ	塩野宏『行政法Ⅱ（第五版補訂版）行政救済法』（有斐閣，2013年）
塩野・諸相	塩野宏『行政法概念の諸相』（有斐閣，2011年）
宍戸	宍戸常寿『憲法　解釈論の応用と展開』（日本評論社，2011年）
実務的研究	司法研修所編『改訂　行政事件訴訟法の一般的問題に関する実務的研究』（法曹会，2000年）
芝池	芝池義一『行政法総論講義（第4版補訂版）』（有斐閣，2006年）
条解	南博方＝高橋滋『条解　行政事件訴訟法（第3版補正版）』（弘文堂，

事例研究	曽和俊文＝金子正史『事例研究　行政法［第2版］』（日本評論社，2012年）
新基本法コンメ	村上順・白藤博行・人見剛編『新基本法コンメンタール　地方自治法』（日本評論社，2011年）
新・裁判実務大系	藤山雅行＝村田斉志『新・裁判実務大系　第25巻　行政争訟（改訂版）』（青林書院，2012年）
田中	田中二郎『新版　行政法　上巻（全訂第2版）』（弘文堂，1974年）
橋本・解説	橋本博之『解説改正行政事件訴訟法』（弘文堂，2004年）
橋本・解釈	橋本博之『行政判例と仕組み解釈』（弘文堂，2009年）
橋本・基礎	橋本博之『行政法解釈の基礎』（日本評論社，2013年）
藤田	藤田宙靖『行政法総論』（青林書院，2013年）
問題と解説	法学セミナー編集部編『論文式試験の問題と解説　公法編　2006〜2011年』（日本評論社，2013年）
山本	山本隆司『判例から探究する行政法』（有斐閣，2012年）

＊判　例　集

集民	最高裁判所裁判集民事
行裁例集	行政事件裁判例集
最判解民（刑）平成（昭和）○年度	『最高裁判所判例解説民事篇（刑事篇）』（法曹会）
平成（昭和）○年度重判	ジュリスト臨時増刊『平成○年度重要判例解説』（有斐閣）

＊法学雑誌

ジュリ	ジュリスト		訟月		訟務月報
判時	判例時報		判タ		判例タイムズ
法教	法学教室				

＊法　令　名

行政事件訴訟法	行訴法	国家賠償法	国賠法
行政手続法	行手法	地方自治法	地自法

登場人物紹介

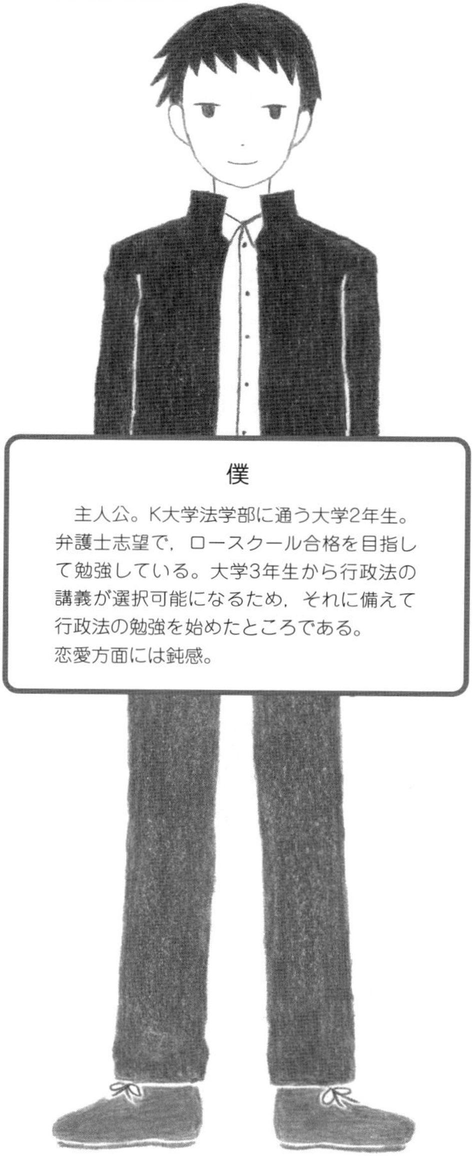

僕

主人公。K大学法学部に通う大学2年生。弁護士志望で，ロースクール合格を目指して勉強している。大学3年生から行政法の講義が選択可能になるため，それに備えて行政法の勉強を始めたところである。恋愛方面には鈍感。

シエルさん

記憶喪失の女性。なぜか行政法のことだけ覚えている。

ルナちゃん

シエルさんの妹。中学生くらいの容姿だが，年齢は不詳。主人公に挑戦的な態度をとる。

ラミ先生

K大学が誇る名物女性行政法教員。同大学には，双子の憲法学者であるレミ先生がいる。レミ先生とは容姿や喋り方がそっくりである。コスプレ好き。

トウコ

K大学法学部に通う大学2年生。年齢は17歳で既に司法試験に合格している。僕の友人。銀色の髪をもつ。

第 0 話

行政法事例問題の解き方
―― 平成25年司法試験 ――

学問としての行政法と個別行政法／行政事件訴訟の類型／取消訴訟の訴訟要件／処分性の定式／内部行為論と処分性／規範定立行為と処分性／本案の主張方法

第0話　行政法事例問題の解き方

　大学3年生になる前の春休み，僕は行政法の勉強を始めることにした。

　急に行政法の勉強をやろうと思い立ったのには，いろいろと理由がある。大学3年生からは行政法の講義が大学で選択可能になり，これを選択するつもりであることが直接の動機であるが，受験予定のロースクールや司法試験の試験科目になっていることも大きい。

　それに最近では，漠然と，国を相手にした行政訴訟を多く取り扱う弁護士になりたいという気持ちが出てきている。もともと憲法の勉強にはかなりハマっていて，何らかの形で憲法を用いた仕事をしたいと思っていたのだが，残念ながら日本には「憲法訴訟」という訴訟類型はなく，「憲法訴訟」は多くの場合，「行政訴訟」の形をもって現れる[*1]。このことを考えると，やっぱり「憲法訴訟」を実務で扱うためには，「行政訴訟」をマスターしておかなければいけないかなぁ，などと思ってしまったのである。

　だけど，この「行政法」というのが，どうにも難しい。日本には「行政法」という名前の法律はない。なんと1900本にも及ぶ多数の個別の法律が「行政法」を形作っていると聞く。もちろん大学で学ぶ「行政法」では，この1900本近くの法律すべてを取り扱うわけではなく，これらの法律に共通する一般的・抽象的な理屈を学ぶことになっている。しかし，これはこれで，あまりに抽象的過ぎて，実際の個別の行政実体法を解釈する際に，どのように役立てたら良いのかがわからない。いわば抽象的過ぎる「行政法」という学問と，具体的過ぎる約1900本の個別法との間に挟まれて，悶えている状態である。

　大学で悩んだときに役立つのは，大学のオフィスアワーという制度である。大学のオフィスアワーとは，大学の教員が学生からの質問や相談に応じるために設定されている時間帯だ。僕は，このオフィスアワーを利用して，履修予定の行政法の担当教員であるラミ先生に，悩み相談にいくことにした。

　教授棟8階にあるラミ先生の研究室のドアを叩くと，ドアの向こう側からドカドカドカ！　と盛大に物が崩れる音がした。あまりの大きな音に僕が驚いて研究室のドアを開けると，目の前で若い女性が大量の本に押しつぶされて両手を前に出して突っ伏していた。おそらく床にタワーのように積み上げていた大量の本が，両側から倒れてきたのであろう。

「だ，大丈夫ですか！？」

僕が声をかけると,「痛たた……」と言いながら,つばのない浅い筒型の紺色の帽子を押さえ,むくっと女性が起き上がった。女性は,紺色のブレザー風制服を身につけ,淡い水色のスカーフを首に巻き,短いタイトスカートをはいていた。
　今日は,「ドジっ子新人キャビンアテンダント」の設定だろうか。我らK大学が誇る名物女性行政法教員のラミ先生は,コスプレ好きなのだ。わざわざ本に埋もれてみせるあたり,シチュエーションから凝っている。なお,実は,K大学には同じくコスプレ好きの憲法教員レミ先生というのもいるが,行政法のラミ先生と憲法のレミ先生は双子であり,瓜二つの顔をしている。
「やあ,来たか来たか。待っておったよ」
　ラミ先生は,レミ先生と同じ妙ちくりんな喋り方をする点でも共通している。おかげで,せっかくの「ドジっ子新人キャビンアテンダント」という設定も台無しなわけであるが,別にそのへんはどうでもいいらしい。
「ちょっと研究室の中が片付いてなくてな。とりあえずそこに座ってくつろいでくれたまえ」
　指差されたのは,座るのにちょうどよい高さの本のタワーの生き残りだった。
「……」
　仕方がないので,僕はその本のタワーを椅子代わりにして腰かける。本に対する冒涜のような気がして,ちょっと気が引ける。
「それで,今日の相談というのは,なんだね,お客様」
　ラミ先生は左手を腰にあて,右手を平らにして,道案内をするときのようなしぐさをしてみせるが,あまりに上から目線の物言いで,全然キャビンアテンダントらしくない。突っ込んでも仕方がないので,話を先に進めることにする。
「実は抽象的な行政法を勉強しても,具体的な行政関係の法律にどのように応用していけば良いのかがわからないのです。どうしたらいいのでしょうか」
「ふぅむ,そういうことか。どんな法曹でも行政法学者でも1900本にも及ぶ個別の行政関係の諸法律に通じていることはありえない。行政法の勉強をするにあたっては,『行政法的なものの見方』——行政法思考とでもいうべきものを身につける必要があるな。こういうのは,実践してみなきゃわからんよ。この

第0話　行政法事例問題の解き方

問題を解いてみなされ」

> **📖 平成25年司法試験公法系第2問**
>
> 　Aは，土地区画整理法（以下「法」という。）に基づいて1987年に設立されたB土地区画整理組合（以下「本件組合」という。）の組合員である。本件組合の施行する土地区画整理事業（以下「本件事業」という。）については，当初，国及びC県からの補助金並びに保留地（事業費を捻出するために売却に用いられる土地をいう。）の処分による収入により実施する計画であったが，地価の下落により，保留地の処分が計画どおり進まなかったため，本件組合は，度々資金計画を変更して，補助金の増額や事業資金の借入れにより対応してきた。しかし，なおも地価の下落が続き，事業費不足が生じたため，本件組合は，組合員に対して総額15億円の賦課金の負担を求めることとした。
>
> 　本件組合は，2012年6月17日に開催された臨時総会（以下「本件臨時総会」という。）において，賦課金の新設を内容とする定款変更（以下「本件定款変更」という。その内容については，【資料1】を参照。）について議決した。また，本件臨時総会においては，賦課金の額及び徴収方法を定める賦課金実施要綱（以下「本件要綱」という。）が議決された。本件要綱によると，300平方メートル以下の小規模宅地の所有者又は借地権者（以下「所有者等」という。）には，賦課金は課されず，300平方メートルを超える宅地の所有者等に対して，300平方メートルを超える地積に比例して，賦課金が割り当てられる。すなわち，各組合員の賦課金の額は，｛（地積－300㎡）×賦課金単価｝とされ，賦課金単価は，｛15億円÷（総地積－総賦課金免除地積）｝とされている。本件臨時総会で，本件組合の理事Dは，小規模宅地の所有者等に対する政策的配慮から，小規模宅地の所有者等については一律に賦課金支払義務を免除した旨を説明した。
>
> 　本件臨時総会における本件定款変更の議決状況は，【資料2】のとおりである。書面による議決権行使の書類については，本件組合の理事Dが組合員により署名捺印された白紙のままの書面議決書500通を受け取り，後で議案に賛成の記載を自ら施していた。
>
> 　本件組合は，法第39条第1項の規定に基づき，本件定款変更について認可を申請し，C県知事は，2012年12月13日付けで，本件定款変更の認可（以下「本

件認可」という。）を行った。

本件事業の施行区域内に2000平方メートルの宅地を所有するAは，本件認可に不満を持ち，C県の担当部署を訪れて，本件認可を見直すよう申し入れるとともに，聞き入れられない場合には，本件認可の取消しを求めて訴訟を提起する考えを伝えた。しかし，C県職員からは，本件認可を見直す予定はないこと，及び，本件認可は取消訴訟の対象とならないことを告げられた。途方に暮れたAは，知り合いの弁護士Eに相談した。

以下に示された【法律事務所の会議録】を読んだ上で，弁護士Eの指示に応じ，弁護士Fの立場に立って，設問に答えなさい。

なお，土地区画整理法の抜粋は【資料3】に掲げてあるので，適宜参照しなさい。ただし，土地区画整理法及び同法施行令の規定によると，費用の分担に関する定款変更は総会の特別議決事項とされており，組合員の3分の2以上が出席し，出席組合員の（人数及び地積における）3分の2以上で決することとされているが，これに関する規定は【資料3】には掲げていない。

〔設問1〕
本件認可は，取消訴訟の対象となる処分に当たるか。土地区画整理組合及びこれに対する定款変更認可の法的性格を論じた上で，本件認可の法的効果を丁寧に検討して答えなさい。

〔設問2〕
本件認可は適法か。関係する法令の規定を挙げながら，適法とする法律論及び違法とする法律論として考えられるものを示して答えなさい。

【法律事務所の会議録】
　弁護士E：Aさんは，本件認可の取消訴訟を提起したい意向です。そこで，まず，訴訟要件について検討しましょう。本件認可に処分性は認められるでしょうか。
　弁護士F：「認可」という文言からして，処分性は問題なく認められるのではないでしょうか。
　弁護士E：本件では，土地区画整理組合に対する認可である点に注意が必要です。Aさんの話では，C県の職員は，「本件組合は，行政主体としての法的性格を与えられている」と述べたそうです。

第0話　行政法事例問題の解き方

弁護士F：本件組合が行政主体であるとは，どういうことでしょうか。土地区画整理法にそのようなことが規定されているのでしょうか。

弁護士E：認可の法的性格を考える上で前提になりますから，検討をお願いします。それから，C県の職員は，「下級行政機関である本件組合に対する本件認可は，処分に該当しない」と明言していたようです。なぜ本件認可の処分性が否定されることになるのか，C県側の立脚している考え方について，整理してください。その際，C県側の主張の論拠となり得る土地区画整理法の規定があれば，挙げてください。

弁護士F：承知しました。ただ，本件認可の法的効果を幅広く検討することによって，処分性が認められる余地があるのではないでしょうか。

弁護士E：なるほど。本件認可の法的効果を条文に即して幅広く検討する必要がありますね。Aさんの話では，C県の職員は，「市町村が土地区画整理事業を行う場合には，定款ではなく施行規程を条例で定めることとされています。条例の制定行為に処分性が認められないのと同様に，本件認可は処分に該当するものではありません。」と述べたそうです。この主張がどのような法的根拠に基づいており，何を理由に処分性を否定する趣旨なのか，明らかにする必要があります。また，この主張に対してどのように反論すべきかについて，重要な点ですから，賦課金の具体的な仕組みに即した丁寧な検討をお願いします。

弁護士F：承知しました。

弁護士E：次に，本件認可の適法性について検討しましょう。Aさんの話では，本件事業は，地価が高騰しつつあったバブル経済期に計画され，保留地を高値で売却できることが資金計画の前提とされていました。ところが，バブル経済の崩壊により，この前提が大きく崩れたにもかかわらず，本件組合は，地価はいずれ持ち直すという楽観的な見通しのもとに資金計画を変更し，さらに資金計画の変更を迫られるということを繰り返しています。今回の資金計画の変更は，事業当初から数えて7回目に当たります。このような度重なる資金計画の変更は，本件組合が本件事業を遂行できるのかについて大きな疑問を抱かせるものであること，また，本件事業は既に実質的に破綻しており，賦課金の新設を認めることは違法であることなどが，

　　　　　Aさんの主張です。Aさんの主張が本件認可の違法事由として法律構成できるものなのかについて，土地区画整理法の条文に即して検討してください。
弁護士F：承知しました。
弁護士E：それから，Aさんの不満は，本件定款変更が本件臨時総会で議決された経緯にもあるようです。費用の分担に関する定款変更は，特別議決事項とされていますが，本件臨時総会の議決状況を見ると，形の上では，議決の要件を満たしていますね。ただ，書面議決書の取扱いに問題があるように思われますので，この点についての違法性を，C県側の反論も想定した上で，検討してください。
弁護士F：承知しました。Aさんは，賦課金の算定方法が不公平であるという点にも不満を持っておられるようですね。私の方で少し調査しましたところ，本件組合の組合員1人当たりの平均地積は約482平方メートルですが，300平方メートル以下の宅地の所有権等を有し，賦課金が免除される組合員は930名で，総組合員の約80パーセントを占めています。また，賦課金が免除される宅地の総地積は約23万平方メートルで，施行地区内の宅地の総地積の約41パーセントを占めています。
弁護士E：なるほど。そのデータを踏まえ，本件の賦課金の算定方法の違法性につき，土地区画整理法の規定に照らして，検討してください。ただ，賦課金の算定方法は本件定款において直接定められているわけではありませんので，C県側は，賦課金の算定方法の違法性が本件認可の違法性をもたらすわけではないという主張をしてくるかもしれません。これに対する反論についても検討をお願いします。
弁護士F：承知しました。

【資料1　本件定款変更の内容】

　賦課金に関する規定を新設し，第6条第2号を挿入して同条第3号以下を繰り下げるとともに，第7条及び第8条を挿入して第9条以下を繰り下げる。変更後の第6条ないし第8条は，以下のとおりである。
　（収入金）
第6条　この組合の事業に要する費用は，次の各号に掲げる収入金をもってこれに充てる。

第0話　行政法事例問題の解き方

　　一　補助金及び助成金
　　二　次条の規定による賦課金
　　三　第9条の規定による保留地の処分金
　　四　（略）
　　五　寄付金及び雑収入
　（賦課金）
第7条　前条第2号の賦課金の額及び賦課金徴収の方法は，総会の議決に基づき定める。
　（過怠金及び督促手数料）
第8条　前条の規定による賦課金の滞納に督促状を発した場合においては，督促1回ごとに80円の督促手数料及びその滞納の日数に応じて当該督促に係る賦課金の額に年利10.75パーセントの割合を乗じて得た金額を延滞金として徴収するものとする。

【資料2　本件臨時総会における本件定款変更の議決状況】
　　　総組合員数　1161名
　　　宅地の総地積　56万平方メートル
　　　出席組合員数　907名
　　　　（投票者287名，書面による議決権行使者620名）
　　　賛成した出席組合員数　795名
　　　　（投票者225名，書面による議決権行使者570名）
　　　賛成した出席組合員が所有権又は借地権を有する宅地総地積　39万平方メートル
　　　　（投票者18万平方メートル，書面による議決権行使者21万平方メートル）

【資料3　土地区画整理法（昭和29年5月20日法律第119号）（抜粋）】
　（この法律の目的）
第1条　この法律は，土地区画整理事業に関し，その施行者，施行方法，費用の負担等必要な事項を規定することにより，健全な市街地の造成を図り，もつて公共の福祉の増進に資することを目的とする。
　（定義）
第2条　この法律において「土地区画整理事業」とは，都市計画区域内の土地について，公共施設の整備改善及び宅地の利用の増進を図るため，この法律

で定めるところに従つて行われる土地の区画形質の変更及び公共施設の新設又は変更に関する事業をいう。
2～8　（略）
（土地区画整理事業の施行）
第3条　（略）
2　宅地について所有権又は借地権を有する者が設立する土地区画整理組合は，当該権利の目的である宅地を含む一定の区域の土地について土地区画整理事業を施行することができる。
3　（略）
4　都道府県又は市町村は，施行区域の土地について土地区画整理事業を施行することができる。
5　（略）
（設立の認可）
第14条　第3条第2項に規定する土地区画整理組合（以下「組合」という。）を設立しようとする者は，7人以上共同して，定款及び事業計画を定め，その組合の設立について都道府県知事の認可を受けなければならない。（以下略）
2～4　（略）
（定款）
第15条　前条第1項（中略）の定款には，次に掲げる事項を記載しなければならない。
　一　組合の名称
　二　施行地区（中略）に含まれる地域の名称
　三　事業の範囲
　四　事務所の所在地
　五　（略）
　六　費用の分担に関する事項
　七～十二　（略）
（設立の認可の基準等及び組合の成立）
第21条　都道府県知事は，第14条第1項（中略）に規定する認可の申請があつた場合においては，次の各号（中略）のいずれかに該当する事実があると認めるとき以外は，その認可をしなければならない。
　一　申請手続が法令に違反していること。

二　定款又は事業計画若しくは事業基本方針の決定手続又は内容が法令（中略）に違反していること。
　三　（略）
　四　土地区画整理事業を施行するために必要な経済的基礎及びこれを的確に施行するために必要なその他の能力が十分でないこと。
2～7　（略）
（組合員）
第25条　組合が施行する土地区画整理事業に係る施行地区内の宅地について所有権又は借地権を有する者は，すべてその組合の組合員とする。
2　（略）
（総会の組織）
第30条　組合の総会は，総組合員で組織する。
（総会の議決事項）
第31条　次に掲げる事項は，総会の議決を経なければならない。
　一　定款の変更
　二　事業計画の決定
　三　事業計画又は事業基本方針の変更
　四～六　（略）
　七　賦課金の額及び賦課徴収方法
　八～十二　（略）
（議決権及び選挙権）
第38条　1，2　（略）
3　組合員は書面又は代理人をもつて（中略）議決権及び選挙権を行うことができる。
4　前項の規定により議決権及び選挙権を行う者は，（中略）出席者とみなす。
5，6　（略）
（定款又は事業計画若しくは事業基本方針の変更）
第39条　組合は，定款又は事業計画若しくは事業基本方針を変更しようとする場合においては，その変更について都道府県知事の認可を受けなければならない。（以下略）
2　（中略）第21条第1項（中略）の規定は前項に規定する認可の申請があつた場合又は同項に規定する認可をした場合について準用する。（以下略）
3～6　（略）

（経費の賦課徴収）
第40条　組合は，その事業に要する経費に充てるため，賦課金として（中略）組合員に対して金銭を賦課徴収することができる。
2　賦課金の額は，組合員が施行地区内に有する宅地又は借地の位置，地積等を考慮して公平に定めなければならない。
3　（略）
4　組合は，組合員が賦課金の納付を怠つた場合においては，定款で定めるところにより，その組合員に対して過怠金を課することができる。
（賦課金等の滞納処分）
第41条　組合は，賦課金（中略）又は過怠金を滞納する者がある場合においては，督促状を発して督促し，その者がその督促状において指定した期限までに納付しないときは，市町村長に対し，その徴収を申請することができる。
2　（略）
3　市町村長は，第1項の規定による申請があつた場合においては，地方税の滞納処分の例により滞納処分をする。（以下略）
4　市町村長が第1項の規定による申請を受けた日から30日以内に滞納処分に着手せず，又は90日以内にこれを終了しない場合においては，組合の理事は，都道府県知事の認可を受けて，地方税の滞納処分の例により，滞納処分をすることができる。
5　前2項の規定による徴収金の先取特権の順位は，国税及び地方税に次ぐものとする。
（施行規程及び事業計画の決定）
第52条　都道府県又は市町村は，第3条第4項の規定により土地区画整理事業を施行しようとする場合においては，施行規程及び事業計画を定めなければならない。（以下略）
2　（略）
（施行規程）
第53条　前条第1項の施行規程は，当該都道府県又は市町村の条例で定める。
2　前項の施行規程には，左の各号に掲げる事項を記載しなければならない。
　　一　土地区画整理事業の名称
　　二　施行地区（中略）に含まれる地域の名称
　　三　土地区画整理事業の範囲
　　四　事務所の所在地

五　費用の分担に関する事項

　　六～八　（略）

　（換地処分）

第103条　換地処分は，関係権利者に換地計画において定められた関係事項を通知してするものとする。

2　換地処分は，換地計画に係る区域の全部について土地区画整理事業の工事が完了した後において，遅滞なく，しなければならない。（以下略）

3　個人施行者，組合，区画整理会社，市町村又は機構等は，換地処分をした場合においては，遅滞なく，その旨を都道府県知事に届け出なければならない。

4　国土交通大臣は，換地処分をした場合においては，その旨を公告しなければならない。都道府県知事は，都道府県が換地処分をした場合又は前項の届出があつた場合においては，換地処分があつた旨を公告しなければならない。

5，6　（略）

　（報告，勧告等）

第123条　国土交通大臣は都道府県又は市町村に対し，都道府県知事は個人施行者，組合，区画整理会社又は市町村に対し，市町村長は個人施行者，組合又は区画整理会社に対し，それぞれその施行する土地区画整理事業に関し，この法律の施行のため必要な限度において，報告若しくは資料の提出を求め，又はその施行する土地区画整理事業の施行の促進を図るため必要な勧告，助言若しくは援助をすることができる。

2　（略）

　（組合に対する監督）

第125条　都道府県知事は，組合の施行する土地区画整理事業について，その事業又は会計がこの法律若しくはこれに基づく行政庁の処分又は定款，事業計画，事業基本方針若しくは換地計画に違反すると認める場合その他監督上必要がある場合においては，その組合の事業又は会計の状況を検査することができる。

2～7　（略）

　いきなり長大な平成25年の司法試験の問題で実践させるあたりが，スパルタである。ただ問題文は長いものの，日本語として，ちんぷんかんぷんという

わけではない。一応は読める。
「行政法自体は極めて広い学問分野だが，学生向けの試験問題ではだいたい考えるべきことは決まっている。行政事件の訴訟類型に即した訴訟要件論と本案論だな。訴訟要件とは本案審理に入るための前提となる要件のことであり，訴訟要件を欠けば訴えは却下される。訴訟要件を充足すれば，裁判所は本案に対する実体的な判断を下さなければならない。本案で勝訴できれば事情判決（行訴法31条）とならない限り請求が認容され，本案で敗訴すれば請求は棄却される（ラミ先生のワンポイントアドバイス①　行政法事例問題の解き方参照）」

そうそう。こんな風に，行政法は民事訴訟法など他の法律の基本的知識がある程度要求されるところが難しい。

「設問1は訴訟要件論を問うものであり，設問2は本案論を問うもので，司法試験の出題ではこの形式が多い。国家賠償・国家補償の問題もよく出されるが，行政事件訴訟の問題は毎年必ず出題されており，まずは行政事件訴訟の事例問題の解き方をマスターすべきだな。さっそく設問1から解いてみるかね。最初に，自分が，行政法という大海の中の，どこにいるのかをはっきりと認識することが有用だな。行訴法は，どのような訴訟類型を規定しているかね？　そこのホワイトボードに書いてみたまえ」

えーと，これは簡単。行訴法3条〜6条に訴訟類型が列挙してある。ツリー状に示すとこんな感じだ。

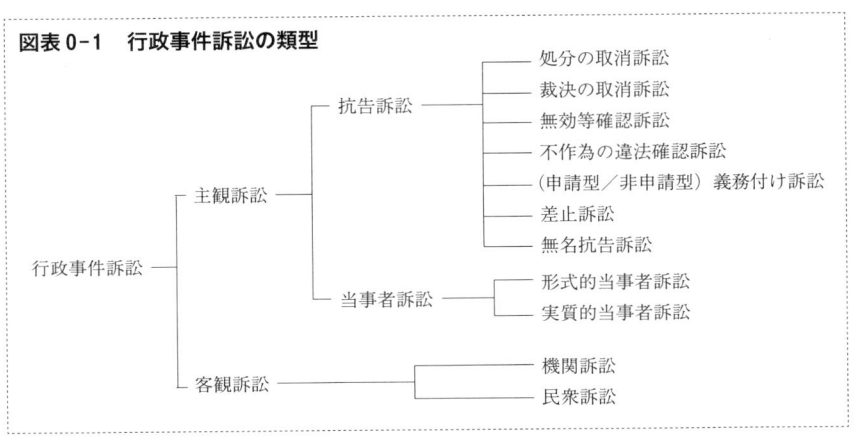

図表0-1　行政事件訴訟の類型

第0話　行政法事例問題の解き方

「うむ。で，設問1はこのホワイトボードで示した訴訟類型のうち，どれが問題になっているのだね？」
「処分の取消訴訟（行訴法3条2項）です」
「そのとおり。では，今度は処分の取消訴訟の訴訟要件を全部列挙してみたまえ」
　これも基本的な知識だから，なんとかわかるぞ。確か取消訴訟の訴訟要件は，7つだったな。

図表0-2　取消訴訟の訴訟要件
　①処分性
　②原告適格
　③訴えの利益
　④被告適格
　⑤管轄裁判所
　⑥不服申立前置（自由選択主義or審査請求前置主義）
　⑦出訴期間

「うむ，そうだな。設問1では，『処分の取消訴訟』のうち『処分性』の訴訟要件について問われている。当たり前すぎる作業だが，まずは行政法の地図をこうして頭の中にばっと広げてみて，自分の立ち位置を確認してみるのが第一歩の作業になるな。さて，ここからは，設問1について，さらに問題を詳細にブレイクダウンしていくぞ。行訴法3条2項は『行政庁の処分その他公権力の行使に当たる行為』，すなわち処分性のある行為について取消訴訟が提起できることを定めているわけだが，この処分性のより詳細な定義は定められていないな。条文から直ちに意味内容を引き出せない場合に，第一に参照すべきが最高裁判所の下した判例だ。処分性のリーディングケースである大田区ゴミ処理場事件（判例0-1）は何と言っているかね？」
　これも基本知識。
「はい。同事件は，『公権力の主体たる国または公共団体が行う行為のうち，その行為によつて，直接国民の権利義務を形成しまたはその範囲を確定することが法律上認められているもの』に処分性を認めています」
「本件認可はC県知事が行っているので公共団体の行う行為であることは明らかだが，問題は直接的な法効果性があるか否かだな。C県側は，処分の対象で

「ある本件組合は行政主体であって，上級行政機関であるＣ県知事による，下級行政機関である本件組合に対する本件認可は処分に該当しないとの立場に立っているな。これは行政主体間における内部行為論により，国民に対する『直接』的な法効果性を否定するロジックといえる。では，Ｃ県側のいうように，本件組合は行政主体といえるのかな？」

「僕の知識だと，確か土地区画整理組合は，いわゆる行政主体である公共組合だったと思うんですよね。そうすると，Ｃ県側のいうように内部行為論から本件認可の処分性が否定されてしまいそうで……」

「主張自体失笑！ 『確か』？ 『だったと思う』だと？ そんな曖昧な知識で行政法の事例問題に取り組むと火傷するぞ」

「そんなこと言っても公共組合って行政組織法の分野で，ちょっとまだそこまで手が回っていないのですよね」

「出題者は君の都合なんて考えてくれないからな」

　ずきずきと胸が痛む言葉だ。

「だが安心しろ。本問の場合には，本件組合の公共性を示す条文を現場で検討することでも乗り切れないわけではない。公共組合は，強制加入制，公権力の付与（特に経費等の賦課徴収権の付与），解散の自由の制限，国による特別の指揮監督権という４つの特徴を有する傾向にあるな[*2]。本件組合について，この４つの特徴に即して個別の条文を検討してみると，どうなるかね？」

「えーと」僕は，問題文を必死でめくり，参考条文のところを見る。「強制加入制は法25条１項で定められています。公権力の付与は……法40条で経費の賦課徴収権限，法41条で賦課金の滞納処分権限，法103条３項で換地処分権限が定められています。あと法123条と同125条で知事の組合に対する監督権限等も定められています」

「問題文には引用されていないので試験で書くことは不要だが，土地区画整理組合は解散の自由も制限されており（法45条２項），公共組合の４つの特徴すべてを充足するな[*3]」

「そうすると，やはり本件組合は公共組合となるので，内部行為論により処分性は否定されてしまうわけですか？」

「主張自体失態。君は弁護士になったら，そんなレポートをクライアントにあ

げるつもりなのかね。土地区画整理組合は行政主体たる公共組合ではあるが，公共組合は国や地方自治体とは独立した法人格を与えられている。それゆえ，土地区画整理組合が行政主体たる公共組合だからといって，直ちにC県の下級行政機関と同等の地位に立つわけではないな。ここでも判例に即して慎重に検討しなければならん。成田新幹線訴訟（判例0-2）[*4]は『本件認可は，いわば上級行政機関としての運輸大臣が下級行政機関としてのD建設公団に対しその作成した本件工事実施計画の整備計画との整合性等を審査してなす監督手段としての承認の性質を有するもので，行政機関相互の行為と同視すべきものであり，行政行為として外部に対する効力を有するものではなく，また，これによって直接国民の権利義務を形成し，又はその範囲を確定する効果を伴うものではない』ことから処分性を否定していたな。ここで運輸大臣の公団に対する認可を『行政機関相互の行為と同視すべき』理由は判決文で必ずしも明示されているわけではないが，最高裁調査官解説を読むとその理由がある程度推測できる。調査官解説は，新幹線鉄道の建築は公団が自主的・自発的に行うものではなく，運輸大臣の高度の政治的決定に基づき公団が国又は地方公共団体の代行機関として行うものであるという全国新幹線鉄道整備法の仕組みに着目して処分性否定論を導いているのだ。[*5]これに対して土地区画整理組合は自ら自治的規範を定立し執行を行う主体であって，それに公的な承認が与えられる，という仕組みで成り立っている。[*6]要はトップダウン型の決定の仕組みをもっている成田新幹線訴訟の認可とボトムアップ型の決定の仕組みをもつ本件認可は事案が異なると線引きをすることが可能なわけだ」

「ということは，内部行為論は適用されないので，処分性は肯定できるということでいいんですか？」

「君はせっかちだな！　C県の職員は，『市町村が土地区画整理事業を行う場合には，定款ではなく施行規程を条例で定めることとされています。条例の制定行為に処分性が認められないのと同様に，本件認可は処分に該当するものではありません』とも述べているな。このC県側の処分性否定論は，どのようなロジックに基づくものかね？」

そういえば，そんな記述が問題文にあったな。

「条例制定のような一般的・抽象的な規範制定行為については，個別具体的な

法効果性がないことから処分性が否定されるのが普通ですね。簡易水道料金値上げ条例事件（判例0-3）もそのように考えています」

「フツーはそうだ。伝統的な行政法学は，①法律（抽象的規範）→②行政行為→③強制行為という三段階構造が行政過程の基本的単位になるという伝統的三段階構造モデルに依拠した行政法思考をとってきており，処分性は②のタイミングで認められるのがフツーだと考えられてきたわけだな。こういう風に行政法的にフツーに考えるとどうなるのかを測る『ものさし』として三段階構造モデルが機能することを覚えておくべきだな*7（ラミ先生のワンポイントアドバイス②行政活動を評価するための「ものさし」参照）」

　行政法の三段階構造モデルって大学の講義の1回目で過去の遺物として紹介されるくらいの位置付けだと思っていた。

「しかし，だ。フツーすなわち原則がそうだとしても，原則に対する例外が存在することが法律学では多いな。実際，保育所廃止条例事件（判例0-4）は，条例制定行為の処分性を肯定している。詳細な判旨は後で確認しておいて欲しいが，この事件は，法令の仕組みを丹念に検討した上で，条例の制定行為について①条例の直接的な法効果性及び対象の特定性を考慮しながら「行政庁の処分と実質的に同視し得るもの」であり，かつ，②民事訴訟・当事者訴訟と比較して第三者効（行訴法32条）が認められている取消訴訟による救済の合理性があることから，処分性を肯定している*8。そうすると，本件認可の処分性については賦課金の仕組みに着目して簡易水道料金値上げ条例事件と保育所廃止条例事件のいずれの事案に近いのか検討を加える必要があるな。本件賦課金徴収の『仕組み』はどうなっている？」

　僕は，ラミ先生の引いてくれた補助線に沿って思考を走らせる。

「定款の必要的記載事項として『費用の分担に関する事項』（法15条6号）があり，当該事項に関して定款変更により『事業に要する費用』として賦課金が規定され（定款6条2号），賦課金の額及び徴収方法は総会議決で定められ（定款7条）……さらにこれを受けて臨時総会で議決された本件要綱が賦課金の額の計算方法を定めています」

「そうだな。個々の行為・手続をばらばらにではなく，賦課金に関する行政過程全体を動態的に正確に分析し，法令の『仕組み』を明らかにした上で解釈論

第0話　行政法事例問題の解き方

を展開するのが行政法事例問題を解くときのコツだな（ラミ先生のワンポイントアドバイス③「仕組み解釈」とは何か参照）。定款変更に関する本件認可だけを取り出して単独で局所的に考察した場合、変更後の定款には賦課金の額や徴収方法は総会議決で定めるとされているため、個別的・具体的にどの者に法効果が及ぶのかは明らかにならん。だが、本件定款変更と同時に本件要綱が議決されているという行政過程の動態に目を向ければ、特段の事情でもなければ賦課金の支払う義務を負う各組合員はほぼ確実に賦課金を徴収される立場に立たされるし、本件要綱によればその義務を負う対象者の範囲も明確に特定されている（①）。しかも、取消訴訟の第三者効（行訴法32条）からすると、当事者訴訟で争うよりも紛争解決の実効性の点で本件でも取消訴訟を利用させたほうが合理性があるな（②）。したがって本件認可の処分性を肯定できる。こういう風に、うまく判例を『はしご』にして問題を分析することが重要だな。本問では大田区ゴミ処理場事件、成田新幹線訴訟、保育所廃止条例事件を頭に思い浮かべながら、それらの判例との距離をうまく測っていけば良いわけだ」

　言うのは簡単だが、判例が正確に頭に入っているだけではなく、それを使いこなせるようにしておかないと、なかなか難しい。

「さて、次は本案論の設問２にうつろうか。本問でAは３つの不満を言っているな。どんな不満か要約してみたまえ」

「えー。簡単にいえば、本件組合は実質的に破綻しており本件事業を遂行する経済的能力がないこと、白紙の書面議決書に本件組合の理事Dが賛成と自ら記入し賛成票として扱ったこと、賦課金の算定方法が偏っていること、でしょうか」

「で、それらの事情は、本件認可を違法にするものかね？」

「これら３つの事情からすると本件認可は裁量権逸脱・濫用であって、行訴法30条に違反し違法である、という違法論があると思います」

　ラミ先生は、がっくりと肩を落とす。あれ、そんなにおかしいこと言ったかな。

「お客様お客様お客様ー。……本件認可の要件は何かね？」

　一瞬だけ、自分のコスプレのことを思い出したらしい。

「定款変更の認可の要件……は、法39条２項で同21条１項が準用されています

ね」

「そうだ。本案上の主張では，裁量権の逸脱だ濫用だと騒ぐ前に，当該行政処分の根拠法規となる処分要件の不充足を主張しなければならんな（ラミ先生のワンポイントアドバイス④　本案上の主張の仕方参照）。本件組合の経済的基盤や能力がないことは，法21条1項の何号に該当しそうだ？」

「あっ，4号に『土地区画整理事業を施行するために必要な経済的基礎及びこれを的確に施行するために必要なその他の能力が十分でないこと』と書いてあります」

「そう，つまり本件認可の違法論としては法39条2項・同21条1項4号違反を主張すれば良い。これに対して適法論はどうやって組み立てる？　本問ではどうやって本件組合はお金を確保するつもりなのかね」

「賦課金ですね。そうすると……賦課金を課せば経済的基礎も充実するし，そういう計画を立てる本件組合の能力にも特段問題はない，という適法論がありえそうです」

「そのとおり。条文をみただけの形式論では違法論も適法論も，何とでも組み立てることができるな」

　　たぶん他の筋の色々な適法論，違法論の組み立て方もあるのだろう。しかし……。

「違法論も適法論も法的に主張可能であるとすれば，どうやって本案論の勝敗は決定されるのでしょうか。本案上の主張の仕方については行政法の基本書を読んでもまったく触れられていないのですが」

「本案論において決定的役割を果たすのは，処分の根拠法規となる個別行政法の趣旨・目的なんだな[*9]（ラミ先生のワンポイントアドバイス⑤　個別行政法の重要性参照）。だから，本問では法21条1項4号の趣旨・目的の把握が問題を解くためのキーとなる。土地区画整理法は事業が遂行不能になった場合の破産や清算を想定していないので[*10]，何らかの方法でお金を調達してとにかく事業を遂行することが必要で，そのための規制をする趣旨をもつのが法21条1項4号だ。本件組合がお金を調達する方法としては何がありうる？」

「まずは本問で採用された15億円を賦課金で調達する方法ですよね。ほかには国やC県からの補助金，保留地の処分，銀行等からの事業資金の借入れ……な

第0話　行政法事例問題の解き方

どがあります」

「そういう状況の中で，クレーマーの気持ちになって考えてみることが必要だな。賦課金を支払いたくない人は，なんて考えるかね？」

「……もっと補助金は出ないのか，保留地の処分がうまくいかないというが，うまく処分しろよ，と言いたくなりますね」

「私なら，お金持ちのお偉いさんを連帯保証人にして，もっと事業資金を借り入れたらどうかとか言っちゃうかもしんないな。これを法的な言葉に引き直せば，こうなる。土地区画整理事業は原則的に保留地の処分や補助金，借入れにより資金調達することが想定されており，賦課金徴収はこれらの資金調達によっては間に合わない緊急事態に限られる。保留地，補助金，借入れ等の事業計画の適切な見直しなくして行われる賦課金の徴収は法21条1項4号の予定するところではなく，違法である」

「……でも本問では保留地の処分，補助金，借入れなどのあらゆる手段が尽きているから，賦課金に頼ろうとしているわけですよね？　今後の事業計画をうまく作り込めよ，というだけでは，違法というにはちょっと厳しいのではないでしょうか」

「それは，そうだ。法21条1項4号が資金調達の方法を限定していないこともあり，適法論のほうが優勢のような印象を受けるな。そんなわけで，次へいこう。白紙の書面議決書の点はどうだね？」

　本件認可の処分要件から考えるんだよな。

「『決定手続又は内容が法令（中略）に違反していること』（法39条2項・同21条1項2号）の該当性が問題になります。具体的には，白紙の書面議決書が，書面による議決権行使を認めた法38条3項によって許容されているか否か，ですね」

「これも法38条3項の趣旨・目的との関係で違法論と適法論を考えうるな。同[11]4項が同3項の書面又は代理人による議決権の行使をした者を『出席者とみなす』としていることから，同3項の趣旨は会議の成立を容易にする点にあると考えれば，会議を成立させる方向に作用する白紙議決書は許容されていると主張することができる。これに対して，同3項の趣旨が会議の成立を容易にすると同時に，可能な限り組合員の個々の意思を反映させようとする点にあると考

えれば，理事Ｄが一律に白紙の書面議決書を賛成と取り扱うことは同３項の趣旨に反するとの主張が成り立つ。最後に，賦課金の算定方法の不公平の点はどうかね？」
「小規模宅地の所有者等に対する政策的配慮から，小規模宅地の所有者等については一律に賦課金を免除していますが，その結果，約80パーセントの組合員が免除され，免除される宅地の総地積が約41パーセントにも上っています。法40条２項は『賦課金の額は……宅地又は借地の位置，地積等を考慮して公平に定めなければならない』と規定していますが，この賦課金の算定方法は『地積』を考慮した『公平』なものではなく同２項に反します。そこで，『決定手続又は内容が法令（中略）に違反していること』（法39条２項・同21条１項２号）に該当するとの違法論が成り立ちます」
「適法論は？」
「賦課金の支払能力の低い小規模宅地の所有者等を免除するのはむしろ『公平』であって適法である，仮に不公平であったとしてもこれにより違法になるのは賦課金の算定方法を定めた本件要綱に過ぎず，定款変更に関する本件認可の違法事由とはならない，と言えそうです」
「前者は，法の趣旨に照らして何が『公平』を判断しなければならないな。後者は本件定款変更と本件要綱は同時に議決されており，本件要綱の内容は本件定款の内容と不可分一体であると反論できそうだ」
　ラミ先生は，そこで大きく両手を天空に伸ばし，猫のようの伸びをしてみせる。
　長丁場の議論だったので肩が凝ったのか，ラミ先生の背骨がバリバリと音を立てる。
「ふぅ。やはり長時間のフライトは疲れるものだな。さて，悪いが，この後にお医者様と外資系事務所に勤める弁護士と青年実業家が来る合コンがあるので，そろそろ失敬するよ」
　なに言ってんだ，この人。
　……ああ，この人なりの「キャビンアテンダント」像なのか。いろんな人に怒られるぞ。
「それでは，お客様，どうぞ良いご旅行を」

ラミ先生は筒型の紺色帽子を押さえながら片目でウインクしてみせると、颯爽と研究室を出て行ってしまった。

後から考えれば、このときのラミ先生の「旅行」という言葉につられて、「そういえば、最近、旅行に行ってなかったなあ」などと考えなければ、あんなへんてこりんな事件に巻き込まれることはなかったのかもしれない。

平成25年司法試験公法系第2問 解答例

第1 設問1
1 本件認可が取消訴訟の対象となる「処分」(行訴法3条2項)に該当するかを検討する。「処分」とは、公権力の主体たる国または公共団体が行う行為のうち、その行為によって、直接国民の権利義務を形成しまたはその範囲を確定することが法律上認められているものである。本件認可は、C県知事が行っているので公権力の主体たる公共団体が行う行為である。そこで、直接的な法効果性が認められれば、本件認可は「処分」に該当することとなる。
2 C県側は、本件組合は行政主体としての法的性格を有しており、C県知事の本件組合に対する本件認可の法的性格は上級行政機関から下級行政機関に対する行政機関内部の行為であって、組合員に対する何らの外部的な法的効果も及ぼさないので、「処分」に該当しないとの見解に立っている。確かに、本件組合については、強制加入制がとられており(法25条1項)、経費の賦課徴収権限(同40条)、賦課金等の滞納処分権限(同41条)及び換地処分権限(同103条3項)が付与され、知事の組合に対する監督権限等(同123条、同125条)が定められている。よって本件組合は、強制加入制、公権力の付与、特別の指揮監督関係という行政主体の1つである公共組合の特徴を有している。そのため、本件組合が行政主体であることは否定しえない。

しかし、賦課金の具体的な法的仕組みに照らすと、本件認可は単なる行政組織間の内部行為ではなく、組合員に対する外部的効果を有する。定款の記載事項として「費用の分担に関する事項」があり(同15条1項6号)、当該事項に関して本件定款変更により賦課金に関する定款7条が新設され、この定款7条に基づき本件要綱が賦課金の額及び徴収方法を定めており、しかも定款では賦課金の滞納に対して過怠金及び督促手数料の徴収手

続が定められている。これらの各規定の仕組みを前提とすると，本件認可を行えば，組合員は相当程度，具体的・直接的に賦課金が課される法的地位に立たされるので，組合員に対する直接的な法効果性が認められる。
3 これに対してC県側からは，市町村が土地区画整理事業を行う場合には定款ではなく施行規程を条例で定めることとなっており（同53条），これを踏まえれば本件認可は条例制定行為に類似する一般的・抽象的な法効果を有するに過ぎず，本件認可は個々の組合員に対して個別的・具体的に権利義務を形成等するものではないとの反論が想定される。確かに，一般的・抽象的な条例制定行為は原則として当該条例に基づく後続処分による個別具体的な権利義務の形成が予定されているため，その処分性は否定される傾向にある。しかし，規範定立行為であったとしても典型的な行政処分と実質的に同視しうるものであれば処分と認めうる。そして，本件要綱を前提として本件認可がなされた場合には，個々の組合員は相当程度の具体性・直接性をもって賦課金の徴収を受ける法的地位に立たされるので，典型的な行政処分と同視しうる。[12]
4 以上により，本件認可は処分性を有する。

第2 設問2
1 本件認可を違法とする法律論として，本件組合は7度も見通しの甘い資金計画の変更を行っており本件事業を遂行する能力が不十分であることから，本件認可は「土地区画整理事業を施行するために必要な経済的基礎及びこれを的確に施行するために必要なその他の能力が十分でないこと」（法39条2項・21条1項4号）の要件を満たしておらず違法である，との主張が考えられる。他方で，15億円の賦課金を徴収すれば本件事業の経済的基礎を確保できるため，同要件は満たされるとの適法論を想定しうる。
　確かに，土地区画整理事業の経費は主として国及び地方自治体からの補助金及び保留地の処分により賄われることが予定されているが，賦課金の総額及び徴収方法の明文上の制限はなく，賦課金の徴収により経済的基礎を確保できれば同要件は満たされる。よって，この点において本件認可を違法と解することは困難である。
2 次に，理事Dが白紙の書面議決書500通に賛成の記載を自ら行った行為は，多くの組合員の意思を組合運営に反映しようとした法38条3項及び4項の趣旨に反し違法であり，「決定手続又は内容が法令……に違反していること」（法39条2項・法21条1項2号）に該当するので，本件認可は違法であるとの主張が考えられる。他方で，法38条3項及び4項の趣旨は，できる限り棄権者が出るのを防ぎ，会議の成立を容易ならしめる点にある

ため，白紙による書面議決書の提出を許容した上で理事Dにその賛否を委ねることも適法であるとの主張も想定しうる。

　法38条3項及び4項の趣旨は，単に会議の成立を容易にするだけではなく，組合の意思を尊重する点にもあると考えられる。そこで，本件認可は違法である。

3　最後に，小規模宅地の所有者等に対する政策的配慮から，小規模宅地の所有者等については一律に賦課金を免除しているが，その結果，約80パーセントの組合員が免除され，免除される宅地の総地積が約41パーセントにも上っており，このような賦課金の算定方法は「地積」を考慮した「公平」なものではなく法40条2項に反して違法である，したがって「決定手続又は内容が法令（中略）に違反していること」（法39条2項・同21条1項2号）に該当するので本件認可は違法であるとの違法論がありうる。他方で，賦課金の支払能力の低い小規模宅地の所有者等を免除するのはむしろ実質的には「公平」であって適法であり，仮に不公平であったとしてもこれにより違法になるのは賦課金の算定方法を定めた本件要綱に過ぎず，定款変更に関する本件認可の違法事由とはならないとの適法論も考えられる。

　実質的公平を考慮したとしても，小規模宅地の所有者等について一律に賦課金を免除する必要性はない。本件の賦課金の算出方法については，約80パーセントの組合員による賛成を得るためという不当な動機が推認され，違法と判断される余地がある。また，本件定款変更と本件要綱は同時に議決されており，本件要綱の内容は本件定款の内容と不可分一体であることを踏まえると，これは本件要綱のみならず本件認可の違法事由にもなる。

以上

＊1　「憲法訴訟」は，行政訴訟，民事訴訟，刑事訴訟という3種の訴訟類型とともに現れる。このことを意識して書かれた概説書として戸松秀典『プレップ憲法訴訟』（弘文堂，2011年）がある。

＊2　日暮直子「公共組合」新・裁判実務大系131-132頁。

＊3　厳密には，本文の4つの特徴をすべては備えない公共組合が存在する一方で，4つのすべての特徴を充足していたとしても直ちに公共組合に該当すると判断できるわけでもなく（前掲注2）133頁），公共組合該当性のメルクマールは1つの論点となっている。これに関しては，強制加入制の要素から公共組合性を推定する見解（矢野勝久「公共組合」田中二郎＝原龍之介＝柳瀬良幹編『行政法講座（第4巻）　行政組織』（有斐閣，1965年）241頁）

や事務事業目的の公共性を基準とする見解（前掲注2）133頁）などがある。公共組合性のメルクマールや土地区画整理組合の歴史・性格に関しては、安本典夫「公共組合の国家に対する地位について」立命館法学150-154号合併号（1980年）461頁以下が詳しい。

＊4　内部行為論に関しては、消防法7条による消防長の同意の処分性を否定した消防庁同意拒否事件（最判昭和34年1月29日民集13巻1号32頁）や通達の処分性を否定した墓地埋葬法通達事件（最判昭和43年12月24日民集22巻13号3147頁）もあるが、これらは行政機関相互間の行為そのもののケースである。本件認可は行政機関相互間の行為そのものではないため、行政機関相互間の行為と同視すべきかどうかが争点となった成田新幹線訴訟を参照すべきであろう。

＊5　石井健吾・最判解民昭和53年度536-537頁。

＊6　安本・前掲注3）471頁。

＊7　伝統的な行政法学を形成した田中二郎の体系書では、行政行為、行政立法、行政強制及び行政罰という三段階構造モデルが採られている（田中二郎『新版 行政法 上巻（全訂第2版）』（弘文堂、1974年）第二編第三〜六章）。三段階構造モデルの論証の型の有用性を説くものとして、石川健治＝神橋一彦＝土井真一＝中川丈久「連載開始にあたって」公法訴訟第1回86-87頁〔神橋一彦発言〕。

＊8　吉田孝夫・最判解民平成21年度(下)863頁。判例が伝統的な三段階構造モデルを念頭に置きながら条例制定行為の処分性の判断を行っていることについては、神橋一彦「法律関係形成の諸相と行政訴訟――訴訟類型選択における『従来の公式』とその『偏差』」公法訴訟第2回101-102頁。

＊9　個別法解釈と本案論の関係性については、亘理格＝北村喜宣編著『重要判例とともに読み解く　個別行政法』（有斐閣、2013年）1-3頁。

＊10　土地区画整理組合の破産能力の有無については見解が分かれている。破産が実務で用いられた例は数件存在するが、極めて稀である。

＊11　土地区画整理法制研究会編著『逐条解説 土地区画整理法（改訂版）』（ぎょうせい、2006年）136頁には、法38条3項は、「書面又は代理人による議決権及び選挙権の行使を認め、できる限り棄権者が出るのを防ぎ、会議の成立を容易ならしめるとともに、多くの組合員の意思を組合運営に反映しようとしたものである」と記載されている。

＊12　取消訴訟の第三者効（行訴法32条）に言及しても良いが、C県側の主張との関係では関連性が薄いので、省略した。

第 1 話
新たな出会い
——平成18年司法試験その1——
2項道路一括指定処分の無効確認訴訟／2項道路指定の不存在確認訴訟
セットバック義務不存在確認訴訟

第1話　新たな出会い

　これは僕が大学3年生になる直前の春休みのお話。
　春休みを利用して，僕は，京都へ一人旅に来ていた。
　東京の煩わしい喧騒から離れて，たまには一人になりたい。「そうだ，京都へ行こう」と思い立ったわけ。いつまで滞在するかは決めていない。どこを観光しようとか，何をしたいとかも決めていない。もともと縛られるのは，嫌いなのだ。
　京都に到着してから，何とはなしに向かったのは京都御所。京都といえば，京都御所だろう。この発想自体，何かに縛られている？　いや，そんなことはない。いつもいろいろな人に振り回されてしまっているが，今回のこれは立派な自己決定だ。立派過ぎるので，自分を褒めてあげたいくらい。
「さてと，平成18年司法試験公法系第2問の問題でも解くかなー」
　僕は，京都御所内にあるベンチにどっこいしょと腰を下ろして，呟いた。
　最近，はまっているのが行政法だ。ついこの前までは憲法ばかり勉強していたのだが，さすがに他の科目も司法試験受験のために勉強しなければならない。京都御所という開放的な環境の中で，誰にも何にも縛られず，新たな気持ちで行政法の勉強を始めよう。そうしよう。
　なんだかウキウキしてきたぞ。
「あれ，行政法の勉強しているんだ？」
「……」
　知らない女性の声が，頭の上のほうから聞こえてくる。
　見上げたくない。
　だいたい，このパターンは，わかり始めた。僕の人生において，法律の勉強をしているときに見知らぬ女性に話しかけられるのは，物語に否応なく巻き込まれる予兆なのだ。僕は，物語の主人公になんか，なりたくないのに。
「わー，建築基準法の二項道路の問題だね。おもしろそう」
　だけど，もちろん，物語はとまらない。このまま物語を無視しようとすれば，僕はたぶん殴られる。下手すれば，殺される。大きな物語の力に抗うことなど，僕になんかは土台無理な話なのだ。
　だったら僕の選択肢は？　物語を楽しむしかない，ということだな。
　僕はベンチに座りながら，声のほうを見上げた。淡いピンク色のニットの

セーターに，白いフリルスカートの女性が，そこにいた。琥珀色の玉のついたかんざし一本で，黒髪をまとめあげている。年齢は僕よりちょっと上くらいか。大学生ぐらいに見える。京都御苑のしだれ桜から舞い落ちる無数の桜の花弁を背にする彼女の姿を見て，少しだけ心音が速くなる。
「平成18年の司法試験の問題ですよ。一緒に解きます？」
　僕は，慎重に彼女に話しかけた。僕に絡んでくるような奇異な女性に対しては，だいたいこの対応でオーケーなはず。
「君，良いこと言うね。じゃあ，ちょっと問題文見せて」

平成18年司法試験公法系第2問

　〇〇県甲川市に土地を所有するAは，Aの所有する土地の一画にある通路について建築基準法第42条第2項にいう2項道路に該当するとの判断を甲川市の職員が表明したことから，当該通路及びこれに隣接するA所有の土地の価格評価が下落することになると考え，訴訟提起の可能性につき相談するため，J弁護士事務所を訪ね，弁護士K及びLと面談した。
　本件紛争及び紛争へと至る事実関係（資料1），及びA，K，Lの間のやり取り（資料2）を踏まえて，主任の弁護士Kから報告書を作成するよう指示を受けた若手弁護士Lの立場で，次の設問に具体的に解答しなさい。

〔設　問〕
1．本件通路が2項道路に該当しないことをAが訴訟によって確定させるためには，どのような訴訟を提起し，どのような主張をすべきか。
2．土地の価格評価の下落による損害について市に対して賠償を求めるためには，Aは，だれのどのような行為に着目して，どのような主張をすべきか。

　なお，本件で問題となっている2項道路の制度については，資料3にその説明があり，建築基準法の抜粋は，資料4に掲げてあるので，適宜参照しなさい。

資料1　事実関係
(1)　〇〇県乙山町は，平成15（2003）年4月1日に建築主事を置いている近

第1話　新たな出会い

隣の甲川市と合併し，合併後の名称を甲川市とした（以下，合併前の甲川市を「旧甲川市」，合併前の乙山町を「旧乙山町」，合併後の甲川市を「新甲川市」という。）。

ところで，旧乙山町には建築主事は置かれていなかったため，旧乙山町の特定行政庁は○○県（正確には，○○県知事）であった。そして，合併の時点まで旧乙山町に適用のあった○○県建築基準法施行細則第18条は，2項道路を一括して指定する方式を採用していた。具体的には，細則第18条は，「建築基準法第3章の規定が適用されるに至つた際現に存在する幅員4メートル未満2.7メートル以上の道で，道路の形態が整い，道路敷地が明確であるもの」と規定していた。

これに対して，旧甲川市は，合併前から建築主事を置いており，独自の建築基準法施行細則を制定していた。そして，旧甲川市の中心市街地は整理が遅れ，戦前からの入り組んだ町並みが残されていたために，旧甲川市の建築基準法施行細則第18条は，2項道路の幅員を1.8メートル以上と規定して，2項道路の指定基準を県の基準より緩和し，建築基準法第42条第1項にいう道路（同法第43条参照）に接していない敷地の所有者に配慮する政策を採っていた。

したがって，合併後の新甲川市において2項道路指定につきどのような立場が採られるかは，戦前からの町並みが古くから残っている地域に土地・家屋を有する者にとって，重要な関心事項となった。例えば，指定基準が緩和されることにより，現在は接道要件を満たしていない家屋が新たに接道要件を満たすこととなって，増改築等ができる可能性が出てくる。他方，緩和された指定基準に該当する通路の属する敷地の所有者にとっては，それまで2項道路ではなかった通路が今後は2項道路に指定されることとなり，自分が増改築しようとすると，当該通路の中心線から2メートルの線までセットバックする義務が新たに生ずる状態に陥ることになる。

このため，合併前に開催された合併協議会の場においては，この問題について，旧甲川市，旧乙山町の区域について，それぞれの接道義務に関する規定を暫定的に適用し，本格的な検討は，合併後に行われる市長選挙等の結果を待って行うことで合意が成立した。

(2)　合併後に実施された新甲川市の市長選挙においては，旧甲川市長M，旧甲川市市議会議員N，旧乙山町長Pの3名が立候補し，激しい選挙戦の結果，Mが当選した。そして，当選後，Mは，2項道路の指定に関する新甲川市建

築基準法施行細則（以下「新細則」という。）を制定して平成15（2003）年6月1日に公布した。新細則は，道の幅員等の要件は旧甲川市建築基準法施行細則と同じ内容であったが，適用地域の限定はされていない。市が配布したパンフレットによれば，そのような新細則を制定した理由は，「整備が遅れた地域の多い新甲川市の状況に照らし，接道要件を可能な限り緩和する政策を維持し，かつ，これを新市域全体に適用することが適当である」というものであった。

　これに関し，ある地元新聞には，大要，次のような解説記事が掲載された。「都市近郊の高級住宅街として，区画が整理された地域の多い旧乙山町においては，合併前の〇〇県建築基準法施行細則においては幅員2.7メートル以上の道だけが2項道路指定を受けていたこともあって，指定基準の緩和には批判的な雰囲気が強く，特に，2項道路の指定を新たに受けることによって，2項道路の敷地，さらに，2項道路に指定された道の中心線より2メートル以内にかかる部分に，突出している敷地についてその価格評価が下がることによる不利益等を受ける者は少なくない。他方，旧乙山町の有力者の中には，たまたま，賃貸している家屋について指定基準の緩和により新たに接道要件が満たされることによって利益を受ける人々が複数おり，Mは，選挙においてそれらの有力者の支持を取り付けるために指定基準の緩和を約束していたと証言する関係者もいる。」

(3)　①　Aは，旧乙山町区域内に家屋及びその敷地を所有しているほか，敷地部分の東側に台形状の土地を所有している。この台形状の土地には隣人のEのための通路が南北に走っており，通路の幅員は2.0メートルから2.2メートルであって，道としての形態は縁石等により整えられており，いわゆる私道として利用されている（以下，通路を含む台形状の土地を「本件通路部分」，通路を「本件通路」という。）。

　　②　本件通路部分は，Aの家屋の敷地から分筆して登記されており，その際の地積測量図によるとその大きさは，南北に伸びる長さが約6.0メートル，東西に伸びる上辺の長さは約2.3メートル，下辺の長さは約3.0メートルである。

　　③　また，本件通路部分は，東西に伸びる長方形の土地（以下「本件長方形部分」という。）の東端部に対して直角に接続しており，接続部は曲がり角となっている。本件長方形部分の大きさは，東西方向の長さが約35メートル，幅員は3.6メートルであり，その全体が私道として利用されている。

なお，本件長方形部分はA及びその隣人2名の共有であるが，この所有関係は本件と直接関係はない（①から③につき，後記「説明図1」参照）。

　④　紛争が生じた平成17（2005）年夏の時点において，本件通路部分及び本件長方形部分の周囲には，昭和25（1950）年の時点で既に存在していた5軒の家屋がある。

　これらの家屋のうち，まず，本件長方形部分の北側に位置するAの家屋の敷地及び本件長方形部分の南側に位置するBの家屋の敷地は，幅2メートル以上にわたり直接に公道に接している。次に，同じく本件長方形部分の南側に位置するCの家屋の敷地，本件長方形部分及び本件通路部分の東側に位置するDの家屋の敷地は，本件長方形部分に接し，これを経由して公道へとつながっている。そして，Eの家屋の敷地は，本件通路及び本件長方形部分を経由して公道へとつながっており，他に公道に出る手段はない。

　本件長方形部分の私道は従来から2項道路に該当すると認識され，かつ，C及びDの家屋の敷地はこの私道に幅2メートル以上接しており，従前より接道要件を満たしていると考えられてきた（④につき，後記「説明図2」参照。）

(4)　本件通路部分を所有するAは，Aの父親の代から，隣人Eに本件通路を生活道路として使用することを承認してきた。平成17（2005）年春ごろ，Eは，自宅を解体してこれまでの2倍以上の床面積を有する家屋を建築する計画を立て，そのため，容積率・建ぺい率の関係で敷地を大幅に拡張する必要が生じ，本件通路部分に隣接するDの敷地の一部を買い取る旨Dに申し入れたほか，本件通路部分及びそれに隣接するAの家屋の敷地の一部（以下「本件売却予定部分」とする。後記「説明図3」参照）も買い取ることにして，Aに買取りを申し入れた。Aは，亡父から土地家屋等を相続したことから生じた税金を支払う必要があったため，Eとの売買交渉に入ることにした。

　そして，交渉の結果，AとEは，本件売却予定部分の価格を，その現状価格に関する不動産鑑定会社Fによる鑑定結果に基づいて決定することで合意し，この合意の時点においてAはEから手付金200万円を受領した。そこで，A及びEの依頼を受けたFの職員は，平成17（2005）年5月，新甲川市の建築指導課に出向いて，本件通路が2項道路に該当するか否かの照会をした。これに対し，担当課長Gは，「現地の状況を確認しないと何とも言えないので，詳細な調査をした上で回答する。」と返事をした。その後，Gは，課員に現地を見分させ，関係資料を調査させるなどし，その結果，本件通路は2項道

説明図1

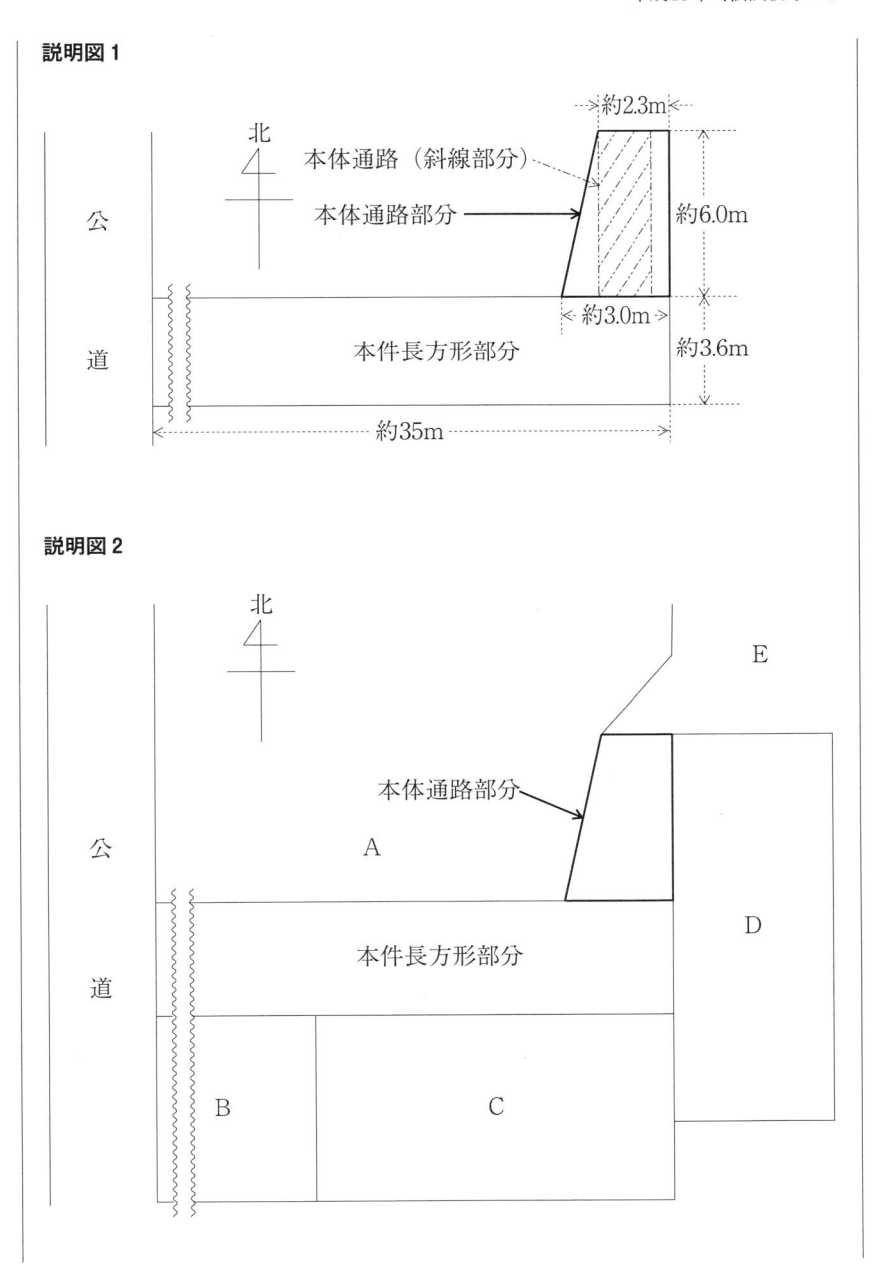

- 約2.3m
- 本体通路（斜線部分）
- 本体通路部分
- 北
- 公道
- 約6.0m
- 約3.0m
- 約3.6m
- 本件長方形部分
- 約35m

説明図2

- 北
- E
- 本体通路部分
- A
- D
- 公道
- 本件長方形部分
- B
- C

第1話　新たな出会い

説明図3　本件売却予定部分

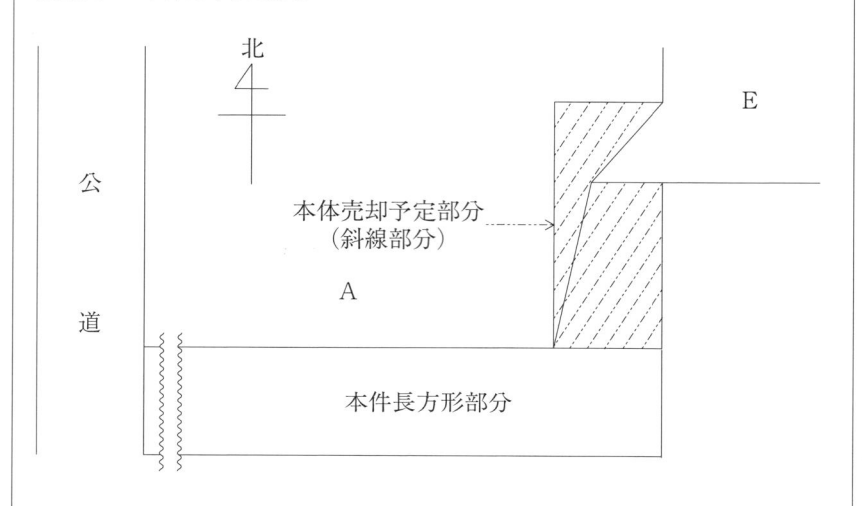

（図：北を示す方位記号、公道に面した本件長方形部分、その奥にA、斜線部分で示された本体売却予定部分、E）

路に該当するとの判断を得た。Gのこの判断は，①本件においては，本件長方形部分及び本件通路を一体的にとらえて2項道路該当性を判断すべきであり，そこには，現在のA，B，C，D及びEの各建築物が基準時において立ち並んでいたと認められること（ちなみに，「基準時」とは，建築基準法第42条第2項にいう「この章の規定が適用されるに至つた際」のことをいい，本件では昭和25（1950）年である。），又は，②仮に本件通路だけで2項道路該当性を判断すべきだとしても，同じく，現在のA，D，Eの各建築物が基準時において立ち並んでいたと認められること，かつ，③以上の①，②のいずれの考え方に立つにせよ，本件通路は最も狭いところでも幅員が2.0メートルあり，新細則による2項道路の指定要件に欠けるところはないことを根拠とするものであった。そこで，Gはその旨を平成17（2005）年6月にFに伝えた。

(5) このような市の判断を不動産鑑定会社Fから伝え聞いたAは，本件通路が2項道路と判断されたことに対して，大きな不満を抱いた。そこで，Aは，平成17（2005）年6月，7月，8月の3度にわたって，自ら市役所に出向いて不満を述べる等の行動をとったが，市の立場は変わらなかった。

　Aは，市の判断になおも納得がいかないが，他方，相続税納付の期日が迫っており，Eから手付金を受領している等の事情もあることから，市の見解を

前提としてＥとの間に売買契約を結ばざるを得ないとも考えた。結局，Ａは，あれこれ悩んだ末，平成17（2005）年９月初めにＪ弁護士事務所を訪れ，相談した。第２回の面談では，Ａ，主任の弁護士Ｋ及び若手弁護士Ｌとの間で，概略，資料２のような会話が交わされた。

資料２　Ａ，主任の弁護士Ｋ及び若手弁護士Ｌの間のやり取り

Ａ：私は父親の代からの家を大事に守ってきました。それに，父親からは，「古くからの知り合いのＥさんだから通路として使わせてあげているけれども，あんな狭い通路は正式な道路とは認定されっこないから，安心していい」と言われていたのです。

　それを，旧甲川市の基準を私たちに一方的に押し付けるなんて，Ｍ市長の方針は絶対に間違っています。大体，旧乙山町は旧甲川市とは事情が違うのです。今更，通路の中心線から２メートルのセットバック義務があるだなんて…。通路部分以外の売却予定地の現状価格もかなり下がってしまって，本当に困っているのです。しかも，通路を使っているのは，Ｅさんだけですよ。それ以外の人たちは，皆で共有している長方形の道しか使ってないのですから，Ｅさん一人のためだけに，あの通路が２項道路に指定されるなんてとても納得がいきません。

Ｋ：Ｌ君，Ａさんが最後に言われた点は，建築基準法の解釈適用の問題としては…。

Ｌ：はい…。建築基準法の解説書，特に同法第42条の部分をチェックしたのですが，私は，市が本件通路を２項道路に当たるとしている根拠に問題があると思います。

　第１に，本件通路と本件長方形部分を一体的にとらえて判断するとしている点です。この二つの部分は，接続してはいますが，形状からすればそれぞれ別々に２項道路該当性を判断すべきものでしょう。

　そして，そのことを前提としてですが，第２に，建築基準法第42条第２項にいう「建築物が立ち並んでいる」という要件の解釈適用が問題になります。この第42条第２項は，一方で第43条によって厳しい接道要件が定められたことと，他方で，ある一つの道の周りに安定的に形成されている土地利用の現状を一定程度保護する必要があることとの兼ね合いで置かれた，政策的な規定だと考えられます。そうだとすれば，この要件は，その道が幅員４メートル未満であるために接道要件を満たさないことになる

ような建築物が立ち並んでいるという限定的な意味に解すべきものでしょう。本件通路に関しては，それに該当するのはＥさんの家だけですから，この要件が満たされているとはいえないのではないでしょうか。

Ｋ：なるほど，それは主張として成り立つかもしれないね。ところで，Ａさんは，そのほかに，旧甲川市の基準を旧乙山町の区域にも及ぼすという新市長の措置そのものにも御不満なのですよね。

Ａ：そうです。

Ｌ：本件の場合，新市長が執った措置は，建築基準法施行細則による２項道路の一括指定というわけでして，これ自体が抗告訴訟の対象となる行政処分に当たることは，平成14年１月17日の最高裁判決で認められています。しかし，取消訴訟の出訴期間は既に経過しています。

Ｋ：要するに，問題は，一つには，Ａさんの本件通路が２項道路に当たらないということを確定できるような訴訟のやり方だね。Ｌ君，さらに考えてみてください。もう一つには，Ａさんは，本件売却予定部分の評価が低下することを御不満に思っておられるわけだけれども，Ｅさんとの関係では，実際上，低い評価価格で売却せざるを得ないという御事情もおありのようで，そうだとすると，そのような行政上の原因による不利益について原因者に損害賠償を請求するという方策も必要だね。普通の民事上の不法行為と対比して独特な問題も有り得るので，Ｌ君，注意して主張を整理してみてください。

　　Ａさん，次回の面談は一週間後ですから，行政相手の訴訟経験のあるＬ君に，だれに対してどのような訴訟を提起すれば，Ａさんの御不満を適切にくみ取れるかを報告してもらいましょう。ただ，訴訟を提起するとなると，勝ち目というものを考える必要がありますから，彼の報告を聞きながら，方針をじっくり検討することにしませんか。

Ａ：よろしくお願いします。

資料３　２項道路の制度について

(1) 建築基準法（以下「法」という。）第43条第１項によれば，法第３章（第８節は除く。法第41条の２から第68条の８まで）の規定が適用される区域（主として都市計画区域がこれに当たる。）においては建築物の敷地は同法に規定する道路に２メートル以上接していなければならず（以下，これを「接道要件」あるいは「接道義務」という。），その要件を満たしていない敷地の建

築物は違法建築物として建築基準法上の取締りの対象となる（法第9条）。そして，この場合に取締りの権限を有しているのは，特定行政庁である（特定行政庁については，法第2条第32号参照）。

　また，法第6条第1項各号に該当する建築物の建築（新築，増築，改築又は移転をいう。），大規模な修繕，大規模な模様替えをしようとする場合には，同条第2項に定める例外を除き，建築主事等に対して建築確認の申請をし，確認を受け，確認済証の交付を受けなければならず（法第6条第1項等），申請に係る建築物の計画が「建築基準関係規定に適合しない」等の場合には確認を受けることはできない（法第6条第5項等）。

　さらに，建築確認を受け工事を実施した建築主は，建築主事等による検査を受け，検査済証の交付を受ける必要があり（法第7条第1項等），この場合においても，建築物及びその敷地が建築基準関係規定に適合していない場合には検査済証の交付を受けることはできない（法第7条第5項等。）

(2)　以上のような接道要件を満たすための「道路」として，どのようなものがあるのかを規定しているのが，法第42条である。同条第1項によれば，まず，接道要件を満たすために必要となる道路には，①国道，県道等の道路法上の道路（同項第1号），②都市計画法，土地区画整理法等による道路（同項第2号）③「都市計画区域等における建築物の敷地，構造，建築設備及び用途」に関する法第3章の規定が適用されるに至った際現に存在する道（同項第3号）等であって，幅員4メートル以上のものが含まれる。したがって，幅員4メートル未満の道路に接しているだけでは法第43条第1項の接道義務を果たしたことにはならない。

　しかしながら，都市計画制度が未整備であった時期が長く続いた我が国にあっては，上記の接道要件を満たすことができない敷地は多く存在している。特に，建築基準法の前身である市街地建築物法においては，昭和13（1938）年改正前は，接道要件を満たし得る道路は幅員9尺（約2.7メートル）以上のものとされていた経緯があり，法第43条第1項の規定を厳格に適用すると，古くからの土地家屋を所有してきた者に対して酷な結果となりかねない。これらの土地家屋の所有者は，法第3条第2項の規定により，これまでの利用を維持できるものの（これを「既存不適格」という。），増改築や大規模の修繕等の行為をすることは許されなくなるからである。

(3)　そこで，①交通，避難，防火，衛生上安全な状態に都市環境を保つために十分な道路への接合を敷地建物について要求する必要性と，②未整備な都市

計画制度の下で以前より土地建物を所有してきた者の既存の利益を保障する必要性とを調和させる見地から設けられた制度が，法第42条第2項に規定する2項道路である。

　まず，同項によれば，①法第3章の規定が適用されるに至った際現に建築物が立ち並んでいる幅員4メートル未満の道であって，②特定行政庁が指定したものは，第1項の道路であるとみなされる（これを「2項道路」という。）。この規定により，狭あいな通路にのみ接道する敷地の所有者も，特定行政庁の指定を受ければ接道要件を満たすものとして取り扱われることになる。その一方，同項は，2項道路の中心線からの水平距離2メートルの線をその道路の境界線とみなす旨の規定を同時に置いているので，境界線の内側に現に存在している建築物等は2項道路に突出していることになる。

　そして，2項道路内に突出している建築物については，直ちに違法建築物として取り扱われることはない（法第44条第1項，法第3条第2項）ものの，いわゆるセットバック義務，すなわち，建築物の増改築，大規模の修繕等をしようとするときには，2項道路内の部分を除却する義務が生ずる（法第3条第3項第3号及び第4号）。

(4) 以上に述べてきたように，2項道路は，未整理で入り組んだ所有関係にある地域に古くから土地家屋を有してきた者の既得の利益を尊重しつつ，将来において良好な都市環境が形成されることを期待して設けられた制度である。

　なお，2項道路の指定の方法としては，道路を個別に指定する方式と，一定の条件（例えば，「幅員2.7メートル以上」）を満たす道路を一括して指定する方式とがあり，いずれも適法な指定方式であると考えられている。

資料4　建築基準法（昭和25年5月24日法律第201号）（抜粋）

（用語の定義）

第2条　この法律において次の各号に掲げる用語の意義は，それぞれ当該各号に定めるところによる。

　一～三十一　（略）

　三十二　特定行政庁　建築主事を置く市町村の区域については当該市町村の長をいい，その他の市町村の区域については都道府県知事をいう。(以下略)

（適用の除外）

第3条　（略）

2　この法律又はこれに基づく命令若しくは条例の規定の施行又は適用の際現に存する建築物若しくはその敷地又は現に建築，修繕若しくは模様替の工事中の建築物若しくはその敷地がこれらの規定に適合せず，又はこれらの規定に適合しない部分を有する場合においては，当該建築物，建築物の敷地又は建築物若しくはその敷地の部分に対しては，当該規定は，適用しない。
3　前項の規定は，次の各号のいずれかに該当する建築物，建築物の敷地又は建築物若しくはその敷地の部分に対しては，適用しない。
　一，二　（略）
　三　工事の着手がこの法律又はこれに基づく命令若しくは条例の規定の施行又は適用の後である増築，改築，大規模の修繕又は大規模の模様替に係る建築物又はその敷地
　四　前号に該当する建築物又はその敷地の部分
　五　（略）
（建築物の建築等に関する申請及び確認）
第6条　建築主は，第1号から第3号までに掲げる建築物を建築しようとする場合（増築しようとする場合においては，建築物が増築後において第1号から第3号までに掲げる規模のものとなる場合を含む。），これらの建築物の大規模の修繕若しくは大規模の模様替をしようとする場合又は第4号に掲げる建築物を建築しようとする場合においては，当該工事に着手する前に，その計画が建築基準関係規定（この法律並びにこれに基づく命令及び条例の規定（以下「建築基準法令の規定」という。）その他建築物の敷地，構造又は建築設備に関する法律並びにこれに基づく命令及び条例の規定で政令で定めるものをいう。以下同じ。）に適合するものであることについて，確認の申請書を提出して建築主事の確認を受け，確認済証の交付を受けなければならない。当該確認を受けた建築物の計画の変更（国土交通省令で定める軽微な変更を除く。）をして，第1号から第3号までに掲げる建築物を建築しようとする場合（増築しようとする場合においては，建築物が増築後において第1号から第3号までに掲げる規模のものとなる場合を含む。），これらの建築物の大規模の修繕若しくは大規模の模様替をしようとする場合又は第4号に掲げる建築物を建築しようとする場合も，同様とする。
　一　別表第1（い）欄に掲げる用途に供する特殊建築物で，その用途に供する部分の床面積の合計が100平方メートルを超えるもの
　二　木造の建築物で3以上の階数を有し，又は延べ面積が500平方メートル，

高さが13メートル若しくは軒の高さが9メートルを超えるもの
三　木造以外の建築物で2以上の階数を有し，又は延べ面積が200平方メートルを超えるもの
四　前3号に掲げる建築物を除くほか，都市計画区域（都道府県知事が都道府県都市計画審議会の意見を聴いて指定する区域を除く。），準都市計画区域（市町村長が市町村都市計画審議会（当該市町村に市町村都市計画審議会が置かれていないときは，当該市町村の存する都道府県の都道府県都市計画審議会）の意見を聴いて指定する区域を除く。）若しくは景観法（平成16年法律第110号）第74条第1項の準景観地区（市町村長が指定する区域を除く。）内又は都道府県知事が関係市町村の意見を聴いてその区域の全部若しくは一部について指定する区域内における建築物

2　前項の規定は，防火地域及び準防火地域外において建築物を増築し，改築し，又は移転しようとする場合で，その増築，改築又は移転に係る部分の床面積の合計が10平方メートル以内であるときについては，適用しない。

3　（略）

4　建築主事は，第1項の申請書を受理した場合においては，同項第1号から第3号までに係るものにあつてはその受理した日から21日以内に，同項第4号に係るものにあつてはその受理した日から7日以内に，申請に係る建築物の計画が建築基準関係規定に適合するかどうかを審査し，審査の結果に基づいて建築基準関係規定に適合することを確認したときは，当該申請者に確認済証を交付しなければならない。

5　建築主事は，前項の場合において，申請に係る計画が建築基準関係規定に適合しないことを認めたとき，又は申請書の記載によつては建築基準関係規定に適合するかどうかを決定することができない正当な理由があるときは，その旨及びその理由を記載した通知書を同項の期限内に当該申請者に交付しなければならない。

6　第1項の確認済証の交付を受けた後でなければ，同項の建築物の建築，大規模の修繕又は大規模の模様替の工事は，することができない。

7　（略）

（建築物に関する完了検査）
第7条　建築主は，第6条第1項の規定による工事を完了したときは，国土交通省令で定めるところにより，建築主事の検査を申請しなければならない。

2　前項の規定による申請は，第6条第1項の規定による工事が完了した日か

ら4日以内に建築主事に到達するように，しなければならない。ただし，申請をしなかつたことについて国土交通省令で定めるやむを得ない理由があるときは，この限りでない。
3　前項ただし書の場合における検査の申請は，その理由がやんだ日から4日以内に建築主事に到達するように，しなければならない。
4　建築主事が第1項の規定による申請を受理した場合においては，建築主事又はその委任を受けた当該市町村若しくは都道府県の吏員（以下この章において「建築主事等」という。）は，その申請を受理した日から7日以内に，当該工事に係る建築物及びその敷地が建築基準関係規定に適合しているかどうかを検査しなければならない。
5　建築主事等は，前項の規定による検査をした場合において，当該建築物及びその敷地が建築基準関係規定に適合していることを認めたときは，国土交通省令で定めるところにより，当該建築物の建築主に対して検査済証を交付しなければならない。

（違反建築物に対する措置）
第9条　特定行政庁は，建築基準法令の規定又はこの法律の規定に基づく許可に付した条件に違反した建築物又は建築物の敷地については，当該建築物の建築主，当該建築物に関する工事の請負人（請負工事の下請人を含む。）若しくは現場管理者又は当該建築物若しくは建築物の敷地の所有者，管理者若しくは占有者に対して，当該工事の施工の停止を命じ，又は，相当の猶予期限を付けて，当該建築物の除却，移転，改築，増築，修繕，模様替，使用禁止，使用制限その他これらの規定又は条件に対する違反を是正するために必要な措置をとることを命ずることができる。
2〜15　（略）

（道路の定義）
第42条　この章の規定において「道路」とは，次の各号の一に該当する幅員4メートル（特定行政庁がその地方の気候若しくは風土の特殊性又は土地の状況により必要と認めて都道府県都市計画審議会の議を経て指定する区域内においては，6メートル。次項及び第3項において同じ。）以上のもの（地下におけるものを除く）をいう。
一　道路法（昭和27年法律第180号）による道路
二　都市計画法，土地区画整理法（昭和29年法律第119号），旧住宅地造成事業に関する法律（昭和39年法律第160号），都市再開発法（昭和44年法

第1話　新たな出会い

　　律第38号），新都市基盤整備法（昭和47年法律第86号），大都市地域における住宅及び住宅地の供給の促進に関する特別措置法（昭和50年法律第67号）又は密集市街地整備法（第6章に限る。以下この項において同じ）による道路

　三　この章の規定が適用されるに至つた際現に存在する道
　四，五　（略）

2　この章の規定が適用されるに至つた際現に建築物が立ち並んでいる幅員4メートル未満の道で，特定行政庁の指定したものは，前項の規定にかかわらず，同項の道路とみなし，その中心線からの水平距離2メートル（中略）の線をその道路の境界線とみなす。ただし，当該道がその中心線からの水平距離2メートル未満でがけ地，川，線路敷地その他これらに類するものに沿う場合においては，当該がけ地等の道の側の境界線及びその境界線から道の側に水平距離4メートルの線をその道路の境界線とみなす。

3〜6　（略）

（敷地等と道路との関係）

第43条　建築物の敷地は，道路（次に掲げるものを除く。第44条第1項を除き，以下同じ。）に2メートル以上接しなければならない。ただし，その敷地の周囲に広い空地を有する建築物その他の国土交通省令で定める基準に適合する建築物で，特定行政庁が交通上，安全上，防火上及び衛生上支障がないと認めて建築審査会の同意を得て許可したものについては，この限りでない。

　一　自動車のみの交通の用に供する道路
　二　高架の道路その他の道路であつて自動車の沿道への出入りができない構造のものとして政令で定める基準に該当するもの（第44条第1項第3号において「特定高架道路等」という。），で地区計画の区域（地区整備計画が定められている区域のうち都市計画法第12条の11の規定により建築物その他の工作物の敷地として併せて利用すべき区域として定められている区域に限る。同号において同じ。）内のもの

2　（略）

（道路内の建築制限）

第44条　建築物又は敷地を造成するための擁壁は，道路内に，又は道路に突き出して建築し，又は築造してはならない。（以下略）

彼女は僕から問題文を受け取ると，数枚の問題文をぱらぱらとめくった。数

秒後，彼女は僕に問題文を返してくる。どうやら問題文を読み終わったらしい。僕の友人にも，フラッシュリーディングができる人間は何人かいるので，特には驚かない。
「設問１のほうから解こうか。君は，本問において提起すべき訴訟類型は何が適切だと思う？」
　彼女は，細長くて華奢な左手の人差し指を使って，空中でくるくると円を描いてみせる。
　……やっぱり僕が答える側，試される側か。何となく想像はついていたけれど。
「『本件通路が２項道路に該当しないことをＡが訴訟によって確定させるため』の訴訟ですよね。取消訴訟の出訴期間が過ぎていますから，２項道路一括指定処分（新細則制定行為）の無効確認訴訟（行訴法３条４項）を提起すれば良いと思います。２項道路一括指定の処分性については，最判平成14年１月17日の２項道路一括指定処分判決（判例1-1）で認められている旨の指摘が問題文にありますので，これは前提とすべきです」[*1]
「ふうむ」
　なんか変な声を出された。
「何かおかしいですか？」
「Ａさんはさ，『旧甲川市の基準を旧乙山町の区域にも及ぼすという新市長の措置そのもの』に対する不満①と本件通路が２項道路と判断されたことに対する不満②を抱いているわけでしょ。前者は市長の規則制定行為の瑕疵，後者は規則が有効であることを前提とした２項道路該当性についてのもの。不満①②は本案上で主張していかなければならないと思うけど，２項道路一括指定処分の無効確認訴訟でこのＡさんの両方の不満をすくいとれる？」
「言われてみれば……そうですね。不満②は，規則が有効であることを前提としていますので，２項道路一括指定処分の無効確認訴訟の本案では主張できそうもありません」
「そそ。だから，Ａさんの不満②は別の訴訟類型にリーガルに加工してあげる必要があるよね。この２つの不満の視点は，設問１の訴訟類型及び本案上の主張，設問２の国家賠償請求の主張のあらゆるところに関わってくるから，注意が必要。立ってて，疲れちゃった。座らせてもらうね」

第1話　新たな出会い

　彼女はそういうと，僕の座っているベンチの横にぺたんと座った。
「不満②に関する訴訟類型，何か思いつく？」
「あっ，不満②はG課長による2項道路該当通知に対するものですから，当該通知の取消訴訟（行訴法3条2項）が提起できそうです」
「ううーん」頬っぺたに左手をあてて苦笑いする彼女。「初学者が陥りがちなミスよね。2項道路の指定の法的効果はあくまで2項道路一括指定処分によって生じていて，G課長の通知には何の法的効果もない。処分性があるとはいえないよね。訴訟類型の選択の局面で大事なのは，事実上の行為ではなく，何らかの法律関係や権利義務関係を掴まえて，その争い方をリーガルな形で表現することね」
「……では，セットバック義務の不存在を確認する公法上の当事者訴訟（行訴法4条後段），はどうでしょうか」
「それもありうるね。他には？」
　もう残弾はとっくに尽きています。僕は，肩をすくめてみせる。
「降参，かあ。2項道路指定の不存在確認訴訟（行訴法3条4項）が考えられるでしょ。行訴法3条4項には『処分……の存否』の確認訴訟が想定されているよね。問題文には書いていないけれど，問題文に引用されている2項道路一括指定処分判決（判例1-1）もこの訴訟類型のものだよね。つまり本問で想定できる訴訟類型は，2項道路一括指定処分の無効確認訴訟，2項道路指定の不存在確認訴訟，セットバック義務不存在確認訴訟（公法上の当事者訴訟）の3つってわけ」
「1つ質問しても良いでしょうか」
「ん。なに？」
「不満①に関する訴訟類型は2項道路一括指定処分の無効確認訴訟しか想定できないからいいですけど，不満②については2項道路指定の不存在確認訴訟，セットバック義務不存在の公法上の当事者訴訟の2つの訴訟類型が競合していますよね。これって両方検討しなければいけないんですかね」
「そこは悩みどころだよね。そもそも，2項道路指定の不存在確認訴訟はさっき言ったとおり最高裁で認められている訴訟類型なわけだけど，セットバック義務不存在確認訴訟のほうは最高裁判決はない。ただ2項道路一括指定処分判

決の最高裁調査官解説はセットバック義務不存在確認のような公法上の当事者訴訟は不適法としているね」
「え，そうなんですか」
　不適法とする理由がまったく思い浮かばない。
「1つずつ考えてみよっか。まず2項道路指定の不存在確認訴訟の適法性だけど，行訴法36条は『現在の法律関係に関する訴えによって目的を達することができないもの』であることを訴訟要件にしているよね。ここでいう『現在の法律関係に関する訴え』は公法上の当事者訴訟及び争点訴訟のことを指していて，これらの訴訟で目的が達成できれば無効確認訴訟は提起できない。これが補充性の要件と呼ばれるものだよね。本問では本件通路が2項道路に該当するか否かが問題なので所有権確認や筆界確定等の民事訴訟（争点訴訟）によることはできないよね。次にセットバック義務不存在確認の公法上の当事者訴訟が成り立つかを考えてみると，ここで問題とされている建築基準法上の義務は2項道路一括指定に基づいて生じているから，この義務の排除を行う訴訟は公権力の行使に関する不服の実体を有することになってしまい無名抗告訴訟と理解せざるを得ない。それゆえに公法上の当事者訴訟を想定できないことになり，その結果として補充性の要件を満たすことになる，というのが調査官解説の論理なのよ。つまり，2項道路指定の不存在確認訴訟を適法とする一方で，公法上の当事者訴訟を不適法とするわけ」
「なんだか，違和感がある論理ですね……」
「どのあたり？」
「2項道路一括指定処分判決は平成14年に出たものですよね。平成16年の行政事件訴訟法改正により行訴法4条に『公法上の法律関係に関する確認の訴え』という文言が挿入されて，実質的当事者訴訟を活用すべしとの立法者からのメッセージが発されたわけですから，セットバック義務不存在確認訴訟が無名抗告訴訟であるなんて堅苦しいことを言わずに，公法上の当事者訴訟と性質決定する余地もあるんじゃないですか？」
「当事者訴訟活用論ね。もちろん，それは本問で出題者が考えて欲しかった論点。ただ，平成16年改正は基本的には創設的なものではなく確認的なものに過ぎないことに異論はないし，平成16年改正の立法者意思というなら，より慎重

に立法者意思の内容を確認すべきね。平成16年改正の立法者意思は厳密にいえば『抗告訴訟の直接の対象とならない行政の行為（通達や行政指導など）を契機として国民と行政主体との間で紛争が生じた場合を想定』していて[*9]，本問のように行政処分が介在している場合を念頭に置いていたかは疑問ね。それに仮に当事者訴訟としてのセットバック義務不存在確認訴訟を認めると，訴訟類型論全体に及ぶ壮大な争点に巻き込まれることになっちゃう，というのも問題かな」

「どういうことですか？」

「現在のところ確認の利益は，民事訴訟法に準じて，確認対象選択の適否，即時確定の利益，確認訴訟の方法を選択することの適否（訴訟類型選択の補充性）の３つの視点から判断すると考える見解が多いよね[*10]。このうち３つ目の視点は公法上の当事者訴訟が，抗告訴訟に対して補充性を有していることを示している。そうすると，無効確認訴訟は公法上の当事者訴訟に対して補充性を有していて，一方で，公法上の当事者訴訟は無効確認訴訟に対して補充性を有していて……ということになる。卵が先か鶏が先かわからない状態というべきか，己の尻尾を喰らう蛇のウロボロス[*11]みたいな感じになっちゃうというべきかわからないけど，どうすれば良いかわからなくなるよね」

　確かに，大変なことになりそうだ。

「実務上は余計な争点を提起しないためにも最高裁で確立されたルートを用いて２項道路一括指定処分無効確認訴訟＋２項道路指定の不存在確認訴訟でいくことになるんじゃないかな。ただ理屈の上では，２項道路一括指定処分無効確認訴訟＋セットバック義務不存在確認訴訟（実質的当事者訴訟）を選択するという問題の解き方はあり。理論的にも，２項道路指定処分の公定力＝取消訴訟の排他的管轄＝取消訴訟の強制利用が及んでいる範囲は幅員要件の緩和の点のみであって，本問では幅員要件とは独立した争点としての２項道路指定要件違反をめぐる個別具体的なセットバック義務の有無が争点となることから，行政処分非介在型の当事者訴訟と整理することもできるからね[*12]。欲張って３つの訴訟類型に言及する方法もあると思うけど，書く時間がなくなっちゃいそうだし，補充性の問題をどう自分なりに整理しているかは見せる必要が出てくるんじゃないかな」

いろいろな論じ方があるものなんだなぁ。
「勉強になりました。失礼ですが，お名前を聞いてもよろしいですか？」
「人の名前を聞くときは，まず自分から名乗るものだよね」
「〈僕〉は〈僕〉です」
「〈君〉は〈君〉ってことね」
「ええ，それで，あなたのお名前は？」
「そういえば，なんだっけ」
　数千数万のしだれ桜の花弁が，一陣の風に吹かれて乱れ飛ぶ。
「……」
「うーん，私の名前なんだっけなあ。そもそも，ここどこだ。よくわからない」
「…………」
　やはり，物語は動き始めてしまったらしい。ニコニコ笑いながら，隣に座る女性の端整な顔立ちを見つめながら，僕は深く溜息をついた。

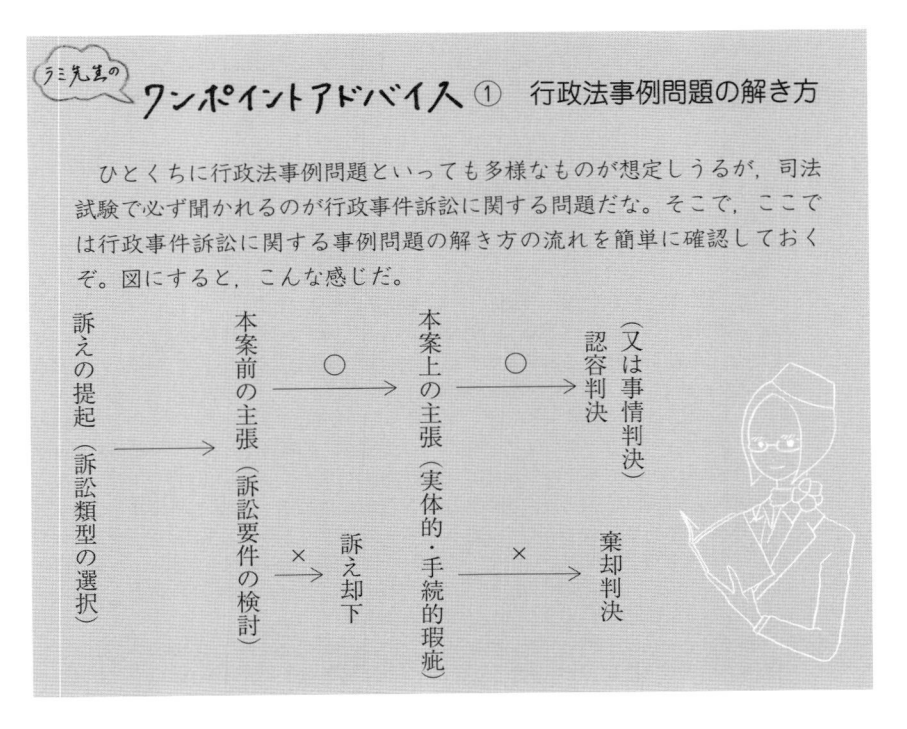

ラミ先生の ワンポイントアドバイス ① 　行政法事例問題の解き方

　ひとくちに行政法事例問題といっても多様なものが想定しうるが，司法試験で必ず聞かれるのが行政事件訴訟に関する問題だな。そこで，ここでは行政事件訴訟に関する事例問題の解き方の流れを簡単に確認しておくぞ。図にすると，こんな感じだ。

訴えの提起（訴訟類型の選択）　→　本案前の主張（訴訟要件の検討）　─○→　本案上の主張（実体的・手続的瑕疵）　─○→　(又は事情判決) 認容判決

　　　　　　　　　　　　　　　　　　　　　　　　　　　　×↓　　　　　　　　　　　　　　　×↓
　　　　　　　　　　　　　　　　　　　　　　　　　　　訴え却下　　　　　　　　　　　　　　棄却判決

第1話　新たな出会い

> 　行政法事例問題を解くにあたっては，問題になりそうな行政活動の内容を特定した上で，①訴訟類型論→②訴訟要件論→③本案論→判決の順序で手続の流れを整理し，どの段階の何が問われているのかを明確に把握して解答することが重要だな。
> 　この基本中の基本が誤っていると，取り返しのつかないことになるので，今一度，確認しておいてくれたまえ。

*1　2項道路一括指定処分の無効確認訴訟に関するその他の訴訟要件については解答例を参照。本問では行訴法36条の原告適格が最も争点となるが，もんじゅ訴訟（判例1-2）の原告適格に関する直截・適切基準説を参照しながら，新細則制定行為に関する不満①は新細則制定行為の無効確認訴訟で争わせることが直截的かつ適切であることを主張していくこととなる（橋本・基礎275頁）。

*2　なお，2項道路一括指定処分判決（判例1-1）とは異なり，2項道路に該当することを前提又は仮定して一括指定そのものの違法事由を争う場合には，一括指定を「処分の束としての一括指定」ではなく「一体としての一括指定」と捉え，「一体としての一括指定」は一般的法規範制定であって処分性はないので，セットバック義務不存在確認訴訟（当事者訴訟）の中で「一体としての一括指定」の違法事由を争うべきとする見解もある（神橋66頁）。

*3　竹田光広・最判解民平成14年度（上）13-14頁。

*4　前掲注3）13頁。

*5　前掲注3）13-14頁。

*6　橋本・解説84-85頁。

*7　もともと確認訴訟により紛争解決すべきであったとする見解として，高木光「救済拡充論の今後の課題」ジュリ1277号（2004年）18頁。

*8　塩野Ⅱ260頁等。

*9　橋本・解説85-86頁。

*10　確認の利益について民事訴訟法に準じて3つの要件に整理するものとして，たとえば櫻井＝橋本373-374頁。ただし，公法上の当事者訴訟の確認の利益については，「民事訴訟法の確認の利益を基礎としつつも，行政過程の特色を反映した要件論が展開されなければならない」（塩野Ⅱ260頁）と指摘されたり，「具体的にいかなる場合に確認訴訟が利用可能かという点については，今後の判例の積み重ねに待つほかない」（山田洋「第4条　当事者訴訟」条解126頁）と指摘されており，前掲櫻井＝橋本も民事訴訟法に準じつつも行政過程の特色を反映して要件を整理している。そのため確認の利益に関しては，今後の判例・学説の動向に留意する必要がある。なお，確認の利益に関しては在外国民選挙権判決（最大判平成17年9月14日民集59巻7号2087頁）や国籍法違憲判決（最大判平成20年6月4日民集62巻6号1367頁）があるが，これらの判決は行政処分を介在せずに違憲・無効の法令が原告らの権利利益を侵害していたケースにおいて確認の利益を認めた判例であり（櫻井＝橋本374-375頁），事例判決にとどまらないインパクトを有してはいるものの，本問に直接援用しうるものではないので本文では3要件に依拠した。

*11　斎藤浩は，現在の行訴法の建付けに関して，「当事者訴訟は抗告訴訟に対し補充性をもたされるのであり，他方で抗告訴訟に位置づけられる無効確認訴訟が当事者訴訟に対し補充

性をもたされることは矛盾と言わねばならない。つまり現行行政事件訴訟法の訴訟類型の立て方, 相互関係には当初から解決不能の無理があったのである」と指摘する（斎藤浩「行政訴訟類型間の補充性について」立命館法学338号（2011年）1787頁）。

＊12　橋本・基礎276頁。

第 2 話
トンデモない展開
―― 平成18年司法試験その2 ――
無効確認訴訟の訴訟物／財産権侵害／配慮義務違反／委任命令の合法性

第2話　トンデモない展開

「ここは京都御所ですよ。本当に自分の名前がわからないのですか」
「んー，どうも，そーみたい。どしよ。あはは」
　間延びした感じで答える彼女。
「こういうとき，どうしたらいいんでしょう。やはり警察でしょうか。それとも病院？」
「とりあえず，平成18年司法試験を終わりまで解いちゃおうよ。きりが悪いし」
　それもそうだ。きりが悪いから，残りの問題も解いてしまおう。きりが悪いのは，良くない。
「次は，設問１のうち本案上の主張をどうするかだね。２項道路一括指定処分無効確認訴訟のほうからいこうか。ここは，どういう解答を考えていた？」
「２項道路一括指定処分については，不満①＝新市長Ｍの規則制定行為をめぐる違法性を主張すれば良いんでしたよね。問題文中の，地元新聞の記事で『旧乙山町の有力者の中には，たまたま，賃貸している家屋について指定基準の緩和により新たに接道要件が満たされることによって利益を受ける人々が複数おり，Ｍは，選挙においてそれらの有力者の支持を取り付けるために指定基準の緩和を約束していたと証言する関係者もいる』との報道があったとの事実を使えばいいんじゃないでしょうか。Ｍ市長が仮にこのような約束をしていれば極めて不当であって，２項道路一括指定処分無効確認訴訟の本案上の主張の理由にもなると思います」
「君ってリーガルじゃないよね」
　彼女は，細長い人差し指で僕の心臓のあたりを指す。胸が痛い。今のは，結構ダメージを受けた。
「何かおかしいことを言いましたかね」
「もっと法律的に物事を考えないとダメだよ。基本から確認しよう。無効確認訴訟の訴訟物って何？」
　行政訴訟の訴訟物なんて，ほとんど考えたことなかったな。取消訴訟の訴訟物は行政処分の違法一般である，という知識はあるが……。うーん，この取消訴訟の訴訟物の話を応用すると……。
「重大かつ明白な違法一般，でしょうか」
「発想はいいけど，惜しいね。正確にいうと，『行政処分の無効事由一般，すな

わち行政処分の重大かつ明白な違法等，出訴期間経過後においてもなお救済に値するとの評価を受ける違法（重大かつ明白な違法等）一般』だね」

「出訴期間経過後においてもなお救済に値するとの評価を受ける違法……というのは，どこから出てくるのですか？」

「判例は基本的には行政行為が無効か否かの判断基準として重大明白な瑕疵を要求しているんだけど（判例2-1），『不服申立期間の徒過による不可争的効果の発生を理由として……不利益を甘受させることが著しく不当と認められるような例外的な事情がある場合』には瑕疵の明白性を問うことなく行政行為を無効にするからね（判例2-2，2-3参照）。そうすると，重大かつ明白な違法性だけでは，最高裁の想定する無効確認訴訟の訴訟物を指し示すことはできないことになるよね」

そうかもしれないが，いくらなんでも細かすぎる気がする。

「で，ここからが本題だけど，君の指摘した報道って贈収賄があったと書かれているわけでもないし，市長の規則制定行為の重大な違法を基礎づける事実と評価できるのかな」

「正直言うと，自分でもこの報道だけでは，本案上の主張で勝訴するのは難しいかなと思ってました」

「だよね。もちろん，そこの問題文に点数が振られていないとは言わないけど，より大事な点があるんじゃないかな。Ａの不満にもっと耳を傾けてみたらどう？　Ａは『今更，通路の中心線から２メートルのセットバック義務があるだなんて……。通路部分以外の売却予定地の現状価格もかなり下がってしまって，本当に困っているのです。』と力説しているよね。Ａは自分のどんな権利利益を主張しているの？」

そういうことか。

「財産権，ですね」

「そのとおり。Ａは自己の財産権（憲法29条1項）に基づく土地の既得権が，Ｍ市長の規則制定行為により剥奪されたと考えているんだね。すなわち事後法によりＡの財産権は縮小されてしまったということができるよね。財産権制約に関しては森林法違憲判決も有名だけど，事後法による財産権制約のリーディングケースとしては国有農地売払特措法事件（判例2-4）があるよね。国有農

第2話　トンデモない展開

地売払特措法事件は，事後法による財産権の内容変更について，『公共の福祉に適合するようにされたものであるかどうかは，いったん定められた法律に基づく財産権の性質，その内容を変更する程度，及びこれを変更することによつて保護される公益の性質などを総合的に勘案し，その変更が当該財産権に対する合理的な制約として容認されるべきものであるかどうかによつて，判断すべきである』とする総合衡量論を用いたんだったね。そうするとＡ側の弁護士としては，たとえば，少なくとも建築基準法施行時点である昭和25年から新細則制定の平成15年6月1日に至るまでＡの土地はセットバック義務を負わないものとしての既得権保障を受けていたにも関わらず，事後法たる新細則制定によりセットバック義務が課されて，売却予定地の現状価格が大幅に下落するに至ったことはＡの財産権を侵害する，と本案上の主張をすることが考えられそうじゃない？」

現場では絶対に無理ですな。
「Ａの不満は，他にもあるよね。Ａはどういう不満を他にこぼしている？」
「Ａは，『旧乙山町は旧甲川市とは事情が違う』ということを言っていますね」
「そうだね。旧甲川市の中心市街地は整理が遅れ，戦前からの入り組んだ町並みが残されているという特殊事情があるので，2項道路の幅員を1.8メートル以上と規定して，2項道路の指定基準を県の基準より緩和していたわけだから，こういう特殊事情のない旧乙山町に新細則を適用する合理的根拠は薄そうだね。そうすると，Ｍ市長は規則制定の際に各旧市町の特殊事情について公正な考慮を尽くしておらず，配慮義務違反（紀伊長島町水道水源保護条例事件・判例2-5）がある，と主張することができるかもしれないね」
「でも，市町村合併の際に2つの基準をどちらか一方に合わせるなんてよくありそうなことで，その一つ一つについて配慮義務なんて発生するものなのでしょうか」
「それは良い指摘。配慮義務に関して判示した紀伊長島町水道水源保護条例事件は，産業廃棄物処理施設を設置しようとした事業者の計画を町が阻止するために当該事業者をいわば『狙い打ち』にしようとした水道水源保護条例を制定したケースにおいて，当該事業者の権利に『重大な制限を課す』ことを考慮し，条例の定める協議手続規定を媒介にして事前協議を尽くすべき配慮義務を導い

たのよね。これに沿って考えてみるとどうなるかな？」

「本問では特定人を狙い打ちにした規則とまでは言えないので，紀伊長島町水道水源保護条例事件の射程が及ぶのか，というところに疑問をもちますね」

「そうね。だから，紀伊長島町水道水源保護条例事件の射程が狙い打ち条例に限定されるかが問題になる。余目町個室付浴場事件（判例2-6）では特定人を狙い打ちにした行政処分を国家賠償法上違法としたけど，これとは違って，不特定多数の者を対象とする条例が問題となった紀伊長島町水道水源保護条例事件については，産業廃棄物処理施設の設置阻止は条例制定のきっかけに過ぎず，特定人の狙い打ちをしたことを直接の理由に配慮義務を導いたのではない，と解説されることが多いね。[*5]そうすると紀伊長島町水道水源保護条例事件の射程を画するにあたって重要なのは，狙い打ちしたか否かではなく，被制約権利の重大性と権利保護の手続規定の仕組みの有無がポイントになりそうね。これはどう？」

「さきほど検討したとおり被制約権利は財産権で重大と評価する余地はありますが，協議手続規定のような，権利保護のための手続的な仕組みは見当たらないように思います」

「そうすると，紀伊長島町水道水源保護条例事件をそのままストレートに用いることは難しそうだね。原告としては苦しい戦いになりそう。ということで，他に何か本案上の主張，思いつく？」

　もはやネタ切れです。

「これはちょっと難しいかな。Ａも法律相談で直接には言及していない不満だからね。私なんかは，個別法である建築基準法の趣旨・目的に照らして違法事由を検討するほうが"行政法的"だと思うのね。[*6]新細則が委任の範囲を超えていれば，法律による行政の原理（法律優位の原則）に違反し，当然に違法になるよね（行手法38条参照）。だから，本問では，授権法律である建築基準法の趣旨・目的から委任の範囲を確定し，Ｍによる新細則制定行為が委任の範囲を逸脱・濫用し違法である，というロジックを立てるのはどうだろう。２項道路の制度趣旨は，『①交通，避難，防火，衛生上安全な状態に都市環境を保つために十分な道路への接合を敷地建物について要求する必要性と，②未整備な都市計画制度の下で以前より土地建物を所有してきた者の既存の利益を保障する必要性

とを調和させる』（資料3(3)）こと――いわば安全性と建築の自由の調和の点にあるのは，問題文から容易に分かるよね。そうすると，新細則が2項道路の一括指定の条件を幅員2.7メートル以上から1.8メートル以上に緩和することは，上記安全性の趣旨に反することになり，裁量権の逸脱・濫用である，という本案上の主張を考えることができそうね」

　いやー，それは普通は思いつきませんな。

「思ったよりもいろいろな本案上の主張が考えられるんですね。ですけど，1個1個の違法事由をみると，ちょっと無効というには弱い気もしますね……」

「さしあたり複数の瑕疵の集積により重大明白な瑕疵ありと主張するしかないけど，やっぱり本丸は，指定処分不存在確認訴訟又はセットバック義務不存在確認訴訟における本案上の主張だよね。いずれの訴訟類型を採用しても，本案上の主張内容はあまり変わらないから，ここでは指定処分不存在確認訴訟で考えてみよっか。指定処分不存在確認訴訟では本案上の主張として何をいうべき？」

「ここがよくわからないんですよね。普通は，行政処分の不存在というのは，外観上，処分としての形態すら備えていないものをいいますよね。だけど，本問の場合って，2項道路一括指定処分の有効な成立を前提としたうえで，本件通路に対する2項道路指定処分がないことを主張するだけなんですよね」

「よく気付いているじゃない。その思考をそのままに，本問では本件通路部分の2項道路の処分要件該当性を争点とすればいいんだよ。ここは資料2に記載してあるL弁護士のリサーチ結果をそのまま使えば簡単だね。つまり，本件通路部分と本件長方形部分は形状が異なるため別個に2項道路該当性を判断すべきであること，2項道路の制度趣旨が建築の自由のみならず接道義務等の確保による安全性確保の点にあるとすれば，法42条2項の『立ち並んでいる』の要件は『その道が幅員4メートル未満であるために接道要件を満たさないことになるような建築物が立ち並んでいる』という限定的な意味に解釈すべきであり，本件でこれに該当するのはEさんの家のみであるから，当該要件を満たさない，と主張すれば良い」

　確かに，ここはL弁護士のリサーチ結果を利用するだけなので，本案上の主張の中でも最もわかりやすいかもしれない。勝訴の見込みが一番ありそうな部

分でもあるので，配点も高そうだ。
「設問2の国家賠償の問題は，あまりおもしろくないので，割愛っと！　ポイントだけ言っておくと，国賠法1条1項は①加害行為の主体，②職務関連性，③故意・過失，④違法性，⑤損害の発生，⑥因果関係の6要件を定めているので，これを市長の規則制定行為と2項道路該当性の照会に対する職員の回答の2つの行為についてそれぞれ検討できるかが重要だね。つまり12の採点ポイントにどれだけ上手く論述をヒットさせていくか，というゲームみたいなものだね。んー，ちょっと疲れた」

猫のように伸びをする彼女の姿は，どこか幼さを感じさせる。

それにしても，記憶喪失なのに，行政法の知識だけは残っているもんなんだな。不思議だ。

「さて，警察に行きます？　病院に行きます？」
「ん，なんか君，冷たい。モテないでしょ」
「そんなこと言っても，どうしたらいいんですか。僕は，記憶喪失の治し方なんて知りませんよ」
「君が，私にキスしてくれたら，治るかも」

いきなりトンデモないことを言いだしたな。

「何を言っているんですか。そんなことしたって，記憶が戻るはずないじゃないですか」
「大きなショックを与えると，その衝撃で記憶が戻るらしいよ。君と話していたら，なんかキスしたくなっちゃった。早く，して」

めちゃくちゃだ。いくら物語でも，これはない。さすがにない。

しかし，彼女は目を閉じて戦闘態勢に入っている。

僕に，どうしろと言うのだ。

「そこの変態男，シエル姉さんから離れろー！！！」

女の子の声に応じて後ろを振り向いたところに，女の子の飛び蹴りが僕の頬にめり込む。ベンチから盛大に地面に叩きつけられる僕。とても痛い。

身体中に走る激痛に耐えながら身を起こし，声のほうに目をやると，両手を腰にあてて立つツインテールの女の子がそこに立っていた。デニムのショートパンツに，Tシャツの上から厚手の白いパーカーを羽織っている。中学生くら

いだろうか。幼い印象である。

　えーこれはまさかこの女の子とも行政法でバトらないといけない感じですか……。だるいなぁ。

📖 平成18年司法試験公法系第2問 解答例

第1　設問1
　1　Aは，本件道路が2項道路に該当しないことを確定させるために，新細則制定による2項道路の一括指定処分についての抗告訴訟を提起すべきである。本件では，取消訴訟の出訴期間が過ぎているため，同処分の無効確認訴訟（行訴法3条4項）を提起することとなる。

　　　同処分に処分性があることは，問題文記載の最高裁判例から明らかである。Aは同処分によりセットバック義務を課されているので，同処分の無効確認を求める「法律上の利益」（同36条）はある。また「現在の法律関係に関する訴えによつて目的を達することができない」場合とは当事者訴訟（同4条）及び争点訴訟（同45条）と比較して無効確認訴訟を提起することが直截的で適切な場合に認められると解されている。同処分に関する新細則制定に固有の違法事由については同処分の無効確認訴訟で争うことが直截・適切であるので，この要件も満たす。よって，同処分は訴訟要件を満たす。

　　　本案上の主張としては，①新細則制定によりAはセットバック義務を課され，売却予定地の現状価格が大幅に下落しており，事後法による財産権の内容変更によってAの財産権（憲法29条1項）が侵害されていること，②法42条2項の制度趣旨は未整理で入り組んだ所有関係にある地域の所有権者の既得権を保障しつつも将来の良好な都市環境を形成する点にあるが，新細則制定により従前保障を受けていた既得権が侵害される一方で，戦前からの入り組んでいた町並みが残されている旧甲川市を超えて旧乙川市にまで新細則を適用しても将来の良好な都市環境の形成に資することはなく，2項道路の制度趣旨に反すること，③このように事情の異なる旧甲川市の基準を旧乙川市にまで及ぼすことは，旧乙川市の住民に対する公正な配慮義務を欠いていることから，重大かつ明白な瑕疵があると主張できる。

　2　次にAは，本件通路部分についての2項道路指定不存在確認訴訟（行訴法3条4項）を提起すべきである。同処分に処分性があることは，問題文

の最高裁判例から明らかである。

　本案上の主張としては，仮に新細則による一括指定処分が適法・有効であったとしても，本件通路部分は法42条2項の「建築物が立ち並んでいる」という要件を満たしておらず，2項道路に該当しない，と主張する。法42条2項は同法43条が厳しい接道要件を定める一方で，ある1つの土地の周囲に安定的に形成されている土地の現状保障をするための政策的規定であるため，「建築物が立ち並んでいる」とは幅員4メートル未満であるために接道要件を満たさなくなる建築物が立ち並んでいる場合と解すべきである。縁石等により整えられている本件通路と本件長方形部分は形状が異なり，両者の幅員も相違しており，2つの道路は直角で接続されている等の事情からすると，両者は個別に2項道路該当性を判断すべきである。これを前提とすると，本件通路には該当する建築物はEしか存在しない。よって，本件通路は2項道路の要件を満たさず，本件通路に対する指定処分は不存在である。

3　Aは，当事者訴訟（行訴法4条）としてのセットバック義務不存在確認訴訟を提起することも考えられる。確認の利益は，対象選択の適否，即時確定の利益，手段選択の適否の有無の観点から判断される。セットバック義務という現在の権利義務を争うため，確認対象は適切である。現実に地価の下落が生じているので，即時確定の利益もある。もっとも，2項道路指定不存在確認訴訟が可能であるため確認訴訟の手段によることが不適切と解されるおそれはある。そこで，セットバック義務不存在確認訴訟は2項道路指定不存在確認訴訟と併合提起しておくべきである。この両訴訟の本案上の主張は同一である。

第2　設問2

1　AはMの新細則制定行為に着目し，国賠法1条1項に基づく国家賠償請求訴訟を提起すべきである。新細則による2項道路一括指定処分は処分性を有しているため，「公共団体」の「公権力の行使」であり，「職務」関連性もある。また，Aの財産権・既得権を侵害し，法42条2項の委任範囲を超えてなされたMの新細則制定は，憲法及び法律の根拠を欠く無効なものであって，「違法」である。Mは自らの票集めの不当な動機に基づき旧甲川市の基準を旧乙川市に及ぼす判断を行って住民の財産権等を侵害しており，「過失」も認められる。そして，この違法かつ有過失のMの行為によりAの土地の価値が下落するとの「損害」が発生しており，因果関係も認められる。よって，市は国家賠償責任を負う。

2　次にAは，本件通路部分が2項道路に該当すると判断した建築指導課の

担当課長Gの行為に着目し，国家賠償法1条1項に基づく国家賠償請求訴訟を提起すべきである。Gの見解の表明行為は処分性のない単なる非権力的行政作用であるが，「公権力の行使」は私経済作用を除く非権力的行政作用も含むと解されるので，「公権力の行使」に該当する。Gは建築指導課の所管事務として当該行為を行っており，「職務」関連性もある。また，確かに，担当課長Gの見解の表明は法令上の根拠をもたない行政サービスの1つであり，課員に関係資料の調査及び現地調査をさせていることも踏まえると，仮に誤った回答であったとしても直ちに「違法」となるわけではない。しかし，担当課長Gの採用した見解は，建築基準法に反する著しく妥当性の欠くものである。Aが3度にわたって自ら市役所に赴き抗議を行っている事情を考慮すると，それでもなおGが見解を維持し続けたことは職務上の義務に違反し「違法」であり「過失」もある。Aは相続税納付の期日が迫っており，Eから手付金を受領している等の事情があることから，この違法かつ有過失である市の見解を前提としてEとの売買契約を結ばざるをえない事態になっており，土地価格下落分の「損害」との因果関係もある。よって，市は国家賠償責任を負う。

以上

＊1 実務的研究164頁。
＊2 神橋221頁。
＊3 最大判昭和62年4月22日民集41巻3号408頁。
＊4 宍戸152-156頁，小山154頁。
＊5 杉原則彦・最判解民平成16年度(下) 820-821頁，大久保規子・平成16年度重判57頁。
＊6 第0話19頁参照。
＊7 一つ一つとしては重大明白な瑕疵といえないが，瑕疵の集積により全体として重大明白な瑕疵を認めたケースとして，最判昭和34年2月24日集民35号505頁参照。
＊8 大久保規子「第3条　抗告訴訟——4項」条解77頁。
＊9 このように不存在確認訴訟には2つの種類があることについては，晴山一穂「二項道路一括指定を争う訴訟形式——新司法試験・公法系科目論文式第2問に寄せて」専修ロージャーナル2号（2007年）17-18頁。

第 3 話

京都御所で大騒動
────平成19年司法試験その1────

執行停止の種類／退去強制令書発付の法的性格と処分性／処分性と仕組み解釈／入管法に基づく収容・送還の執行停止の可否／通常生ずる損害説／平成16年行訴法改正と執行停止／原処分主義と裁決主義

第3話　京都御所で大騒動

　黒いロールスロイス3台が，綺麗に手入れされた京都御所の砂利道に突っ込んでくる。ロールスロイスは目の前に現れた謎の少女の後ろで急停止する。車の中から，SPのような黒服の屈強な男たちがぞろぞろと出てくる。ざっと10人程度はいるだろうか。
　僕と記憶喪失の彼女は，あっという間に包囲されてしまった。
「おい，そこの変態男。さっさとシエル姉さんを返しなさい」
　僕は，転んだ拍子についてしまった砂利をはたきながら立ち上がる。どうも「シエル姉さん」というのは，この記憶喪失の女性の名前らしい。
「ずいぶんな歓迎だね。『返しなさい』って，シエルさんって君のものなの」
　カタン，と音を立てて僕の中のスイッチが入るのを感じる。
「あたしは，シエル姉さんの妹のルナだよ。赤の他人のあなたが，口を出す問題じゃないよ」
　ベンチに座るシエルさんのほうを一瞥すると，シエルさんは頭を抱えながら震えていた。シエルさんの目は，哲学をしているときのように，焦点が定まっていない。明らかに，この人たちを，恐れている。
　僕は，肩をすくめてみせる。
「どうもシエルさんは，帰りたがってないみたいだけど，ね。それに彼女，記憶喪失だよ。知ってるの？」
「シエル姉さんは，記憶喪失でいいの。……まさか，あなた，シエル姉さんの〈記憶〉を蘇らせるつもりじゃないよね。そんなことをしたら，大変なことになるよ。シエル姉さんが〈記憶喪失〉になっているおかげで，何とかこの世界は〈均衡〉を保っていられるんだよ」
　何を言っているんだ。人一人の〈記憶〉が，どんな風に〈世界の均衡〉に関係するというのだ。馬鹿馬鹿しい。
「何でもいいや。僕は，シエルさんを君にすんなり返す気はない。そのことだけ，言っておくよ」
　返せと言われると，返したくなくなる。
「別にあんたが返す気があろうが，なかろうが，こっちは力ずくで取り戻すだけだけどね。これだけの人数を，あんた一人でどうやって相手しようっていうの。馬鹿じゃないの」

ルナちゃんが指揮官のように右腕をあげると、ざっと10人以上はいる黒服が臨戦態勢に入る。確かに、これだけの人数を相手にするには、荷が重い。
　——ここはお得意のはったりで、突き通すしかない、かな。
「別に力ずくでやろうっていうなら、構わないけど、怪我をするのは、そっちだよ。バトル・オブ・コンスティチューション（BOC）を制した〈僕〉の力を、舐めないで欲しいな」
　僕がそう言った瞬間、黒服がざわつく。ルナちゃんも、大きなクリっとした目をさらに丸く大きくさせている。
　……あれ、そんなに驚くようなこと言ったかな。
「あんた、まさか——。〈金獅子一族〉と双璧をなす〈銀狼一族〉を手なずけたって噂の……。いや、こんな珍竹林が、ありえない。適当なこと言ってるんじゃないよ」
　〈銀狼一族〉？　確かに、日本人にしては珍しい銀色の綺麗な髪をもつ知り合いが2人ほどいるけど、それと何か関係あるのかな。まあ、どうでもいい。怯んでいる今こそが、畳みかけるチャンスだ。
「そんなに疑うなら、試してみたらどう？　この僕の、力をさ」
　僕はそう言って、平成19年司法試験の問題をルナちゃんに向かって、放り投げる。ピンチのときは、司法試験の問題を解けばオーケー。ここは、そういう世界だからね。
「——いいよ。あんたが、本当にBOCの優勝者だって言うなら、あんたの実力を確認しておく必要があるからね」
　どうも、生意気なお嬢さんには、お仕置きが必要みたいだね。

平成19年司法試験公法系第2問

　F国籍の外国人である男性Aは、出入国管理及び難民認定法（以下「入管法」といい、条文だけの引用は同法を指す。）第2条の2第2項、別表第1の4に規定された留学の在留資格（在留の目的が留学である在留資格）をもって日本に在留しており、2004年4月に甲大学福祉学部に入学し、2007年5月現在、第4学年に在学中である。2008年3月には卒業の見込みである。

第3話　京都御所で大騒動

　Aは，入学当初は，本国で工場を経営する父親から学資（月額10万円）の援助を受けていたところ，2006年4月に父親の会社が倒産した。このため，Aはアルバイトを始めようと考えるに至った。留学の在留資格で在留する者には報酬を受ける活動が禁止され（第19条第1項第2号），報酬活動を行うためには資格外活動許可が必要とされている（同条第2項）。無許可就労などに対しては，罰則が規定されている（第73条，第70条第1項第4号）。そこで，Aは資格外活動許可を受けた上，2006年5月から，レストランP店で週3日間のアルバイト（週21時間）を開始した。資格外活動許可書の「新たに許可された活動の内容」欄には，「1週について28時間以内の報酬を受ける活動（風俗営業が営まれている営業所において行われるものを除く。）」と記載されていた。しかし，時給が低いP店でのアルバイトでは滞在経費（1か月当たり約14万円）の不足を補えないとして，2か月後にAは，時給がよいR店に勤務先を変更した（月，水，金曜日の午後7時から午前2時，週21時間）。同店の営業は「キャバレーその他設備を設けて客にダンスをさせ，かつ，客の接待をして客に飲食をさせる営業」（風俗営業等の規制及び業務の適正化等に関する法律第2条第1項第1号）に該当するが，同法の営業許可を受けていなかった。Aは接客には一切関与せず，アルバイトの内容は，テーブル等のセット，厨房手伝い，掃除，買い物といった作業内容であった。Aの友人らによれば，ファミリーレストランにおけるアルバイトと実質的に変わらないという。Aは，アルバイトで得られる月額10万円余りと奨学金月額3万円を生活費，教科書代等に充て，授業料は一部免除を受け，不足分は親戚からの仕送りに頼ってきた。生活費の捻出に手一杯で，預金をするゆとりはない。大学におけるAの講義出席率は平均約80パーセントであり，3年次までで，卒業必要単位124のうち100単位を既に取得している。単位取得した45科目の成績は，優（評点100点から80点）が10科目，良（評点79点から70点）が10科目，可（評点69点から60点）が25科目である。Aは，R店のアルバイトを9か月余り続けた。

　2007年4月9日にR店が摘発され，Aは入国警備官による調査（第27条）を受けた。その結果，Aは退去強制事由に該当するとされた。すなわち，Aは「第19条第1項の規定に違反して……報酬を受ける活動を専ら行つていると明らかに認められる者」（第24条第4号イ）に該当する。と判断されたのである。4月10日にAは入国警備官により収容場に収容された（第39条第1項）。

　Aの引渡しを受けた入国審査官は，審査（第45条第1項）の結果，4月16日に，退去強制事由（第24条第4号イ）該当を認定し，Aに通知した（第47

条第3項)。Aが口頭審理を請求した(第48条第1項)ところ,4月23日に,特別審理官は口頭審理を行い,認定に誤りがないとの判定を下した(第48条第8項)。これに対し,Aは異議を申し出た(第49条第1項)。4月30日に,(法務大臣から権限委任を受けた)地方入国管理局長は,Aの異議には理由がないとの裁決を下した(第49条第3項,第69条の2)。5月6日に,Aは,主任審査官より退去強制令書の発付(第49条第6項,第51条)を受けた上,同令書の執行を受けて,改めて入国者収容所入国管理センターに収容された。このままではAは大学に通うこともできず,本国に送還されてしまうとして,Aの関係者から弁護士Bに相談があった。収容所に出張したBに対し,Aは,留学の在留資格をもって日本で勉学を継続できるように訴訟提起を依頼した。

【資料1 法律事務所の会議録】を読んだ上で,若手弁護士Cの立場に立って,Bの指示に応じ,設問に答えなさい。

なお,退去強制手続の流れについては,弁護士Cの調査資料【資料2 退去強制手続の流れ】があり,入管法や同法に関する省令の抜粋は【資料3 出入国管理及び難民認定法等】に掲げてあるので,適宜参照しなさい。

〔設 問〕
1.(1) 退去強制令書に基づくAの収容の継続及び送還を阻止するために,Aがいかなる法的手続(行政事件訴訟法に定めるものに限る。)をとるべきかについて,それを用いる場合の要件を中心に論じなさい。
  (2) また,Aが退去強制事由該当の判断を争うために認定又は裁決の取消訴訟を提起する場合,認定と裁決のいずれを対象とするのが適切かを論じなさい。
2. 上記1.の手続において退去強制事由該当の判断を争う場合に,Aはいかなる実体法上の主張をすべきかを,詳細に論じなさい。

なお,以上の設問に関しては,在留特別許可(第50条)の問題を検討する必要はない。

【資料1 法律事務所の会議録】
弁護士B:今日は,Aさんの案件について,基本的な処理方針を検討したいと思います。まず,退去強制の仕組みに関する調査結果を報告してください。

弁護士C：資料（資料2）を御覧ください。入管法は，退去強制事由該当の有無を3段階にわたり判断する仕組みを採用しています。入国審査官の認定，特別審理官の判定，法務大臣ないしは権限の委任を受けた地方入国管理局長の裁決という3段階の仕組みです。行政不服審査法の適用は除外されています（同法第4条第1項第10号）。いずれかの段階で，不該当の判断が下れば，Aさんは放免され，在留できます。本件ではいずれもいれられず，退去強制令書が発付されました。

弁護士B：本件では退去強制令書が発付され，Aさんは収容されていますし，このままでは本国に送還されてしまいます。まず，何らかの手立てを講じなければなりません。発付の法的性格を解明した上で，争い方を考えてください。本件は，在留特別許可がされなかった点の問題もありますが，そもそも退去強制事由の存否を争う余地があるケースのようです。在留特別許可は後で検討することにしましょう。仮放免や人身保護請求も検討から除外してください。本件では，まずは退去強制事由非該当の主張が中心になりますから，この点を網羅的に検討したいと考えています。まず，第19条第2項の資格外活動の許可の基準はどうなっていますか。

弁護士C：Aさんの許可書にも一部記載されていましたが，留学生の場合，①1週に28時間以内，②勉強状況・在留状況に問題がなく，③稼働目的が学費その他の必要経費を賄うものであり，④申請の活動が社会通念上学生の通常行うアルバイトの範囲内であれば許可するという運用です。風営店での活動は，内容を問わず一切許可されません。

弁護士B：入管法が資格外活動許可制をどのように位置付けているのかが，ポイントですね。入国管理当局の見解はどうですか。

弁護士C：入管当局は在留資格制度の趣旨から解釈しています。留学の在留資格で在留しようとする者に対しては，上陸時に，在留期間中生活するのに十分な資産等の保有が要求されます。第7条第1項第2号の委任に基づき，上陸のための条件について定めた法務省令（「出入国管理及び難民認定法第7条第1項第2号の基準を定める省令」）が，資産保有要件を定めています。入管当局では，こうした上陸時の要件を重視して，就労しつつ勉学する外国人を受け入れるという

政策は我が国では採用されていないとし，この前提から，第19条第２項の許可は必要経費の一部を賄う程度のアルバイトのみを許容する趣旨で，滞在経費を専ら賄うアルバイトは含まないと説明しています。

弁護士Ｂ：上陸後の在留中に事情が変わることはあり得ることで，その点も考慮すべきかもしれませんね。まず，Ａさんがアルバイトで滞在経費を専ら賄っているといえるのかを争いましょう。そのほか，風営店での活動が一律不許可なのは，どのような理由からですか。

弁護士Ｃ：学業と両立しないもので，留学生が通常行うアルバイトの範囲外という理解だと思います。

弁護士Ｂ：風営店での活動も多様ですから，具体的に判断すべきですね。しかし，仮に，第19条違反だとして，それは第24条の退去強制とどのような関係になりますか。

弁護士Ｃ：入管当局は，在留資格制度の趣旨から，滞在経費を専ら賄うアルバイトは第19条第２項の許可対象ではなく，それがされれば，在留目的が実質的に変更され，第24条第４号イの「報酬を受ける活動を専ら行つている」という要件に該当することになると説明しています。また，風営店でのアルバイトは，およそ学業と両立せず，したがって，そのようなアルバイトは在留目的変更の有力な証拠ととらえています。

弁護士Ｂ：実質的に在留目的が変更されたというのは一つの解釈ですが，その当否の検討が必要ですね。

弁護士Ｃ：退去強制の要件を定める第24条は，第19条第１項違反という要件と，「専ら行つている」という要件の二つから構成されていますね。

弁護士Ｂ：確かに，第73条と第70条第１項第４号を見ても，二つの罰則規定を法律は書き分けていますね。これを参考に，第24条と第19条第１項の関係も検討してください。第24条第４号イの「専ら行つている」要件についての裁判所の解釈は，過去に担当した事件ではどのようなものでしたか。

弁護士Ｃ：例えば，アルバイトで得た金銭が遊興費，事業資金，蓄財に充てられた事例では，退去強制事由該当と判断されました。また，風営店でホステスとして専心して活動し，学業を怠り，欠席が多く単位取得も不足していたケースでも，該当の判断でした。

弁護士Ｂ：それでは，本件における諸般の事情を総合判断して，「専ら行つている」という要件について，解釈と当てはめを具体的に検討してください。ところで，以上の検討では，退去強制令書発付に対して争うことを念頭に置いて，退去強制事由不該当を，違法性の承継を前提として主張しようと考えてきました。しかし，国の側では，違法性の承継を認めない主張をしてくるかもしれません。この点を考慮しますと，先行行為を対象に争う訴訟についても，検討しておく必要がありそうです。また，退去強制事由該当判断を直接争うことは，在留資格を是非維持したいというＡさんの依頼の趣旨にも合致します。その場合，本件では認定と判定と裁決の３段階の行為が現にされているわけですが，どうなるのでしょうか。これらの３段階の行為については行政事件訴訟法でいう「処分又は裁決」には当たらないという考え方もありますが，従来の裁判例や実務を参考に，「処分又は裁決」であることを前提に検討しましょう。認定，判定，裁決について，原処分と不服審査裁決の関係とはとらえない立場もありますが，ここでは，入管法独自の不服申立ての仕組みと見て，判定なり，裁決なりを行訴法第３条第３項にいう裁決ととらえる解釈でいきましょう。そうしますと，原処分主義なら認定を，裁決主義なら裁決を争うということになりそうですが。

弁護士Ｃ：認定―判定―裁決を不服申立ての仕組みととらえる見解においても，解釈は分かれています。ある立場は，３日間という短期の不服申立期間など，最終判断までの迅速化を図った諸規定を重視して，３段階の行為を一体にとらえています。これに対し，明文規定の有無を重視する立場も見られます。

弁護士Ｂ：それぞれがどのような立場なのかを整理し，どちらを採るべきかを検討してください。

【資料2　退去強制手続の流れ】

（Aの手続の経過は太字で示したとおりである）

| 入国審査官の認定 |
| 退去強制事由該当の認定（47条3項，4項） | 非該当の認定（→放免・在留） |

↓　口頭審理の請求（48条1項）：3日以内

| 特別審理官の判定 |
| 認定が誤りなしの認定（48条8項） | 認定が誤りとの認定（→放免・在留） |

↓　異議の申出（49条1項）：3日以内

| 地方入国管理局長の裁決 　（49条3項，69条の2）|
| 異議の申出に理由なし | 申出に理由あり（→放免・在留） |

↓

| 主任審査官の退去強制令書発付 |　（49条6項，51条）

↓

| 執行（52条1項） |　……収容（52条5項），送還（52条3項，53条）

【資料3　出入国管理及び難民認定法等】

○　出入国管理及び難民認定法（昭和26年10月4日政令第319号）（抜粋）
（在留資格及び在留期間）
第2条の2　本邦に在留する外国人は，出入国管理及び難民認定法及び他の法律に特別の規定がある場合を除き，それぞれ，当該外国人に対する上陸許可若しくは当該外国人の取得に係る在留資格又はそれらの変更に係る在留資格をもつて在留するものとする。
2　在留資格は，別表第1又は別表第2の上欄に掲げるとおりとし，別表第1の上欄の在留資格をもつて在留する者は当該在留資格に応じそれぞれ本邦において同表の下欄に掲げる活動を行うことができ，別表第2の上欄の在留資格をもつて在留する者は当該在留資格に応じそれぞれ本邦において同表の下欄に掲げる身分若しくは地位を有する者としての活動を行うことができる。
3　（略）

（入国審査官の審査）
第7条　入国審査官は，前条第2項の申請（注1）があつたときは，当該外国人が次の各号……に掲げる上陸のための条件に適合しているかどうかを審査しなければならない。
　　（注1）外国人による本邦への上陸申請をいう。
　一　（略）
　二　申請に係る本邦において行おうとする活動が虚偽のものでなく，別表第1の下欄に掲げる活動……又は別表第2の下欄に掲げる身分若しくは地位……を有する者としての活動のいずれかに該当し，かつ，別表第1の2の表及び4の表の下欄……に掲げる活動を行おうとする者については我が国の産業及び国民生活に与える影響その他の事情を勘案して法務省令で定める基準に適合すること。
　三，四　（略）
2，3　（略）
（在留）
第19条　別表第1の上欄の在留資格をもつて在留する者は次項の許可を受けて行う場合を除き，次の各号に掲げる区分に応じ当該各号に掲げる活動を行つてはならない。
　一　（略）
　二　別表第1の3の表及び4の表の上欄の在留資格をもつて在留する者　収入を伴う事業を運営する活動又は報酬を受ける活動
2　法務大臣は，別表第1の上欄の在留資格をもつて在留する者から，法務省令で定める手続により，当該在留資格に応じ同表の下欄に掲げる活動の遂行を阻害しない範囲内で当該活動に属しない収入を伴う事業を運営する活動又は報酬を受ける活動を行うことを希望する旨の申請があつた場合において，相当と認めるときは，これを許可することができる。
3　（略）
（退去強制）
第24条　次の各号のいずれかに該当する外国人については，次章（注2）に規定する手続により，本邦からの退去を強制することができる。
　　（注2）第5章（第27条から第55条まで）を指す。
　一～三の三　（略）
　四　本邦に在留する外国人……で次に掲げる者のいずれかに該当するもの

イ　第19条第１項の規定に違反して収入を伴う事業を運営する活動又は報酬を受ける活動を専ら行つていると明らかに認められる者……

　　ロ〜ヨ　（略）

　四の二〜十　（略）

（違反調査）

第27条　入国警備官は，第24条各号の一に該当すると思料する外国人があるときは，当該外国人（以下「容疑者」という。）につき違反調査をすることができる。

（収容）

第39条　入国警備官は，容疑者が第24条各号の一に該当すると疑うに足りる相当の理由があるときは，収容令書により，その者を収容することができる。

２　（略）

（容疑者の引渡）

第44条　入国警備官は，第39条第１項の規定により容疑者を収容したときは，容疑者の身体を拘束した時から48時間以内に，調書及び証拠物とともに，当該容疑者を入国審査官に引き渡さなければならない。

（入国審査官の審査）

第45条　入国審査官は，前条の規定により容疑者の引渡しを受けたときは，容疑者が退去強制対象者（第24条各号のいずれかに該当し，かつ，出国命令対象者に該当しない外国人をいう。以下同じ。）に該当するかどうかを速やかに審査しなければならない。

２　（略）

（審査後の手続）

第47条　（略）

２　（略）

３　入国審査官は，審査の結果，容疑者が退去強制対象者に該当すると認定したときは，速やかに理由を付した書面をもつて，主任審査官及びその者にその旨を知らせなければならない。

４　前項の通知をする場合には，入国審査官は，当該容疑者に対し，第48条の規定による口頭審理の請求をすることができる旨を知らせなければならない。

５　第３項の場合において，容疑者がその認定に服したときは，主任審査官は，その者に対し，口頭審理の請求をしない旨を記載した文書に署名させ，速や

かに第51条の規定による退去強制令書を発付しなければならない。
（口頭審理）
第48条　前条第3項の通知を受けた容疑者は，同項の認定に異議があるときは，その通知を受けた日から3日以内に，口頭をもつて，特別審理官に対し口頭審理の請求をすることができる。
2　（略）
3　特別審理官は，第1項の口頭審理の請求があつたときは，容疑者に対し，時及び場所を通知して速やかに口頭審理を行わなければならない。
4〜7　（略）
8　特別審理官は，口頭審理の結果，前条第3項の認定が誤りがないと判定したときは，速やかに主任審査官及び当該容疑者にその旨を知らせるとともに，当該容疑者に対し，第49条の規定により異議を申し出ることができる旨を知らせなければならない。
9　（略）
（異議の申出）
第49条　前条第8項の通知を受けた容疑者は，同項の判定に異議があるときは，その通知を受けた日から3日以内に，法務省令で定める手続により，不服の事由を記載した書面を主任審査官に提出して，法務大臣に対し異議を申し出ることができる。
2　（略）
3　法務大臣は，第1項の規定による異議の申出を受理したときは，異議の申出が理由があるかどうかを裁決して，その結果を主任審査官に通知しなければならない。
4，5　（略）
6　主任審査官は，法務大臣から異議の申出が理由がないと裁決した旨の通知を受けたときは，速やかに当該容疑者に対し，その旨を知らせるとともに，第51条の規定による退去強制令書を発付しなければならない。
（退去強制令書の方式）
第51条　……第49条第6項の規定により，又は……に基づく退去強制の手続において発付される退去強制令書には，退去強制を受ける者の氏名，年齢及び国籍，退去強制の理由，送還先，発付年月日その他法務省令で定める事項を記載し，かつ，主任審査官がこれに記名押印しなければならない。
（退去強制令書の執行）

第52条　退去強制令書は，入国警備官が執行するものとする。
2　（略）
3　入国警備官……は，退去強制令書を執行するときは，退去強制を受ける者に退去強制令書又はその写しを示して，速やかにその者を次条に規定する送還先に送還しなければならない。……。
4　（略）
5　入国警備官は，第３項本文の場合において，退去強制を受ける者を直ちに本邦外に送還することができないときは，送還可能のときまで，その者を入国者収容所，収容場その他法務大臣又はその委任を受けた主任審査官が指定する場所に収容することができる。
6　（略）
（送還先）
第53条　退去強制を受ける者は，その者の国籍又は市民権の属する国に送還されるものとする。
2，3　（略）
（権限の委任）
第69条の２　出入国管理及び難民認定法に規定する法務大臣の権限は，法務省令で定めるところにより，地方入国管理局長に委任することができる。……。
第70条　次の各号のいずれかに該当する者は，３年以下の懲役若しくは禁錮若しくは300万円以下の罰金に処し，又はその懲役若しくは禁錮及び罰金を併科する。
　一～三の二　（略）
　四　第19条第１項の規定に違反して収入を伴う事業を運営する活動又は報酬を受ける活動を専ら行つていると明らかに認められる者
　五～九　（略）
2　（略）
第73条　第70条第１項第４号に該当する場合を除き，第19条第１項の規定に違反して収入を伴う事業を運営する活動又は報酬を受ける活動を行つた者は，１年以下の懲役若しくは禁錮若しくは200万円以下の罰金に処し，又はその懲役若しくは禁錮及び罰金を併科する。

別表第1の4

上欄	下欄
在留資格	本邦において行うことができる活動
留学	留学本邦の大学若しくはこれに準ずる機関，専修学校の専門課程，外国において12年の学校教育を修了した者に対して本邦の大学に入学するための教育を行う機関又は高等専門学校において教育を受ける活動

○　出入国管理及び難民認定法第7条第1項第2号の基準を定める省令（平成2年5月24日法務省令第16号）

　出入国管理及び難民認定法（以下「法」という。）第7条第1項第2号の基準は，法第6条第2項の申請を行った者（以下「申請人」という。）が本邦において行おうとする次の表の上欄に掲げる活動に応じ，それぞれ同表の下欄に掲げるとおりとする。

上　欄	下　欄
活　動	基　準
法別表第1の4の表の留学の項の下欄に掲げる活動	一　（略） 二　申請人がその本邦に在留する期間中の生活に要する費用（以下「生活費用」という。）を支弁する十分な資産，奨学金その他の手段を有すること。ただし，申請人以外の者が申請人の生活費用を支弁する場合は，この限りでない。 三～六　（略）

「ルナちゃん，君の実力を試させてもらうよ。設問1(1)の君の解答をきこうか」
「……あんたが，あたしを試そうっての？　いいよ。我が一族の力，とくと見ろ！設問1(1)は，退去強制令書に基づくAの収容の継続及び送還を阻止するための法的手段とその要件について，だよね。ここは，退去強制令書の処分の取消訴訟（行訴法3条2項）を提起した上で収容及び送還の執行停止の申立て（同法25条2項）をすることになる[*1]」
「執行停止とひとくちに言っても，処分の効力の停止，処分の執行の停止，手続の続行の停止の3種類があるけど，そこはどうなの？」
「普通に考えれば，収容部分は令書発付の効力の停止，送還部分は令書発付の

執行の停止，でいいでしょ＊2。続きいくよ。令書発付の訴訟要件との関係では，これが『行政庁の処分その他公権力の行使に当たる行為』（行訴法3条2項）に該当するか，いわゆる処分性の要件が問題になる。ここは弁護士Bの『発付の法的性格を解明した上で，争い方を考えてください』との指示があり，退去強制令書の法的性格に関しては，退去強制令書及びそれに基づく収容・強制送還を全体として即時強制とみる見解と退去強制令書発付を退去義務を課す義務賦課行為とし強制送還をその強制執行とみる見解があるけど，この法的性格論は処分性の有無にはあんまり影響しない＊3。こんな細かい知識を試験委員が要求しているとは思えないしね。むしろ，処分性の有無を判定する基本的な理解と条文の仕組み解釈から，令書発付の『法的性格』を解明し，処分性を判定したほうが実益があるってものね」

ルナちゃんは，得意げに解説していく。

「まず，処分性のリーディングケースの大田区ゴミ処理場事件（判例0-1）における処分性の定義——『公権力の主体たる国または公共団体が行う行為のうち，その行為によって，直接国民の権利義務を形成しまたはその範囲を確定することが法律上認められているもの』を引用した上で，現場思考で52条3項が退去強制令書の執行として送還，同5項が収容を規定していることを発見する。そうすると，退去強制令書には，法律上，国が直接国民に対して送還義務・収容義務を形成する効果が与えられていることがわかるから，これにより処分性をサックリ肯定すればいいわ」

「特に異論はないよ。執行停止は？」

「執行停止＊4については，Aは既に3年以上の留学活動を行い卒業も間近い状況であることから現時点で収容及び送還によって学業継続が阻止されれば金銭賠償では回復不可能な損害を被るおそれがあり，このようにAから教育の機会を奪うことはAの人格権に対する深刻な侵害といえるから『損害の回復の困難の程度』等を考慮すると，『重大な損害』を避けるための『緊急の必要』がある（行訴法25条2項・同3項）。それと，Aひとりの収容や送還が完遂されないとしても『公共の福祉に重大な影響を及ぼすおそれ』はないし，これは設問2で検討すべきことだけど『本案について理由がない』とはいえないよね。だから，本問では，収容部分と送還部分の執行停止は認められる」

なかなか，良いけど，もう一歩，かな。

「ふぅん。そんなに簡単に収容部分の執行停止って認められるものなのかね。そこはもっと深い検討が必要なんじゃない？　裁判例を見ると，送還部分の執行停止は認められるけど，収容部分の執行停止は認められないとするものが多いよね[*5]。これらの裁判例が収容部分の執行停止を認めない理由は，いわゆる通常生ずる損害説にある。たとえば，東京高決平成14年6月10日（判例3-1）は，『法の規定に基づき退去強制を受ける相手方が収容場等に収容されることにより，一定の限度でその自由が制限されることやその収容自体がもたらす精神的苦痛等の不利益を被ったとしても，そのような自由の制限や精神的苦痛等の不利益が収容の結果通常発生する範囲にとどまる限りにおいては，行訴法25条2項にいう「回復の困難な損害」には該当せず，相手方が受ける損害は社会通念上事後的な金銭賠償による回復をもって満足することもやむを得ないものといわなければならない。そうすると，退去強制令書に基づく収容処分の執行の停止を求める申立てにおいて，行訴法25条2項にいう「回復の困難な損害を避けるため緊急の必要があるとき」に該当するというためには，法が予定している身体拘束による自由の制限や精神的苦痛等の不利益を超え，退去強制を受ける者が収容に耐え難い身体的状況にあるとか，収容場等の環境その他諸般の事情により，収容を継続することが是認できない程度の特別の損害を被るおそれがあることを要すると解するのが相当である』としているね[*6]。君もこの退去強制に関する有名な決定くらい読んだことあるだろ？」

「あ，あるに決まってるじゃん。でも，所詮は司法試験なんだから，そこまでの検討は，到底要求されないよ」

「そうかなあ。僕にはそうは思えないけれど。平成19年の出題趣旨には，こう書いてあるよ。『収容の継続と送還とを区別した上でそれぞれの部分についての執行停止の要否，可否を論ずるといった配慮も期待される』とね。少なくともルナちゃんみたいなザックリしたあてはめじゃあ，合格はするかもしれないけれど，優はあげられないね」

　少し後ずさりするルナちゃん。

「執行停止の要件については，平成16年の行訴法改正で『回復困難な損害』から『重大な損害』まで要件が緩和されたけど，この改正法下でも通常生ずる損

害説は論理的には維持される可能性がある。行訴法25条３項の『重大な損害』を判断するための考慮事項の中で，通常生ずる損害は定型的に損害の回復の困難性が低いなどと位置付けられてしまう可能性だね。このような通常生ずる損害説は，処分の根拠法規から通常生じる範囲の損害については入管法の仕組みによって正当化できるという仕組み解釈に依拠しながら，入管法が想定しないような特段の不利益がない限り収容部分についての『重大な損害』を否定してしまう手法だ。もし裁判実務に未だに影響のあるこの見解が採用されてしまうとすれば，ルナちゃんの言ったぐらいの事情じゃ『重大な損害』の要件は満たせないことになる。だから，ここでは，平成16年行訴法改正で『回復困難な損害』から『重大な損害』まで要件が緩和された趣旨を踏まえながら，通常生じる損害説の悪しき仕組み解釈を排斥するなどの真の論証が要求されるんだよ。収容による自由制限及び精神的苦痛や単に学業継続ができなくなるだけではなく卒業できなくなるという不利益などの個別・具体的な事情に基づく論証がね」

「何よ，得意ぶって解説しちゃって。そんぐらい知ってるっての」

「知ってても，表現できなければ意味がないね。じゃあ，設問１(2)の解答に期待しようか」

「舐めんじゃないよ。設問１(2)は，『Ａが退去強制事由該当の判断を争うために認定又は裁決の取消訴訟を提起する場合，認定と裁決のいずれを対象とするのが適切か』だったよね。これは簡単。明文規定を重視する立場（明文規定説）なら，行訴法10条２項を適用して原処分主義の立場に立って認定の処分取消訴訟（行訴法３条２項）を提起すればいい。他方で，３日間という短期の不服申立期間など，最終判断までの迅速化を図った諸規定を重視しながら三段階の行為を一体として捉える立場（三行為一体説）なら，最後の裁決について裁決取消訴訟（同条３項）を提起すればいい」

「それじゃあ，問題文を整理しただけだね。ダメダメだ。そういう整理をした上で，行訴法10条２項が原処分主義を採用した制度趣旨に遡りながら論じるのが真の論証だよ。行訴法10条２項が原処分主義を採用した制度趣旨は，二重訴訟を防止して判断矛盾・抵触や訴訟不経済を避ける点にあるよね。この制度趣旨から行訴法10条２項は交通整理を行ったのであるから，明文の規定が

ないにも拘わらず安易に裁決主義はとるべきではないと考えれば，明文規定説に落ち着く。これに対して，じゃあ明文規定説なら認定が下りたら，直ちに認定を捉えて処分取消訴訟を起こすんですかって話になる。普通は，特別審査官に対する口頭審理請求及び法務大臣に対する異議の申し出という簡易迅速な2段階の救済ルートをとるのが普通だよね。そうであるとすれば，入管法の仕組みから三段階行為を一体として捉えて裁決主義を採用すべきとなる（大阪地判平成18年1月25日・判例3-2）。要は，行訴法10条2項の趣旨が優越するか，それとも入管法の仕組み解釈が優越するかが問われているわけだね」

「な，なんなの。あんた」

「〈僕〉は，〈僕〉さ。それ以上でもそれ以下でもないよ」

　僕が自信たっぷりに言い放ってみせると，ルナちゃんは一瞬，身震いした。

ラミ先生の ワンポイントアドバイス② 行政活動を評価するための「ものさし」

　行政法的なものの考え方の1つとして，行政の諸活動を評価するための「ものさし」を自分の中にもっておくと，色々な方面から行政活動を評価できるようになって行政法の思考方法の幅が拡がるぞ。以下では，その「ものさし」として，三段階構造モデル，行為形式論，行政過程論の3つを紹介しておこう。

1　三段階構造モデル

　伝統的な行政法学が，行政活動の行為形式を分析するにあたり法律→行政行為→強制行為という三段階構造に依拠してきたのは知ってのとおりだ。近年でも，元最高裁判事の藤田宙靖がこの三段階構造モデルに基づいた体系書を執筆している。現在では，古典的な三段階構造モデルに依拠する体系書は少なくなってきているが，それでも三段階構造モデルは現在でも行政法的論証の「型」として一定の有用性を秘めている。すなわち，行政法上の諸問題を分析する「ものさし」として三段階構造モデルを用い，三段階構造モデルから逸脱する行政過程を「偏差」と位置付けてその特徴を炙り出す，という論証の型だな。たとえば，最高裁判事時代の藤田宙靖は最高裁判決の補足意見の中で三段階構造モデルを背景としながら「従来

の公式」という言葉を用いて、三段階構造モデルを「ものさし」としながら処分性（病院開設中止勧告事件・判例5-1）や原告適格（小田急判決・判例7-1）の問題に取り組んでいるのが有名だな。行政法的思考の一形式として、三段階構造モデルをストックしておくと、問題分析に深みが出るぞ。[*19][*20]

2　行為形式論

　三段階構造モデルに対しては、実際の行政過程における多様な行為や制度を視野の外においているとの批判がありうるな。[*21]この批判に応答する形で登場したのが、行政の行為形式論だ。行政の行為形式論は、三段階構造モデルが想定していた行政立法、行政行為、行政強制・行政罰といった行為形式以外にも、行政契約、行政計画、行政指導、行政調査などを行為形式として追加し、各行為形式に即して共通の法理を探求していく試みだな。[*22]個別の行政実体法に対して「行政の行為形式」という「ものさし」を適用して、その特質を明らかにすることができる点で、行政の行為形式論は行政法の思考形式の重要な位置を占めているぞ。

3　行政過程論

　行政の行為形式論に対しては、個々の行政の行為形式を局所的・静態的に考察するにとどまっており、行政過程の一連のプロセスを動態的に考察する視点が欠けているとの批判があるな。[*23]この批判に応答する形で提唱されているのが、行政過程論と呼ばれる議論だ。行政過程論は、複数の行政の行為形式の結合又は連鎖のプロセスに着目して行政活動を評価することを通じて行政法現象を把握するものだ。[*24]このように行政過程論の意義は行政法現象の動態的把握にあるのだが、法解釈としての行政法学の文脈において、事実としての行政過程をいくら論じても無意味であるので、行政過程の法的構造を明らかにする視点が行政過程論では重要だろう。[*25]このような行政プロセスの動態的把握の延長線上で、個別の行政の行為形式の「仕組み解釈」を行うことが可能となってくる。

4　行政法思考の複眼性

　三段階構造モデル、行政の行為形式論及び行政過程論の各内容の詳細は論者によって多様なのだが、それぞれの立場が行政法的な「ものの見方」の一定のイメージを提供しているのが分かるかな？　特定の行政法現象に対して三段階構造モデルの「ものさし」をあててみたり、行政の行為形式

第3話　京都御所で大騒動

> 論の「ものさし」をあててみたり，行政過程論の「ものさし」をあててみたり，という複眼的な思考をしてみるとおもしろいぞ。たとえば，行政指導の性質をもつ医療法上の勧告に処分性を認めた病院開設中止勧告事件（判例5-1）について，三段階構造モデル，行政の行為形式論，行政過程論のそれぞれの立場から「見て」みるとどうなるかな？　あれやこれやといろいろな「ものの見方」をしてみると，行政法的な頭の体操になるし，なによりも行政法のおもしろさがわかるぞ。

＊1　ここで強制送還に処分性を認めて強制送還の差止訴訟及び仮の差止めの方法を提起する方法を検討することが考えられないではない。しかし，強制送還自体は事実行為であるため事実行為を対象とした抗告訴訟が認められるかが問題となる上に，仮にこれを認めたとしても，令書発付の取消訴訟及び執行停止の救済ルートがあるため差止訴訟の「重大な損害」（行訴法37条の4第1項）の訴訟要件を満たすことができない（大貫＝土田75頁，橋本・基礎226頁）。

＊2　令書発付，送還及び収容全体を一体的な即時強制と見るか，義務賦課行為としての令書発付とその執行としての送還・収容と見るかなどの法律構成の違いによって，どのような態様の執行停止かの法律構成も変わりうるが（橋本・基礎225頁），さしあたり本文のとおり考えておけば足りる。

＊3　令書発付を退去強制の義務を課す処分と見る見解からは自然に令書発付の処分性を導くことができるが，令書発付とこれに基づく収容・送還を全体として即時強制と見る見解からでも即時強制の一段階である令書発付に手続法的効果を認めることにより令書発付の処分性を肯定できる。したがって，令書発付の法的性格をいずれと解釈しても，処分性を肯定しうる（事例研究409頁〔安本典夫執筆部分〕）。

＊4　収容及び送還の執行停止については，櫻井＝橋本333-334頁，事例研究414頁〔安本典夫執筆部分〕にわかりやすい解説がある。

＊5　最高裁判所事務総局行政局監修『主要行政事件裁判例概観8』（法曹会，1996年）195頁以下。なお，収容と送還は，内容的に不可分なものではないので送還部分のみを執行停止することは当然に認められている（出口尚明「執行停止」新・裁判実務大系447頁）。

＊6　収容の執行停止を認めなかった最高裁の決定として，最決平成14年4月26日訟月49巻12号3080頁，最決平成16年5月31日判タ1159号123頁があるが，いずれも通常生ずる損害説を採用したわけではなく，事案の個別具体的な内容に即して回復困難な損害の発生の有無を判断したものと解される（出口・前掲注5）449-450頁）。

＊7　出口・前掲注5）451頁。

＊8　橋本・解説128-129頁。

＊9　橋本・解説129頁。他方で，行訴法改正後も，東京地決平成17年11月25日（裁判所ウェブサイト）は，通常生ずる損害説を維持しつつ，収容による「身柄拘束の不利益性のみに着目して，それを「重大な損害」に当たると解することは相当ではない」としている。

＊10　大阪地決平成19年3月30日判タ1256号58頁は，（なお通常生ずる損害説の発想は残って

はいるものの）「退去強制令書による収容によって通学することができなくなるなどの学業継続に係る困難を生ずることは，入管法が当然に予定しているところであると解される上，その不利益の内容，性質，程度に照らしても，通常，そのことをもって，行訴法25条2項にいう『重大な損害』に該当するということはできない」が，「本件収容によって同学科での学業を継続することができなくなるにとどまらず，同学科を除籍されるという不利益は，申立人にとって，その性質上回復困難な著しい不利益であって，行訴法25条2項にいう『重大な損害』に該当するというべきである」としている。

*11　本問では問われていないが，認定，判定及び裁決に処分性が認められるか等の前提についても争いがある。この点は大貫＝土田70-73頁が詳しい。
*12　この論点については，橋本・基礎228-230頁参照。
*13　実務的研究194-195頁。
*14　裁決主義を支持するものとして，石森72頁。
*15　行政法を評価する客観的な「ものさし」の観念については，藤田5-6頁。
*16　伝統的な行政法学を形成した田中二郎の体系書では，行政行為，行政立法，行政強制及び行政罰という三段階構造モデルが採られている（田中第二編第三〜六章）。
*17　藤田参照。
*18　三段階構造モデルの論証の型の有用性を説くものとして，石川健治＝神橋一彦＝土井真一＝中川丈久「連載開始にあたって」公法訴訟第1回86-87頁〔神橋一彦発言〕。
*19　処分性における「従来の公式」としては，大田区ゴミ処理場事件（判例0-1）で示された「公権力の主体たる国または公共団体が行う行為のうち，その行為によって，直接国民の権利義務を形成しまたはその範囲を確定することが法律上認められているもの」という処分性の定義がこれに該当する。原告適格における「従来の公式」としては，新潟空港訴訟判決（最判平成元年2月17日民集43巻2号56頁）や小田急判決（判例7-1）で示された法律上保護された利益説の定式がこれに該当する。
*20　三段階構造モデル論の論証としての「型」の有用性に着目し，訴訟選択類型論を再定位するものとして，神橋一彦「法律関係形成の諸相と行政訴訟——訴訟類型選択における『従来の公式』とその『偏差』」公法訴訟第2回がある。
*21　塩野Ⅰ47-48頁。
*22　どの範囲まで行政の行為形式として取り入れるかに違いはあるものの，多様な行政活動を行政の行為形式として認知する基本書は，櫻井＝橋本20-22頁，芝池23-26頁など多数ある。なお，行政の行為形式論は多様な行為形式を行政作用法にとり込んだため，「行政の行為形式」をいかに定義すべきか，どの範囲の行政活動が「行政の行為形式」に含まれるかが問題とされている（畠山武道「行政介入の形態」新構想Ⅱ6-7頁）。
*23　塩野Ⅰ48頁。
*24　塩野Ⅰ48頁。
*25　塩野も，行政過程論を「個別の行為形式の法効果を正しく認識」するためのものと位置付けている（塩野Ⅰ48頁）。他方で，伝統的な行政法解釈学が行ってきたものが「制度内在的論理に基づく回答の提示」であるのに対して，行政過程論は制度的正当化をせず，制度をも批判的対象に据える「ものの見方」であることを強調する立場もある（遠藤博也「行政過程論の意義」北大法学論集27巻3・4号（1977年）602-604頁，617頁）。

第 **4** 話

物語を紡ぐ者

―― 平成19年司法試験その 2 ――
退去強制事由を争うための実体法上の主張

第4話　物語を紡ぐ者

「まだ設問は残っているよ，ルナちゃん。設問2の解答は？」
　ルナちゃんは，目の端に溜まりそうになる滴を払いのけながら，答える。
「せ，設問2は退去強制事由該当性を争うために，Aがなすべき実体法上の主張……だよね。まず，Aは，退去強制事由の1つである『第19条第1項の規定に違反して』という要件（24条4号イ）に該当しない，と主張すべき。19条1項によってAのような留学生については『収入を伴う事業を運営する活動又は報酬を受ける活動』が禁止されるけど，Aの本件アルバイトが19条2項の資格外活動許可の範囲内であれば19条1項違反ではなくなる。そして，入管当局は，資格外許可の基準について，『①1週に28時間以内，②勉強状況・在留状況に問題がなく，③稼働目的が学費その他の必要経費を賄うものであり，④申請の活動が社会通念上学生の通常行うアルバイトの範囲内であれば許可するという運用』をしている。①本件アルバイトは週21時間であり，②Aの講義出席率が平均約80パーセントであること，卒業必要単位124のうち100単位を既に取得していること，単位取得した45科目の成績は，優10科目，良10科目，可25科目と決して悪くないことから勉強状況・在留状況に問題はないよ。それに，③Aは，滞在費用14万円のうち10万円を本件アルバイトによって賄っているに過ぎず，残額は奨学金月額3万円，授業料の一部免除，不足分は親戚からの仕送りにより賄っており，蓄財もしていないので，Aの稼働目的は『学費その他の必要経費を賄うもの』にとどまっている。加えて，上陸後の在留中に事情が変わることはあり得て，Aの場合には父親の会社の倒産という事情変更があるのだから，この点を踏まえて資格外活動許可も柔軟に解釈すべきだよ。また，④入管当局は本件アルバイトのような風営店での活動について，通常行うアルバイトの範囲外との判断から④の許可基準を満たさないと考えているみたいだけど，このような運用基準は法律の根拠のないものに過ぎず，風営店での活動を禁止する根拠との関係で具体的に判断していく必要がある。入管当局の考えによれば，風営店での活動は学業とは両立しないので一律禁止ということだけど，風営店に活動は多種多様であり，本件アルバイトの内容は，テーブル等のセット，厨房手伝い，掃除，買い物といった作業内容であってファミリーレストランと実質的に変わらないもの。そうであれば，本件アルバイトと学業と両立することは可能であり，実際に両立しているのだから，④の運用基準も

満たす。以上①〜④からＡの本件アルバイトは資格外活動許可の範囲内であって、19条1項違反はない。これで、どう？」
　ルナちゃんは、話しながら一瞬で調子を取り戻したようだ。やるじゃん。だけど。
「Ａの主張としては、そう言うしかないと思うけど、ね、だけど、上陸時に十分な資産保有条件を定めていること（「出入国管理及び難民認定法第7条第1項第2号の基準を定める省令」）からすると、我が国では就労しつつ勉学する外国人を受け入れるという政策は採用していないから、Ａのように滞在経費の大半をアルバイトで賄うことは想定されていないんじゃない。仮に父親の会社の倒産という特殊事情を重視して③の運用基準をクリアできたとしても、資格外活動許可書の『新たに許可された活動の内容』欄には、『風俗営業が営まれている営業所において行われるものを除く』と明示的に記載されていて、この運用基準を実務で動かすのは実際には難しいから、④の運用基準はクリアできない可能性が高い。③又は④の運用基準をクリアできないことはＡの在留目的が実質的に留学から就労に変更されてしまっていることを推認させる有力な根拠になるのであって、結局、24条4号イの『報酬を受ける活動を専ら行つている』という要件に該当してしまうのでは？」
「……最後のは、さすがに言い過ぎでしょ。退去強制の要件は、明らかに19条1項違反と『専ら行つている』という2つから構成されているし、各々の罰則についても70条1項4号及び73条で書き分けられている。そうすると、19条1項違反が仮にあったからといって、自動的・機械的に『専ら行つている』の要件を満たすと考えるのは、おかしい。むしろ、『専ら』という語義からすると当該要件はかなり厳格なものであるはずだし、当該要件は犯罪構成要件の1つだから厳格解釈を採用すべき。このような観点からすると、単に19条1項違反をもって『専ら行つている』の要件を満たすと考えるべきではないでしょ」
　さすがに、この程度の挑発には乗らないか。
「仰るとおり。で、具体的には、どうＡは主張するの？」
「資格外活動の内容と在留資格である留学活動の内容を比較して、資格外活動により在留目的の留学活動が不可能になったり、著しく困難になった場合に限り、Ａの在留目的は実質的に変更されたと見て24条4号イに該当すると主張

第4話 物語を紡ぐ者

する。Aの資格外活動の内容をみると，Aは父親の倒産によりやむを得ず本件アルバイトを開始しただけだし，本件アルバイトによる受益額は父親からの学資援助と同等の10万円にとどまっていて，本件アルバイトの内容も風営店におけるバイトとはいえ実態はファミレスのバイトと変わらない。学業成績や出席状況もさっき言ったとおり悪くないし，Aは約4年の大学生活のうちたった9ヶ月しか本件アルバイトをしていない。こう考えると，仮に資格外活動許可の運用基準のうち③又は④の違反があったとしても，それは著しいものではなく，Aには在留目的である留学の活動実態があるので，『専ら行つている』の要件を満たさない」

　僕はわざとらしく肩をすくめた。設問2に関するルナちゃんの解答には，隙はない。留学実態がある限り24条4号イ該当性を原則認めないと解する強い主張をする可能性もあるし，問題文で適示してある裁判例との比較もしたほうがいい等の細かい些末な指摘はありえたとしても，大筋ではこのとおりだ。
「前半は良かったと思ったけど，後半は僕の負けみたいだね。ありゃりゃ」
「すっとぼけないでよ。後半，手を抜いたくせに。あんたが，BOCの優勝者だってのは，本当みたいだね」
「最初から言ってるじゃん」
「——わかった。シエル姉さんは，あんたにしばらく，預ける」
　ざわめく黒服。
「黒服たち，黙りなさい。こいつは……この目の前の男は，たぶん，ただBOCの優勝者ってだけじゃない。この世界の物語を紡ぐ者——〈ストーリーメイカー〉である可能性が，極めて高い。私たちが全員でかかったところで，どうにもならない。こいつの紡ぎだす物語は，妨げられない。どうしようもないのよ。それに時間切れだし。これも〈ストーリーメイカー〉の力ってことかな」
　遠くからパトカーのサイレンの音が聞こえてくる。おそらく，この京都御所での騒ぎを見た人が，通報したのだろう。
「あんたがいくら〈ストーリーメイカー〉だからと言って，シエル姉さんを不幸にしたら，許さないから。それだけは，覚えておいて」
　引き上げるよ，とルナちゃんが呟くと，あっという間にルナちゃんと黒服たちはロールスロイスに乗って，去って行ってしまった。

パトカーのサイレンがどんどん近づいてくる。

これは，僕らも逃げないと，まずいね。

平成19年司法試験公法系第2問 解答例

第1　設問1

1　小問(1)

　　退去強制令書に基づくAの収容の継続及び送還を阻止するためには，令書発付の処分取消訴訟（行訴法3条2項）を提起するとともに，執行不停止原則（同25条1項）があるため執行停止の申立て（同2項）の法的手段をとるべきである。送還は令書の執行としてなされるため（52条3項），送還部分については「処分の執行」（行訴法25条2項本文）の停止を求めることになる。収容部分については令書の執行又は手続続行の停止によって収容停止の目的を達成できないので，令書の「効力の停止」を求めることとなる（同但書）。

　　まず，取消訴訟の訴訟要件を検討する。同3条2項の「処分」とは，公権力の主体たる国または公共団体の行う行為のうち，その行為によって，直接国民の権利義務を形成しまたはその範囲を確定することが法律上認められているものをいう。令書発付（49条6項，51条）は国の行う行為であって，直接，退去強制の義務を確定し，送還（52条3項）及び収容の継続（同5項）の義務を形成・確定することが法律上認められているものであるから，「処分」に該当する。その他の取消訴訟の訴訟要件も問題なく充足するので，Aは令書の取消訴訟を提起できる。

　　次に，執行停止の要件を検討する。「重大な損害」（行訴法25条2項）は「損害の回復の困難の程度」を考慮し，「損害の性質及び程度並びに処分の内容及び性質」を勘案して判断する（同3項）。取消訴訟の認容判決を得た者に対して送還前の現状を回復する制度はなく，送還されれば証拠収集や訴訟代理人との打ち合わせが著しく困難となるなど訴訟追行権が害されることから，送還部分につき「重大な損害」はある。また収容については送還のような弊害はないが，収容自体が人身の自由を著しく制約し，精神的苦痛を伴うなどの人格権侵害の性質を有している。Aは2008年3月卒業見込みであって，収容が継続されれば同年中に残りの単位を取得することが困難になるなど学業上の著しい支障がある。これらの損害は事後的な金銭賠償で回復することが困難であることを考慮すると，収容部分に

ついても「重大な損害」がある。送還及び収容がなされれば直ちにこれらの損害は発生するため「緊急の必要」性もある。「公共の福祉に重大な影響を及ぼすおそれ」(同4項)はなく、設問2で検討するとおり「本案について理由がないとみえるとき」(同4項)に該当する特段の事情もない。そのため送還部分及び収容部分双方の執行停止が認められる。

2 小問(2)

　令書発付の取消訴訟を提起した場合に国側が違法性の承継を認めない主張をしてくることを考慮して、令書発付の先行行為である認定の取消訴訟(行訴法3条2項)又は裁決の取消訴訟(同3項)を提起することが考えられるが、いずれを対象とするのが適切か。処分の取消訴訟とその処分の裁決取消訴訟がいずれも提起できる場合には、裁決取消訴訟においては裁決固有の瑕疵しか主張できない(同10条2項。原処分主義)。もっとも個別の行政実体法で例外的に裁決において原処分の違法事由も主張しうる裁決主義を採用している場合には、同10条2項の原処分主義は適用されない。そこで、本問では、原処分主義と裁決主義のいずれが適用されるかが問題となる。

　まず、明文の規定を重視して、明文の規定のない限り行訴法10条2項の原処分主義が適用されると解する立場があり、この立場によれば認定の取消訴訟を提起すべきことになる。他方で、3日間という短期の不服申立期間など、最終判断までの迅速化を図った諸規定を重視して三段階の行為を一体として捉え、裁決においても裁決固有の瑕疵以外に原処分の違法事由を主張しうると解する立場があり、この立場によれば裁決の取消訴訟を提起すべきことになる。同10条2項の原処分主義は、二重訴訟を防止して、判断の矛盾・抵触、訴訟経済上の不都合を避けるために立法的解決を図った政策的規定であり、例外的に裁決主義を採用する場合には個別の行政実体法による明文の規定を要すると解すべきである。よって、認定の取消訴訟を提起するのが妥当である。

第2　設問2

1　Aは、資格外活動許可(19条2項)の範囲内で活動を行っているため19条1項違反がなく、退去強制事由(24条4号イ)に該当しないと主張する。同許可は、①1週に28時間以内、②勉強状況・在留状況に問題がなく、③稼働目的が学費その他の必要経費を賄うものであり、④申請の活動が社会通念上学生の通常行うアルバイトの範囲内であれば許可する運用であり、風営店での活動は内容を問わず一切許可されない。AのR店における勤務時間は週21時間である(①)。Aの講義出席率、単位取得数、取得単

位の成績のいずれも良好であって2008年3月には卒業見込みであるので勉強状況に問題はなく，その他在留状況に問題のある事情もない（②）。Aの1カ月あたりの滞在経費は約14万円であり，アルバイトはこの滞在経費のうち約10万円を賄うものであって，預金するゆとりはない（③）。またR店は風俗店に該当するが，Aは接客に一切関与せず，アルバイトの内容もファミリーレストランと実質的に変わらないテーブル等のセット，厨房手伝い，掃除，買い物といったものであり，実質的にみれば運用基準で禁止している風俗店での活動に該当しない（④）。よって，Aに19条1項違反はない。

　これに対して，入管当局は就労しつつ勉学する外国人を受け入れる政策は我が国では採用されていないことから19条2項の許可は必要経費の一部を賄う程度のアルバイトのみを許容する趣旨で，滞在経費を専ら賄うアルバイトは含まれないと説明している。この見解からすると，滞在経費約14万円のうち約10万円を賄うアルバイトは運用基準③を充足しないと判断されるおそれがある。そこで，Aの場合には本国で工場を経営する父親から学費月額10万円の援助を受けていたが父親の会社が倒産したとの上陸後の事情変更を重視すべきであり，この観点から援助額と同等の10万円を賄うアルバイトも運用基準③を満たすと解すべきである，と主張すべきである。

　また，入管当局は，風営店での活動は，学業と両立しないもので留学生が通常行うアルバイトの範囲外であって，一律運用基準④を満たさないと反論することが想定される。しかし，風営店での活動といっても多様であって具体的に社会通念上学生の通常行うアルバイトの範囲内か否かを判断すべきであり，ファミリーレストランと実質的に変わらないAの活動は運用基準④を満たす，と主張すべきである。

2　次にAは，24条4号イの「専ら行つている」の要件を満たしておらず，退去強制事由に該当しないと主張する。これに対して，入管当局は19条1項違反の滞在経費を専ら賄うアルバイトや風営店でのアルバイトがあれば在留目的の実質的変更があり，直ちに24条4号イに該当すると反論してくることが想定される。しかし，退去強制は個人の権利利益を侵害する侵害的処分であること，文言上も24条4号イは「専ら」と規定して19条1項よりも厳格な要件を定めていること，19条1項違反と24条違反の罰則は書き分けており罪刑法定主義の観点から両構成要件は別内容のものを定めていると解すべきであること（70条1項4号，73条）からすると，留学の活動実態がある限り24条4号イ該当性は原則として認められず，

第4話　物語を紡ぐ者

　特段の事情がある場合に限り該当すると解すべきである。Aの講義出席率，単位取得数，取得単位の成績のいずれも良好であることから，仮に19条1項違反があったとしても原則として24条4号イに該当しない。また，アルバイトで得た金銭が遊興費，事業資金，蓄財に充てられた事例は退去強制事由に該当すると判断されているが，本件はアルバイトをしているもののあくまで滞在経費に充てられており，事案が異なる。風営店でホステスとして専心して活動し，学業を怠り，欠席が多く取得単位も不足しているケースでも退去事由該当と判断されているが，Aは一切接客せず，講義出席率，単位取得数，取得単位の成績のいずれも良好なのでやはり事案が異なる。そのほか特段の事情もないので，Aは24条4号イに該当しない。

以上

---

*1　19条1項2号に該当しないとの主張を行ったとしても，まず認められることはないので検討は不要であろう（橋本・基礎231頁）。

第 5 話

清水の舞台
―― 平成20年司法試験その1 ――
勧告の処分性／公表の執行停止／公表の処分性／行訴法の訴訟類型の比較

第5話　清水の舞台

　僕は，シエルさんの手を引っ張りながら，京都の石畳を全力で蹴飛ばし，走っていた。夜の帳の降りた夕闇の中から，稲妻が空気を切り裂くときのような破裂音が弾ける。
　銃声だ。——なんで，こんなことになったのか。
「私のせいで，ごめんよう」
　息を切らして走りながらも，あっけらかんと話すシエルさん。ルナちゃんと会ったときには真っ青になって震えていたが，今は最初に会ったときのように，朗らかな顔に戻っている。
「いいですけど。〈シエルさんの記憶〉が〈世界の均衡〉に関わるという話は，あながち嘘ではないみたいですね……」
　ルナちゃんがいなくなったあと，僕とシエルさんも無事に京都御所から逃げおおせることはできたのだが，問題はそのあとだった。京都の街中を歩いているだけで，妙な男たちに追われるようになったのだ。見てのとおり，追手は銃まで使ってくる始末である。どう考えても普通じゃない。
　しかし，このままずっと逃げていても，らちが明かない。
「僕に少し考えがあります。シエルさんは，ここに隠れていて下さい」
　僕はシエルさんを小さな路地の影に隠して，銃を撃ってくる男を迎え撃つことにした。シエルさんの脚では，いつ追手に掴まえられてもおかしくない。それならば，倒してしまったほうが，早い。
　僕は，一人で大通りに両手を挙げながら，ゆっくりと歩みでた。
　黒装束を着たアサシンが，闇の中から溶け出して姿を現す。銃口は僕の額をポイントしている。
「オーケーオーケー。あなたたちの目的は分かりませんが，このままでは朝になってしまう。それでは，お互い困るでしょう」
　僕の堂々とした余裕の物言いに，アサシンは一歩身を引かせる。ここでも，はったりで何とか押し通すしかない。この行政法の街——京都では，これがお作法みたいだからね。
「これで勝負しましょう。この平成20年司法試験の行政法の問題でね」
　僕は，カバンの中から取り出しておいた平成20年司法試験公法系の問題文をアサシンに向かって放り投げる。アサシンは問題文を受け取ると，怪訝そう

に首を45度傾ける。
　そして，アサシンは，問題文をすぐさま破り捨てる。
「えっ……」
　あれ？　これ，やばくない？
　僕は直感的に危機を感じ取って，シエルさんの隠れている路地の暗がりに転がり込む。空間が爆発するような破裂音と同時に，髪の毛の後ろを熱気が掠めていく。アサシンは，普通に撃ってきました。
「シエルさん！　逃げましょう！」
「あはは。そのほうが良いみたいだね！」
　笑い転げるシエルさんの手をひっぱり，僕らの逃亡劇がまた始まった。

　アサシンは人目の多い目立つところでは活動できないらしい。僕らは，人混みに紛れながら何とかアサシンを振り切った。だけど，人混みの中から襲われたらひとたまりもないのも事実。そこで，僕らは真夜中の清水寺に忍び込み，潜伏することにした。ちょっとイケナイことをしているようで，楽しい。
「君，そういえば，平成20年の問題も解いているんだね」
　シエルさんは，あろうことか手すりを超えた清水の大舞台に腰をかけながら，話しかけてくる。清水の大舞台から眼下に拡がる吸い込まれそうな闇夜に向かって，シエルさんは足をぶらぶらさせている。闇夜の天井から青い炎のような月明かりが注がれ，シエルさんの横顔がぼうっと暗闇に浮かび上がる。一本かんざしでアップされた後ろ髪から覗く陶器のような首筋に，少しだけ僕の胸が高鳴る。
「ええ，まぁ。アサシンは，平成20年の問題は解いていないみたいでしたけどね」
「なんで一般人が行政法の問題解いているのよ。君，意味わかんない」シエルさんは笑う。「でも，ちょうどいいや。ちょっと時間つぶしに，あの平成20年の問題，解いちゃおうよ」
　そうだなあ。確かに，時間つぶしに平成20年の問題解いちゃうのが，いいかもしんないな。時間つぶしにね。だんだん投げやりになってきた。
「いいですよ」

平成20年司法試験公法系第2問

　医療法人社団であるAは，平成13年1月24日，B県の知事から，介護保険法（以下「法」という。）第94条第1項に基づく開設許可を得て，介護老人保健施設（以下「本件施設」という。）を運営してきた。本件施設は，要介護者を対象に，施設サービス計画に基づき，看護，医学的管理の下における介護及び機能訓練，その他必要な医療や日常生活上の世話を行うことを目的としている。現在，本件施設には60名が入所して利用しており，大半が70歳を超えた高齢者で，長期間の入所者である。

　平成19年10月1日，本件施設を退職して間もない元職員から，B県高齢福祉課に対し，本件施設では法令上必要とされている医師が存在せず，看護師，介護職員の人数が足りていない，との通報が入った。本件施設は，法第97条第2項，第3項により，厚生労働省令（介護老人保健施設の人員，施設及び設備並びに運営に関する基準。以下「省令」という。）の定める基準を満たさなければならないとされている。上記通報を契機に，同月15日，B県高齢福祉課職員（以下「B県職員という。」）が法第100条に基づき本件施設に立ち入り，質問，報告の聴取等の調査を実施した。Aの理事長は，「ほかの施設では行政指導として実地指導が行われているにもかかわらず，いきなり法律に基づく調査を実施するのは穏当ではない。」と抗議をしたが，B県職員は，これを聞き入れることなく，調査に着手した。B県職員は，本件施設の職員から，身分や調査の趣旨を説明するよう要請されたにもかかわらず，身分証の提示を拒否し，公的な調査であり抵抗すれば罰則の対象になることを繰り返し述べた上，事務机の上にあった帳簿等書類を段ボール箱に詰めて持ち帰った。B県高齢福祉課としては，医師が存在しないという事実は確認できなかったものの，当日の調査に基づき，本件施設では，看護師数，介護職員数が不足しており，さらには，一部入所者に対する身体的拘束が常時行われているなど，法第97条第2項，第3項，省令第2条第1項，第13条第4項違反の状況が継続していると判断するに至った。

　そこで，B県知事は，Aに対し，平成20年1月15日，勧告書を交付し，法第103条第1項に基づく勧告を行った。同勧告書には，同年3月24日を期限として，①省令の定める基準を遵守できるよう常勤の看護師，介護職員の人員を確保すること，②入所者に対する常時の身体的拘束をやめ，定期的に研修等を

行い，身体的拘束の廃止に関する普及啓発を図ること，③上記①及び②に関する改善状況を文書で報告することの３点が記載されていた。さらに，勧告に従わない場合には，Ｂ県知事が，Ａの勧告不服従を公表することがあること，措置命令や業務停止命令を発することがあることも明記されていたが（法第103条第２項，第３項），勧告の基礎となる事実は示されていなかった。

Ａの理事長は，前記調査以来，Ｂ県からは，何の連絡もなく，問い合わせに一切応じてこなかった状況の中で，いきなり勧告書が交付された上，内容的にも誤っているとして，激怒した。そこで，Ａは，同年３月14日，勧告が違法であると考え，勧告に応ずる意思が無い旨を回答した。

しかし，Ａの理事長は，このままでは，勧告書に書かれていたように公表がされ，市民からの信頼が失われること，Ａとしては多くの利用者が本件施設を離れてしまい，経営難に陥ること，仮に施設経営が立ち行かなくなれば，施設変更に伴う環境の変化や別の施設への移動により，高齢の利用者に身体面でも，精神面でも，大きな健康リスクが及ぶこと，入所者の移ることのできる施設が近隣には無いため，自宅待機となれば，入所者家族が大きな負担を負わざるを得ないことなどを懸念した。そこで，Ａは，弁護士Ｃに訴訟提起を依頼することとした。

【資料１　法律事務所の会議録】を読んだ上で，弁護士Ｄの立場に立って，Ｃの指示に応じ，設問に答えなさい。

なお，介護保険法，介護老人保健施設の人員，施設及び設備並びに運営に関する基準，Ｂ県行政手続条例の抜粋は，【資料２　介護保険法等】に掲げてあるので，適宜参照しなさい。

〔設　問〕
1. 勧告に従わなかった旨の公表がされることを阻止するために考えられる法的手段（訴訟とそれに伴う仮の救済措置）を検討し，それを用いる場合の行政事件訴訟法上の問題点を中心に論じなさい。解答に当たっては，複数の法的手段を比較検討した上で，最も適切と考える法的手段について自己の見解を明らかにすること。
2. 前記１の最も適切と考える法的手段において勧告や調査の適法性を争おうとする場合に，Ａはいかなる主張をすべきかについて，考えられる実体上及び手続上の違法事由を挙げて詳細に論じなさい。

第5話　清水の舞台

【資料１　法律事務所の会議録】

　　弁護士Ｃ：本日は，Ａの案件の基本処理方針を議論したいと思います。本件では調査のやり方が目を引きますね。

　　弁護士Ｄ：Ｂ県の説明では，通報の内容が重大なものであり，証拠隠滅も懸念された結果だということです。

　　弁護士Ｃ：納得できる理屈ではありませんね。Ａはいきなり調査が行われたと主張していますが，これはどういった趣旨なのですか。

　　弁護士Ｄ：Ｂ県の作成した調査の実施要綱によりますと，実務上は２種類の調査形態が存在するようです。一つは実地指導と呼ばれるもので，行政指導として行われる調査です。もう一つが本件で問題となっている，法律に基づく調査でして，調査に基づき勧告がされると，公表，措置命令，業務停止命令，開設許可取消しがされる可能性があります。

　　弁護士Ｃ：Ａは調査について何を主張しているのですか。

　　弁護士Ｄ：調査の手順がひどい上，その中身も誤りだというのです。具体的には，①調査が，一部の出勤簿を対象としていない上，実施された特定曜日以外に週５日働いている看護師２名，介護職員５名を計算に含めていないなど，人員の把握を誤ったものであり，本件施設は看護師数及び介護職員数についての省令の基準を満たしていたこと，②ベッドからの転倒防止を第一に考え，５時間に限って，入所者家族の同意の下に１名のベッドに柵を設置しただけであり，常時の身体的拘束には該当しないことが主張されています。

　　弁護士Ｃ：調査が違法に行われたとして，そのことは勧告にどういった影響を及ぼすのか，両者の関係を整理してください。

　　弁護士Ｄ：分かりました。

　　弁護士Ｃ：それと，勧告についてですが，Ａは唐突に出された点が不満のようですね。

　　弁護士Ｄ：そうです。これに対し，Ｂ県の側は，手順は行政の自由であるという理解のようです。

　　弁護士Ｃ：それは，勧告をソフトなものととらえているからでしょうか。本件の法的仕組みの中で勧告が占める位置や，その性格からさかのぼって，どのような手続が要求されるのか，もう一度検討してください。Ａの言い分からしますと，最も恐れているのは，勧告に続く

公表のようですね。

弁護士Ｄ：勧告不服従事業者として市民に公表されるのだけは避けたいようです。

弁護士Ｃ：Ｄ君には，勧告と公表の法的性格を分析した上で，採るべき法的手段について，公表を阻止する観点から検討をお願いします。

【資料２　介護保険法等】

〇　介護保険法（平成９年12月17日法律第123号）（抜粋）
（帳簿書類の提示等）

第24条　１，２　（略）

３　前２項の規定による質問を行う場合においては，当該職員は，その身分を示す証明書を携帯し，かつ，関係人の請求があるときは，これを提示しなければならない。

４　第１項及び第２項の規定による権限は，犯罪捜査のために認められたものと解釈してはならない。

（開設許可）

第94条　介護老人保健施設を開設しようとする者は，厚生労働省令で定めるところにより，都道府県知事の許可を受けなければならない。

２～６　（略）

（介護老人保健施設の基準）

第97条　介護老人保健施設は，厚生労働省令で定めるところにより，療養室，診察室，機能訓練室，談話室その他厚生労働省令で定める施設を有しなければならない。

２　介護老人保健施設は，厚生労働省令で定める員数の医師，看護師，介護支援専門員及び介護その他の業務に従事する従業者を有しなければならない。

３　前２項に規定するもののほか，介護老人保健施設の設備及び運営に関する基準は，厚生労働大臣が定める。

４　厚生労働大臣は，前項に規定する介護老人保健施設の設備及び運営に関する基準（介護保健施設サービスの取扱いに関する部分に限る。）を定めようとするときは，あらかじめ社会保障審議会の意見を聴かなければならない。

５　介護老人保健施設の開設者は，要介護者の人格を尊重するとともに，この法律又はこの法律に基づく命令を遵守し，要介護者のため忠実にその職務を遂行しなければならない。

(報告等)

第100条　都道府県知事又は市町村長は，必要があると認めるときは，介護老人保健施設の開設者，介護老人保健施設の管理者若しくは医師その他の従業者（以下「介護老人保健施設の開設者等」という。）に対し報告若しくは診療録その他の帳簿書類の提出若しくは提示を命じ，介護老人保健施設の開設者等に対し出頭を求め，又は当該職員に，介護老人保健施設の開設者等に対して質問させ，若しくは介護老人保健施設に立ち入り，その設備若しくは診療録，帳簿書類その他の物件を検査させることができる。

2　第24条第3項の規定は，前項の規定による質問又は立入検査について，同条第4項の規定は，前項の規定による権限について準用する。

3　（略）

(設備の使用制限等)

第101条　都道府県知事は，介護老人保健施設が，第97条第1項に規定する施設を有しなくなったとき，又は同条第3項に規定する介護老人保健施設の設備及び運営に関する基準（設備に関する部分に限る。）に適合しなくなったときは，当該介護老人保健施設の開設者に対し，期間を定めて，その全部若しくは一部の使用を制限し，若しくは禁止し，又は期限を定めて，修繕若しくは改築を命ずることができる。

(業務運営の勧告，命令等)

第103条　都道府県知事は，介護老人保健施設が，その業務に従事する従業者の人員について第97条第2項の厚生労働省令で定める員数を満たしておらず，又は同条第3項に規定する介護老人保健施設の設備及び運営に関する基準（運営に関する部分に限る。以下この条において同じ。）に適合していないと認めるときは，当該介護老人保健施設の開設者に対し，期限を定めて，第97条第2項の厚生労働省令で定める員数の従業者を有し，又は同条第3項に規定する介護老人保健施設の設備及び運営に関する基準を遵守すべきことを勧告することができる。

2　都道府県知事は，前項の規定による勧告をした場合において，その勧告を受けた介護老人保健施設の開設者が，同項の期限内にこれに従わなかったときは，その旨を公表することができる。

3　都道府県知事は，第1項の規定による勧告を受けた介護老人保健施設の開設者が，正当な理由がなくてその勧告に係る措置をとらなかったときは，当該介護老人保健施設の開設者に対し，期限を定めて，その勧告に係る措置を

とるべきことを命じ，又は期間を定めて，その業務の停止を命ずることができる。
4 　都道府県知事は，前項の規定による命令をした場合においては，その旨を公示しなければならない。
5 　（略）
　（許可の取消し等）
第104条　都道府県知事は，次の各号のいずれかに該当する場合においては，当該介護老人保健施設に係る第94条第1項の許可を取り消し，又は期間を定めてその許可の全部若しくは一部の効力を停止することができる。
　一～八　（略）
　九　前各号に掲げる場合のほか，介護老人保健施設の開設者が，この法律その他国民の保健医療若しくは福祉に関する法律で政令で定めるもの又はこれらの法律に基づく命令若しくは処分に違反したとき。
　十～十二　（略）
2，3　（略）
　　第14章　罰則
第209条　次の各号のいずれかに該当する場合には，その違反行為をした者は，30万円以下の罰金に処する。
　一　（略）
　二　第42条第3項，第42条の3第3項，第45条第8項，第47条第3項，第49条第3項，第54条第3項，第54条の3第3項，第57条第8項，第59条第3項，第76条第1項，第78条の6第1項，第83条第1項，第90条第1項，第100条第1項，第112条第1項，第115条の6第1項，第115条の15第1項又は第115条の24第1項の規定による報告若しくは帳簿書類の提出若しくは提示をせず，若しくは虚偽の報告若しくは虚偽の帳簿書類の提出若しくは提示をし，又はこれらの規定による質問に対して答弁をせず，若しくは虚偽の答弁をし，若しくはこれらの規定による検査を拒み，妨げ，若しくは忌避したとき。
　三　（略）

○　介護老人保健施設の人員，施設及び設備並びに運営に関する基準（平成11年3月31日厚生省令第40号）（抜粋）
第2章　人員に関する基準

第5話　清水の舞台

（従業者の員数）
第2条　介護保険法（略）第97条第2項の規定による介護老人保健施設に置くべき医師，看護師，介護支援専門員及び介護その他の業務に従事する従業者の員数は，次のとおりとする。
　一　医師　常勤換算方法で，入所者の数を100で除して得た数以上
　二　薬剤師　介護老人保健施設の実情に応じた適当数
　三　看護師若しくは准看護師（以下「看護職員」という。）又は介護職員（以下「看護・介護職員」という。）　常勤換算方法で，入所者の数が3又はその端数を増すごとに1以上（看護職員の員数は看護・介護職員の総数の7分の2程度を，介護職員の員数は看護・介護職員の総数の7分の5程度をそれぞれ標準とする）。
　四　支援相談員　入所者の数が100又はその端数を増すごとに1以上
　五　理学療法士又は作業療法士　常勤換算方法で，入所者の数を100で除して得た数以上
　六　栄養士　入所定員100以上の介護老人保健施設にあっては，1以上
　七　介護支援専門員　1以上（入所者の数が100又はその端数を増すごとに1を標準とする。）
　八　調理員，事務員その他の従業者　介護老人保健施設の実情に応じた適当数
2　前項の入所者の数は，前年度の平均値とする。ただし，新規に許可を受ける場合は，推定数による。
3　第1項の常勤換算方法は，当該従業者のそれぞれの勤務延時間数の総数を当該介護老人保健施設において常勤の従業者が勤務すべき時間数で除することにより常勤の従業者の員数に換算する方法をいう。
4　介護老人保健施設の従業者は，専ら当該介護老人保健施設の職務に従事する者でなければならない。ただし，入所者の処遇に支障がない場合には，この限りでない。
5～7　（略）
第4章　運営に関する基準
（介護保健施設サービスの取扱方針）
第13条　1～3　（略）
4　介護老人保健施設は，介護保健施設サービスの提供に当たっては，当該入所者又は他の入所者等の生命又は身体を保護するため緊急やむを得ない場合

を除き，身体的拘束その他入所者の行動を制限する行為（以下「身体的拘束等」という。）を行ってはならない。
5，6　（略）

○　B県行政手続条例（抜粋）
（定義）
第2条　この条例において，次の各号に掲げる用語の意義は，当該各号に定めるところによる。
　一～六　（略）
　七　行政指導　県の機関がその任務又は所掌事務の範囲内において一定の行政目的を実現するため特定の者に一定の作為又は不作為を求める指導，勧告，助言その他の行為であって処分に該当しないものをいう。
　八　（略）
第4章　行政指導
（行政指導の一般原則）
第30条　行政指導にあっては，行政指導に携わる者は，当該県の機関の任務又は所掌事務の範囲を逸脱してはならないこと及び行政指導の内容が相手方の任意の協力によって実現されるものであることに留意しなければならない。
2　行政指導に携わる者は，その相手方が行政指導に従わなかったことを理由として，不利益な取扱いをしてはならない。
3　前項の規定は，公益の確保その他正当な理由がある場合において，県の機関が行政指導の事実その他必要な事項を公表することを妨げない。
（申請に関連する行政指導）
第31条　申請の取下げ又は内容の変更を求める行政指導にあっては，行政指導に携わる者は，申請者が当該行政指導に従う意思がない旨を明確に表明したにもかかわらず当該行政指導を継続すること等により当該申請者の権利の行使を妨げるようなことをしてはならない。
2　前項の規定は，申請者が行政指導に従わないことにより公益が著しく害されるおそれがある場合に，当該行政指導を継続することを妨げない。
（許認可等の権限に関連する行政指導）
第32条　許認可等をする権限又は許認可等に基づく処分をする権限を有する県の機関が，当該権限を行使することができない場合又は行使する意思がな

い場合においてする行政指導にあっては，行政指導に携わる者は，当該権限を行使し得る旨を殊更に示すことにより相手方に当該行政指導に従うことを余儀なくさせるようなことをしてはならない。
（行政指導の方式）
第33条　行政指導に携わる者は，その相手方に対して，当該行政指導の趣旨及び内容並びに責任者を明確に示さなければならない。
2　行政指導が口頭でされた場合において，その相手方から前項に規定する事項を記載した書面の交付を求められたときは，当該行政指導に携わる者は，行政上特別の支障がない限り，これを交付しなければならない。
3　（略）
（複数の者を対象とする行政指導）
第34条　同一の行政目的を実現するため一定の条件に該当する複数の者に対し行政指導をしようとするときは，県の機関は，あらかじめ，事案に応じ，これらの行政指導に共通してその内容となるべき事項を定め，かつ，行政上特別の支障がない限り，これを公表しなければならない。
（この章の解釈）
第35条　この章の規定は，県の機関が公益上必要な行政指導を行うことを妨げるものと解釈してはならない。

「まず設問1ね。勧告に従わなかった旨の公表がされることを阻止するための法的手段（訴訟とそれに伴う仮の救済措置）としては，何が考えられる？」

　これは冷静に考えれば，何とかなる。弁護士Cによる「勧告と公表の法的性格を分析」せよとの誘導に乗っかって，勧告と公表の処分性が，それぞれ肯定される場合と否定される場合の4パターンを考えれば良い。
「本問で考えられる訴訟類型を示すと，こんな感じですね」
　僕は，清水寺の地面を黒板代わりにして，表を書いてみた。

図表5-1　想定しうる訴訟類型と仮の救済措置

処分性	訴訟類型＋仮の救済措置
①勧告の処分性肯定	勧告の処分取消訴訟（行訴法3条2項）＋公表の執行停止（手続続行の停止）の申立て（同法25条2項）
②勧告の処分性否定	勧告の違法確認訴訟（公法上の当事者訴訟，同法4条後段）＋公表差止めの仮の地位を定める仮処分（民事保全法23条2項）
③公表の処分性肯定	公表の差止訴訟（行訴法3条7項）＋公表の仮差止めの申立て（同法37条の5第2項）
④公表の処分性否定	公表の差止訴訟（公法上の当事者訴訟，同法4条後段）or民事訴訟）＋公表差止めの仮処分（民事保全法23条2項）

　シエルさんは，腰かけていた清水の舞台から立ち上がって，柵を越え，僕が地面に書いた表を覗き込む。
「そうそう。これは簡単だね。で，本問では，これらの訴訟類型を比較・検討して『最も適切と考える法的手段』に絞るわけだけど，まずは①の勧告の処分取消訴訟＋公表の執行停止（手続続行の停止）の申立てをする場合の行訴法上の問題点からいってみよっか」
「一番大きな問題は本件勧告に処分性が認められるかです。勧告は行政指導なので通常は処分性が否定されますが[*1]，行政指導の法的性格を有する医療法上の勧告の処分性を肯定した病院開設中止勧告事件（判例5-1）とパラレルに考えることができれば，例外的に勧告の処分性は肯定できると思いました。医療法30条の7の規定に基づく病院開設中止の勧告は，確かに行政指導なのですが，これに従わないと『相当程度の確実さ』をもって病院を開設しても保険医療機関の指定を受けることができなくなる結果となり，国民皆保険制度が採用されている日本では保険医療機関の指定を受けることができない場合，『実際上病院の開設自体を断念』することになります。つまり，この判例は，(a)当該行為と後続行政処分が『相当程度の確実さ』をもって連動し，(b)後続行政処分の不利益が深刻な場合には，行政指導であっても処分性を肯定できると言っていることになります[*2]。本問の介護保険法上の勧告についてみると，勧告がされると，公表（介護保険法（以下「法」という。）103条2項），措置命令・業務停止命令（同3項），開設許可取消し・効力停止（同104条1項柱書・同9号）がされる可能性があります。これらの不利益処分の条文を読むと『……することができる』と

されていていずれも知事が不利益処分をするかしないかの効果裁量があり、論理必然的に不利益処分に至るわけではありませんが、勧告不服従が不利益処分の『要件』とされており、勧告書には勧告不服従があれば公表及び命令を『発することがある』と明記されていますので(a)の要件を満たします。これらの後続行為による不利益は深刻ですから、(b)の要件も充足し、処分性を肯定できると考えたわけです」*3

「んとね。君、病院開設中止勧告事件とパラレルに考えて、本問の勧告の処分性が肯定できると言ったけれど、そんなに簡単に両者を同一視できるのかな。処分性のリーディングケースは、なに？」

これは前にもやった。

「大田区ゴミ処理場事件（判例0-1）ですね。『公権力の主体たる国または公共団体が行う行為のうち、その行為によって、直接国民の権利義務を形成しまたはその範囲を確定することが法律上認められているもの』であれば、処分性が認められます」

「公権力性と直接的な法効果性の有無がメルクマールということだよね。この大田区ゴミ処理場事件の規範が処分性の〈従来の公式〉なわけだけど、この〈従来の公式〉を『ものさし』にして本件勧告の処分性を考えてみると、行政指導としての勧告には、直接的法効果はないようにも思えるよね。なのに、なんで処分性が認められるの？」*4

痛いところを突かれた。実は、ここがいつもよく分からない。

「……正直言って大田区ゴミ処理場事件の要件へのあてはめをどうすれば良いのかはわからないのですが、司法試験的には病院開設中止勧告事件（判例5-1）とのアナロジーで論じれば足りるのではないですか。そういう難しいことは学者さんに任せて。実際、判例もいちいち大田区ゴミ処理場事件の規範を立てないことが多いですよね」

「確かに、最高裁は大田区ゴミ処理場事件の規範を立てない、いわば結論先取り型の判断をすることは多いけど、それが良い判断プロセスかは別だよね。少なくとも思考上は処分性の問題はあくまで法令→大田区ゴミ処理場事件の規範→あてはめの形式で考えなきゃいけないし、司法試験でもそういう風に論じたほうがいいと思うよ。本問を大田区ゴミ処理場事件の規範で考えると、直接的*5

法効果性の要件の論証をどうしたらいいかわからないから、それから逃げたいだけだったりしない？」

シエルさんは猫のように可愛い声なのだが、やはり胸に突き刺さると痛いものがある。

「ここはきちんと整理しておかないと混乱するよ。まず後続行為として公表が控えていることから本件勧告に直接的法効果性を認めることはできる？」

「公表には通常、処分性はないので、後続行為に公表が控えているという一点のみで本件勧告に処分性を認めるのは抵抗がありますね」

「そね。制裁的公表に処分性が認められることを前提に制裁的公表によって担保されている行政指導にも処分性を認める見解はあるけど、制裁的公表に侵害的要素があったとしても、そのことから直ちに公表に直接的法効果性まで認められるとまで言っちゃっていいのかは難しいし、さらにその前提の行政指導たる勧告にまで処分性を認めるのは実務上のハードルが高そうだね。実際、介護保険法の公表についての処分性は地裁レベルでは否定されているものがあるね（判例5-2）。介護保険法上の公表の存在を本件勧告の処分性を認めるための一要素に挙げる見解は多いけど、こういう見解もあくまで公表は補助的要素と見ているんじゃないかな。次に、その他の措置命令、業務停止命令等の不利益処分はどうかな？」

「公表と異なり、これらの不利益処分自体に処分性が認められていて、本件勧告は不利益処分の処分要件になっているので、勧告の時点で直接的法効果性が発生している、といえそうです」

「もうちょっと詳しく言うと、病院開設中止勧告事件は法律上の『処分要件として組み込まれていない行政指導』が問題になっていたけど、『行政指導に対する不服従が次の侵害的処分の要件として法律上組み込まれている場合には、一種の段階的行為として、最高裁判所の定式の下でも処分性が認められてよい』とされているんだよね。そうすると、介護保険法上の勧告の場合には、勧告不服従が後続の侵害的処分の処分要件として『仕組まれている』一種の段階的行為であって、最高裁の処分性の〈従来の公式〉によっても処分性を肯定できそうだね。不利益処分に知事の効果裁量があるところが少し気になるけど、勧告書には『措置命令や業務停止命令を発することがあることも明記』されて

第5話　清水の舞台

いるので相当程度の確実性をもって不利益処分が来るといえそうだしね。君は単純に病院開設中止勧告事件とパラレルに考えれば良いと最初言ってたけど，医療法上の勧告の場合には勧告への不服従が次の侵害的処分の要件として法律上組み込まれておらず，事実上の関係にあるにすぎないことから，病院開設中止勧告事件を〈従来の公式〉の枠内で説明する見解は少数で，どちらかというと〈従来の公式〉で説明できない医療法上の勧告に処分性を認めたと読むほうが多いんだよ。じゃあ執行停止の要件はどう？」

「公表がされればAの社会的信用が低下しますので『重大な損害』（行訴法25条2項）はあると思います」

「そうね。平成16年行訴法改正前の弁護士に対する戒告処分公表の執行停止が問題となった弁護士戒告処分公表事件（判例5-3）は公告による社会的信用の低下等を『回復の困難な損害』に該当しないと判断したけど，改正後に『重大な損害』の解釈の明示的な判断を初めて示した弁護士懲戒処分事件（判例5-4）は社会的信用の低下，業務上の信頼関係の毀損等の損害が同条2項に規定する『重大な損害』に当たるとしたんだよね。平成16年改正の趣旨を踏まえれば，問題文に掲げられている『市民からの信頼が失われること，Aとしては多くの利用者が本件施設を離れてしまい，経営難に陥ること』による社会的信用等の低下は事後的に回復困難（行訴法25条3項）であって『重大な損害』にあたると主張できるんじゃないかな。あと，問題文には『仮に施設経営が立ち行かなくなれば，施設変更に伴う環境の変化や別の施設への移動により，高齢の利用者に身体面でも，精神面でも，大きな健康リスクが及ぶこと，入所者の移ることのできる施設が近隣には無いため，自宅待機となれば，入所者家族が大きな負担を負わざるを得ないこと』も事情として挙げられているけど，これは『重大な損害』の内容として考慮して良いかな？」

「処分対象者以外の入居者や入居者家族の損害を『重大な損害』の中で考慮してもいいのかが，ちょっと引っかかっているんですが……」

「改正前の『回復の困難な損害』は申立人の個人的損害に限定されるものと解されていたけど，改正後の『重大な損害』は『処分の内容及び性質』（行訴法25条3項）を考慮して申立人以外の利害関係者全体への影響まで考慮すべきことになったんだよね。これも改正行訴法の趣旨を聞く問題だね。その他の要件

は？」

「勧告書には公表等を発することがあることが明記されているので『緊急の必要』はありますし，設問2で検討するとおり『本案について理由がない』とはいえず，『公共の福祉に重大な影響を及ぼすおそれ』も特にありません」

「そうだね。さて，では，①の法的手段と比較すると，②勧告の違法確認訴訟＋公表差止めの仮処分のオプションはどう考えることができる？」

　①で足場を固めれば，ここからは比較的，思考が容易になる。

「さきほど詳細に検討したように勧告の処分性は肯定されそうなので，公法上の当事者訴訟としての勧告の違法確認訴訟は不適法とされるリスクが高いですね。仮に勧告の処分性が否定されれば確認の利益は充足されそうですし，執行停止と仮地位の仮処分のいずれが厳しい要件かは甲乙つけがたいですけど」[17][18]

「一番の問題は，勧告の処分性を否定する②では，勧告に行手法の規律がかからず（行手法3条3項），弁明の機会の付与（行手法13条1項2号）や理由付記（同14条1項本文）など一発で違法になる手続的瑕疵を主張できなくなっちゃうことだよ。抽象的な要件比較では執行停止と仮地位の仮処分のいずれが有利かはわからないけど，行手法の問題まで具体的に考えれば仮の救済の点で②の選択肢は不利になるよね。③の公表の差止訴訟＋公表の仮差止めの申立ては，どう？」

「出題趣旨をみると③の筋も許容されているようですが，実務的にはさっき検討したとおり公表の処分性が否定されるリスクが極めて高いですね。それと執行停止と比較すると仮差止めの要件のほうが厳しいですね」[19]

「④の公表の差止訴訟（公法上の当事者訴訟 or 民事訴訟）＋公表差止めの仮処分は？」

「勧告の処分性が認められると取消訴訟の排他的管轄から勧告をめぐる違法事由を主張できませんし，勧告の処分性を否定すれば取消訴訟の排他的管轄は及びませんが勧告の行手法違反が問えないジレンマに陥りますね」

「そうそう。だから結論としては①の手段が筋がいいね。もちろん，実務がどうあれ，②～④のいずれでもきちんと検討していれば試験としては合格するんだろうけどね。じゃあ，この調子で設問2にいこっか」

　ニコニコ笑うシエルさん。

第5話　清水の舞台

　ちょっと眠くなってきたけど，シエルさんが幸せそうだから，最後まで付き合うか。毒を食らわば，皿までと言うからね。

> ラミ先生の
> **ワンポイントアドバイス** ③　「仕組み解釈」とは何か

　行政法特有の解釈技法として，「仕組み解釈」と呼ばれる手法が存在する。学生の諸君はこの「仕組み解釈」という「単語」はよく知っているのだが，その内容を十分に理解していないように見受けられる答案をよく見るので，ここでその概要を簡単に確認しておくぞ。

　制度に即して解釈を展開する制度論的な解釈は，「制度」の内容に応じて様々なバージョンを構想することができるな。たとえば，憲法学者の石川健治は，制度論的な解釈として，法実証主義に近い「仕組み解釈」，自律的な制度内在的解釈，人権適合的な解釈，社会内在的な解釈（「生ける法」）という複数の可能性を示している。[*20] このような複数の制度論的解釈の可能性の中に，行政法学が提示する仕組み解釈の「イメージ」を位置付けてみると，その内容がよくわかるようになるぞ。

　行政法学の提唱する仕組み解釈とは，憲法的価値を含む法律の目的，価値を考慮し，「法律による行政の原理」を中心とした行政法ドグマティクとの論理的整合性を重視しながら当該条文のみならず関連法令にまで視野を拡げて，法律全体の仕組みの中で当該条文を解釈する方法のことだな。[*21] これを分析すると，仕組み解釈には，①憲法的価値の考慮要請，②当該法律の目的・価値の考慮要請，③行政法原理との適合性要請，④関連法令の考慮要請が含まれていることが判明する。つまり行政法学のいう仕組み解釈は，単に条文を表面的になぞるだけの法実証主義的な仕組み解釈を排斥する一方で，人権適合的解釈のみを重視するわけでもない，その中間的・複合的なものであって，憲法・当該法律・行政法原理・関連法令の4つの視点に適合的な解釈を要求するものなわけだ。このとおり（少なくとも特定の）行政法学の示す仕組み解釈は，一定の価値観に基づくものであり，そうであるがゆえに，判例・学説を解釈方法論の次元から評価する「評価軸」として機能するのだな。[*22]

　この「評価軸」としての「仕組み解釈」という「行政法のものの見方」からすれば，特定の判例・学説を「良き仕組み解釈」を行っているものと「悪しき仕組み解釈」を行っているものに評価し，仕分けすることが可能

になる。上記の①～④の作業を行っていないような解釈は「悪しきもの」と評価されるわけだ。たとえば，憲法的価値を十分考慮しない悪しき仕組み解釈や行政法原理の適合性を欠く悪しき仕組み解釈などが代表例となるな。*23

君の答案は，ただ条文を列挙しただけの「悪しき仕組み解釈」に陥っていないかね？ 仕組み解釈は，処分性，原告適格，裁量論，平成16年行訴法改正の趣旨等を中心として，多くの論点で活躍する考え方なので，是非頑張って身につけてくれたまえ。*24

* 1 実務的研究28頁，塩野Ⅱ113頁，岡村周一「第3条（抗告訴訟）」コンメⅡ39頁等。
* 2 宇賀克也＝交告尚史＝山本隆司編『行政判例百選Ⅱ［第6版］』（有斐閣，2012年）347頁〔角松生史執筆部分〕は，病院開設中止勧告事件の判決の要件をこのような2要件でパラフレイズしている。
* 3 橋本・基礎73-74頁。橋本は「勧告に従わないことが，同法の定める不利益処分の『要件』として『仕組まれて』いる」と表現する（同73頁）。
* 4 三段階構造モデルを『ものさし』として処分性を判定する手法については，第0話17頁及びラミ先生のワンポイントアドバイス②を参照。
* 5 橋本・基礎39-40頁。
* 6 山内一夫『行政指導』（弘文堂，1977年）157頁，芝池262頁。
* 7 川神裕「法律の留保」新・裁判実務大系20-21頁。
* 8 神橋84頁，橋本・基礎74頁。
* 9 一般論として，勧告等の行政指導であっても，それが法律上の資格要件とされていたり，勧告不服従により一定の不利益処分をすることが法定されていたり，給付等の欠格事由とされていたりする場合には，直接的法効果性を認めることができる（前掲注7）21頁）。
* 10 塩野Ⅱ113頁。前掲注7）21頁も参照。具体的には，生活保護法上の指導又は指示（同法27条1項）に不服従の場合に保護の変更，停止又は廃止ができる（同法62条3項）ことから，同指導又は勧告に処分性を認める事例が想定されている（塩野Ⅱ113頁，太田匡彦「生活保護法27条に関する一考察」小早川光郎＝宇賀克也編『行政法の発展と変革・下巻』（有斐閣，2001年）595頁以下）。
* 11 〈従来の公式〉の枠内で介護保険法の処分性を肯定する見解として，神橋83-86頁，橋本・基礎73-74頁。
* 12 指定拒否の制裁があることから医療法上の勧告により勧告を守る義務（法的効果）が発生しているとする見解（中川丈久「行政実体法のしくみと訴訟方法――紛争処理のための行政法」法教370号（2011年）71頁）や勧告には「営業の自由に向けた自由意思の行使を事実上封じる効果」があることから営業の自由の間接的侵害を認めて直接的法効果性を擬制する見解（神橋一彦「行政訴訟の現在と憲法の視点――『基本権訴訟』としての行政訴訟との関連で」ジュリ1400号（2010年）48頁，神橋85-86頁）などがある。

第5話　清水の舞台

*13　塩野は，病院開設中止勧告事件を「処分性の定式から隔たるところが大きい」とし（塩野Ⅱ114頁），行政法概念論の立場から「事案処理の見地にとらわれて概念の中核部分への配慮をおろそかにすることの問題性」を指摘する（塩野・諸相18頁）。本件と同種の事案に関する最判平成17年10月25日（判時1920号32頁）の藤田宙靖補足意見も〈従来の公式〉からの乖離を指摘する（杉原則彦・最判解民平成17年度（下）446-447頁も同旨）。

*14　行訴法改正の趣旨を踏まえて，弁護士戒告処分公表事件の再考を促すものとして，塩野・諸相329頁，橋本・解説130頁等。

*15　金子正史「第25条　執行停止」条解491頁。

*16　櫻井＝橋本333頁。

*17　確認の利益の詳細なあてはめは，橋本・基礎76頁が詳しいので割愛する。

*18　改正行訴法研究182頁。

*19　改正行訴法研究184頁。

*20　石川健治「原告適格論のなかに人権論の夢を見ることはできるか——行政訴訟論とともに」公法訴訟第13回84頁。

*21　塩野Ⅰ58頁，橋本・解釈1頁以下，橋本・基礎3-8頁等。

*22　仕組み解釈の「評価軸」としての機能については，橋本・解釈3頁，橋本・基礎8-9頁。

*23　橋本・解釈12-15頁は，悪しき仕組み解釈の例として，行政法原理との照応性を無視しているパターンと憲法的価値を考慮していないパターンの2種類を挙げる。

*24　仕組み解釈と処分性は橋本・解釈16頁以下，仕組み解釈と原告適格は橋本・解釈123頁以下，仕組み解釈と裁量論は橋本・解釈145頁以下，仕組み解釈と平成16年行訴法改正の趣旨は橋本・解釈199頁以下の各論文が詳しいので，ここでは割愛する。

第 6 話

月下の勉強会
—— 平成20年司法試験その2 ——
行政調査の手続的規律／行政調査の瑕疵と取消事由／勧告の手続的規律
／手続的瑕疵と取消事由

第6話　月下の勉強会

「設問2は，調査と勧告をめぐる実体的・手続的な違法事由の検討だったよね」
　シエルさんは，そう言って，清水の舞台の転落防止のための柵に腰をかける。炎のように青白く燃え上がる大きな月を背負ったシエルさんに，ちょっと高いところから僕は見下ろされる形になる。闇夜に浮くシエルさんの眼光は，鋭い。
「本件の調査には，どんな瑕疵がある？」
「えー，まず，身分証の提示義務（法100条2項・同24条3項）違反，調査の趣旨説明義務（行手法35条1項）違反……。あとは，他の施設と異なり行政指導にあたる実地調査ではなく，いきなり法律に基づく調査をしていることが比例原則や平等原則に違反する可能性がありますね。最も大きいのは，段ボールの強制的な押収行為でしょうね。法100条1項に基づく質問や立入検査は，罰則（法209条2号）に担保された行政調査に過ぎず，強制力を行使できるものではないですからね。これら全部併せれば，本問の行政調査には重大な瑕疵がある，と主張できそうです」
「概要はそんなところね。法100条1項に基づく行政調査で強制力が認められないのは，なんでかわかる？」
「実力行使の認められている実力強制調査と違って，調査拒否に対する罰則を定めて調査の実効性を担保する間接強制調査に該当するので，実力行使はできないから，ですね」
「罰則がある場合には，罰則による間接強制効果が期待されているので，実力行使を許容していないと解されているんだよね[*1]。一方で，間接強制調査と実力強制調査が排他的なものかどうかは意見がわかれているよね[*2]。当該調査が実力強制調査ではないと解する他の理由はない？」
「うーん，もし実力強制調査ということであれば，憲法35条の令状主義を考慮して裁判所の許可状が要求されるんじゃないでしょうか。そういう定めがないということは，やはり実力行使を許容する趣旨ではないと思います」
「それもポイントよね。国税犯則取締法2条の犯則調査をはじめとして実力強制調査はすべて裁判所の許可状を得て実施されているんだよね[*3]。こういう風にして罰則の有無や裁判所の許可状の有無を考慮しながら，法100条1項という条文が実力行使を許容する趣旨であるかを検討していく必要があるんだよね。これは法律留保の原則に大きく関わっているんだよ。法律留保の原則に関する

侵害留保説の立場からは，実力行使は国民の権利義務を制限するので，罰則のみならず実力行使を認めるための具体的な法律上の根拠が必要だからね。問題は，行政調査に瑕疵がある場合に，勧告も違法となるかだけど，これは？」
「先行行為の違法事由を後行行為において主張できるかという，いわゆる違法性の承継の問題ですね」
「……うーん」シエルさんは，悩ましげに眉を寄せる。「違法性の承継と呼ばれる論点とは，性質が異なるんだよね。違法性の承継論は，先行行為が公定力を有する行政処分であるがゆえに先行行為の違法事由が取消訴訟の排他的管轄となり，原則として後行行為において先行行為の違法性が主張できなくなる，ということが前提になっているよね。当たり前だけど，本問のような行政調査には処分性がないので，この違法性の承継論とは論点が全然違うね」[*5]

　違法性の承継論と公定力の関係について，そんなに丁寧に説明を受けたことがなかったので，漠然と理解していた。論理的に考えると，確かに違う論点のようだ。
「そうすると，行政調査の瑕疵はすべて主張できるということでしょうか」
「それがそう簡単でもないらしいんだね」シエルさんは，少し言葉を濁す。「あらゆる行政処分には行政調査に基づく情報収集が先立つわけだけど，行政調査の結果として行政処分を打つ場合もあるし，打たない場合もある。この意味で，行政調査とそれに基づく行政処分は別個独立の制度であるから，当然に行政調査の違法性を行政処分の取消訴訟の件で主張できるとは言えない，と整理されているんだね。だけど，行政調査と行政処分が1つの過程を形成しているときには，適正手続の観点から，重大な行政調査の瑕疵があれば行政処分の瑕疵を主張できると学説なんかは言うんだよ。[*6]この問題についての下級審判決はいくつかあるけど，最高裁による決着はついていないので，とりあえず学説で処理しておいてもいいかもね。もちろん，下級審判例を知っていることをアピールするのも有益な受験戦略かもしれないけどね」

　うーん，僕は，暗記も苦手だし，学説の処理でも問題ないかなぁ。
「残るは勧告の違法事由だけど，実体的違法事由については，問題文に『①調査が，一部の出勤簿を対象としていない上，実施された特定曜日以外に週5日働いている看護師2名，介護職員5名を計算に含めていないなど，人員の把握

を誤ったものであり，本件施設は看護師数及び介護職員数についての省令の基準を満たしていたこと，②ベッドからの転倒防止を第一に考え，5時間に限って，入所者家族の同意の下に1名のベッドに柵を設置しただけであり，常時の身体的拘束には該当しないこと』とご丁寧に主張がまとめられているね。ただ依頼者の生の主張をべたっと言うだけでは，法律家の意味がないよ。きちんと勧告の処分根拠法規に遡って法100条→法97条2項・3項→省令2条・13条4項と処分要件を読み取り，省令の各文言に丁寧にあてはめて考える必要があるね。一方で，勧告の手続的違法事由だけど，勧告はどういう手続的規律に服するのかな？」

「勧告の処分性を肯定した場合には，行政手続法上の『不利益処分』（行手法2条4号）に該当しますので，『不利益処分』に関する手続的規律に服します。具体的には，勧告の基礎となる事実を示さないことは，理由付記（行手法14条1項本文）違反，勧告の際に弁明の機会を付与しなかったことは行手法13条1項1号ニ違反になります」

「細かいことを言えば，行政訴訟による権利救済の必要性から便宜的に勧告に処分性を認めただけで，あくまで行政指導の性質は失われていないと考えれば勧告は『不利益処分』に該当せず，B県行政手続条例（以下「条例」という。）の手続を踏めば足りるという議論もないではない。さて，他方で，勧告の処分性を否定した場合には，勧告の法的性格を行政指導と考えることになるので，B県行政手続条例の手続を踏むことになるね。この場合，条例との関係で手続的瑕疵は何を主張できるかな？」

「行政指導の一般原則として，条例30条1項が行政指導は相手方の任意の協力によって実現すべきであることを定め，同2項が行政指導に従わなかったことを理由とする不利益取扱いを禁止しています。そうすると，行政指導たる勧告に従わなかったことにつき公表という不利益取扱いをすることは，これらの一般原則に違反します」

「国の行政指導であれば，その条例と対応する行手法32条1項と2項に基づいて，そういう主張ができるかもね。でもこの条例のミソは3項があることなんだね。3項は『公益の確保その他正当な理由がある場合』には公表ができると書いてある。そうすると，もし主張するなら，『公益の確保その他正当な理由

がある場合』に本件が該当しないことまで言わないといけなくて，ちょっと苦しいかもしれない。他は？」

「主張できるとすれば，『行政指導の趣旨及び内容並びに責任者を明確に示さなければならない』（条例33条1項）にも拘わらず勧告に理由が付されていない点や，複数の者を対象とする行政指導の基準の作成及び公表義務（条例34条）違反ですかね」

「そうだね。いずれにせよ本問では行政手続に何らかの瑕疵があるわけだけど，手続的瑕疵により勧告は直ちに取り消せるんだっけ？」

「学説はいろいろありますね。有力学説は，①告知・聴聞，②理由の提示，③文書閲覧，④審査基準の設定・公表のいわゆる適正手続4原則違反であれば，直ちに取消事由になると考えています[*10]。一方で，判例は，理由付記については，理由付記の機能を恣意抑制機能と争訟便宜機能に求めて，理由付記を欠けば直ちに取消事由になるとします（旅券発給拒否事件・判例6-1）が，告知・聴聞の機会については手続的瑕疵が処分の結果に影響を与える場合に限り取消事由になると解する傾向にありますね（個人タクシー事件・判例6-2，群馬中央バス事件・判例6-3）[*11]」

「判例は適正手続4原則違反か否かを一律に見るのではなく，当該行政手続の趣旨・目的が告知・聴聞のように内容の適正さを確保する点にある場合には内容が適正なら取消す必要はないと考えるのに対して，理由付記みたいに手続それ自体に恣意抑制機能や争訟便宜機能などの独自の意義があれば直ちに取消事由と考えるってことだね。ただ学説ではこれらは行政手続法施行前の判例なので，行政手続法施行後の事例には射程は及ばず，やはり適正手続4原則違反があれば直ちに違法事由になると解する見解もあるみたいだけどね」[*12]

うーん，本問についていえば，学説でざっくり説明するよりも，従来の判例に基づき検討したほうが「判例を知っている」ことをアピールできるかもしれないな。

「勧告の処分性を肯定して，勧告の行政手続法違反を問題とする場合，判例の立場によれば，理由付記の瑕疵は取消事由となり，弁明の機会の付与についても本問では主張立証の機会があれば，処分結果がひっくり返るケースなので取消事由となる。有力説で処理しても結論は同じだね。これに対して，勧告の処

分性を否定して，勧告の条例違反のみを問題にする場合には判例でも有力説でも取消事由とするのはキツそう。だから行政手続法違反を問えるようにする観点からも勧告の処分性を肯定する必要があるんだね。よっし。これで平成20年の問題は検討終了だねっと」

シエルさんは，転落防止柵から勢いよく立ち上がろうとした。

次の瞬間，シエルさんの身体は，爆破解体された高層ビルのように，あっさりと崩れ落ちる。

「うわっ」

僕は清水の舞台から落ちそうになるシエルさんの身体を両手で引き寄せ，抱き止める。シエルさんを引っ張った勢いで，そのまま尻餅をついてしまう。

「……痛っ。大丈夫ですか！？　シエルさん！？」

シエルさんは，僕の腕の中で，すやすやと眠っていた。猫好きの女の子が猫とじゃれているときのような，柔らかい顔だ。

一日中，追手から逃げ回った上，司法試験の問題を解いて，疲れが出たのだろう。物静かそうに見えて，人騒がせな人である。

「あー。寝床どうしよーかなー」

僕は，今日何度目か知れぬ溜息をついた。

📄 平成20年司法試験公法系第2問　解答例

第1　設問1
1　勧告不服従の公表を阻止するための法的手段として，勧告の処分取消訴訟（行訴法3条2項）を提起した上で，執行不停止原則（同25条1項）があるので，手続続行の停止の申立て（同2項）を行うことが考えられる。
　行訴法3条2項の「行政庁の処分その他公権力の行使に当たる行為」（処分性）とは，公権力の主体たる国または公共団体が行う行為のうち，その行為によって，直接国民の権利義務を形成しまたはその範囲を確定することが法律上認められているものをいい，勧告はこれに該当する。すなわち，勧告はB県知事により出されているので公権力性は認められる。また，勧告不服従は，公表，措置命令，業務停止命令（法103条2項，3項）の要件として組み入れられており，これらの不利益処分については「できる」

として効果裁量が認められているが，勧告書には勧告不服従があれば公表及び命令を「発することがある」ことが明記されている。そうすると勧告により勧告の対象者は公表，措置命令，業務停止命令を受けるべき地位に立たされるという法的効果が発生するので，直接的法効果性も認められる。よって，勧告に処分性が認められるので，取消訴訟は認められる。

次に，勧告不服従が公表されれば，市民からの信頼が失われてAの社会的評価が低下し，利用者離れにより経営難に陥る可能性があり，もしAが経営難になれば高齢利用者に大きな健康リスクが及ぶとともに，近隣に類似施設がないので入居者が自宅待機になることによる入居者家族への負担も大きい。よって執行停止の要件である「重大な損害」（行訴法25条2項）がある。勧告書には公表等を発することがあることが明記されており，損害の重大性も考慮すると，執行停止の「緊急の必要」もある。本問では重大な事実誤認及び手続的瑕疵があるので勧告により達成すべき公共の利益はそもそもなく，「公共の福祉に重大な影響を及ぼすおそれ」はない。また設問2で検討するように「本案について理由がない」とはいえない。よって，執行停止は認められる。

2　上記手段のほかに，勧告の違法確認訴訟（公法上の当事者訴訟，同法4条後段）を提起した上で，公表差止めの仮処分（民事保全法23条2項）をする方法も考えられる。しかし，勧告の処分性が肯定され，勧告の違法確認訴訟は不適法とされる可能性がある。仮に勧告の処分性が否定されたとしても，この場合には勧告の行政手続法違反が問えなくなり（行手法3条3項），Aがこのような法的手段を選択することは妥当性を欠く。

3　公表の差止訴訟（行訴法3条7項）を提起した上で，公表の仮差止めの申立て（同法37条の5第2項）をすることも考えられる。公表が行訴法3条7項の「処分」といえるかが問題となるが，仮に制裁的な意味の公表に何らかの侵害性が認められたとしても，直接的な法効果が生じているとまでは言い難いので，「処分」に該当しないと解される。仮に公表の処分性を肯定したとしても，勧告の処分性が肯定される限り取消訴訟の排他的管轄により勧告をめぐる違法事由を公表の取消訴訟の中で主張することはできず，勧告の処分性を否定した場合には前述のとおり勧告の行手法違反を問えなくなる。また，執行停止よりも公表の仮差止めの申立てのほうが要件が厳しく，やはり手段としての妥当性を欠く。

4　公法上の当事者訴訟としての公表の差止訴訟（同法4条後段）を提起した上で，公表差止めの仮処分（民事保全法23条2項）をすることも考えられる。しかし，勧告をめぐる違法事由の主張及び行手法違反の点につい

て，上記3と同様の問題があり，妥当性を欠く。
 5 以上により，1で提示した手段が妥当である。
第2 設問2
 1 調査の違法事由
(1) 帳簿等書類を段ボール箱に詰めて持ち帰った行為は強制力の行使であって，法律上の根拠がなければ違法である。調査の根拠となる法100条1項は，罰則（法209条2号）により間接的に担保された間接強制調査であって，直接的な強制力の行使を予定しておらず，同項は法律上の根拠とはならない。よって，この行為は法律留保の原則に反し，違法である。

 また，実地指導と呼ばれる行政指導の性質を有する調査を法100条に基づく調査に先行させていない点について，比例原則違反や平等原則違反を主張しうる。もっとも，法100条は「必要があると認めるとき」には調査を許容している。そして，通報の内容が重大であり，一般に実地指導を先行すれば証拠隠滅の可能性もあることから，この「必要」性を否定することは難しいと考える。
(2) また，調査に当たりB県職員が身分証を提示しなかったことは，法100条2項，第24条3項違反である。
(3) そこで，(1)調査の実体的瑕疵及び(2)調査の手続的瑕疵が勧告の違法事由を構成するかが問題となる。行政調査と勧告は相互に独立した制度であるため，行政調査に瑕疵があっても当然勧告が違法になるものではない。しかし，適正手続（憲法31条）の観点から，行政調査に重大な違法があれば，勧告も違法になると解する。

 調査にあたり直接的な強制力の行使をしたことは法律留保の原則に反する重大な違法である。身分証提示の点もただ失念しただけではなく，本件施設の職員からの要請があったにもかかわらず，あえてこれを無視しており，重大な違法がある。よって，勧告の違法事由を構成する。
 2 勧告の違法事由
(1) 勧告の処分根拠法規は法103条1項であり，同項は法97条2項・3項違反を処分要件と定めているところ，Aに法97条2項・3項違反はない。具体的には，①調査が，一部の出勤簿を対象としていない上，実施された特定曜日以外に週5日働いている看護師2名，介護職員5名を計算に含めていないなど，人員の把握を誤ったものであり，本件施設は看護師数及び介護職員数についての基準（法97条2項・省令2条）を満たしている。また，②5時間の間，ベッドに柵を設置する行為は，「身体的拘束その他入所者の行動を制限する行為」に該当せず，仮にこれに該当したとしても，ベッ

ドからの転落防止という「当該入所者……の生命又は身体を保護するため」の措置であり，5時間という短時間，入居者家族の同意をもって当該措置をとることは「緊急やむを得ない場合」に該当する。よって，勧告は，処分要件を満たしておらず，違法である。
(2) また，勧告は行政手続法上の「不利益処分」(行手法2条4号)に該当するので，勧告の基礎となる事実を示さないことは理由付記（行手法14条1項本文）違反，勧告の際に弁明の機会を付与しなかったことは行政手続法13条1項1号ニ違反となる。

理由付記は，行政庁の判断の恣意を抑制するとともに，異議申立ての便宜を図るための手続であって，これらの手続の重要性に照らせば，理由付記違反は直ちに勧告の違法事由を構成する。

また弁明の機会の付与は，実体的判断の適正を確保する手段として実施されるものであるが，本問の場合にＡに弁明の機会を与えれば調査の事実誤認が容易に判明し，実体的判断の結果に影響を与えた可能性がある。よって，これも勧告の違法事由を構成する。

以上

* 1 　塩野Ⅰ260頁，宇賀Ⅰ150頁。
* 2 　宇賀Ⅰ150頁。
* 3 　曽和俊文「行政調査」法教388号（2013年）64頁。
* 4 　塩野Ⅰ260頁。なお，緊急の必要性から実力行使を認める学説もある（塩野Ⅰ261-262頁注(1)参照）。
* 5 　橋本・基礎78-79頁。
* 6 　塩野Ⅰ265頁。
* 7 　詳細は平成20年の解答例参照。
* 8 　阿部Ⅱ115頁参照。なお，地方公共団体の行政指導については，行政手続法の規律が働かないこと（行手法3条3項）も押さえておく必要がある。
* 9 　阿部Ⅱ115頁参照。
* 10 　塩野Ⅰ321頁。
* 11 　行政手続法施行前の判例の傾向については，塩野Ⅰ319-321頁，櫻井＝橋本219-220頁がわかりやすく，田中健治「行政手続の瑕疵と行政処分の有効性」新・裁判実務大系198-205頁が比較的詳細である。
* 12 　たとえば，塩野320-321頁，櫻井＝橋本220頁。

第 7 話

記憶のかけら

―― 平成21年司法試験その1 ――

原告適格の判断枠組み／原告適格の必要的考慮要素
／建築確認と狭義の訴えの利益／執行停止の要件と狭義の訴えの利益
／平成16年行訴法改正と執行停止

第7話　記憶のかけら

「司法試験の行政法の問題も，ずいぶんと解き終わってきたね」
　シエルさんは，早朝のファーストフード店で，コーラをストローですする。
　シエルさんが疲労で倒れた後，僕は彼女を担いで清水寺の人気のなさそうな適当なお堂に忍び込み，一夜を過ごした。なんとかアサシンには見つからずに夜を明かすことができたが，お堂の中はかなり寒かった。
　シエルさんを狙うアサシンからの追撃は，朝になると，ぴたりと止んだ。どうやらシエルさんを狙う組織は，表立っては動けないようだ。日の当たる時間は，安全と思って良いらしい。
　だが，僕の体力のほうは1日で，ほとんど限界に達しつつあった。もともと運動は得意なほうではないのだ。今日の夜になれば，アサシンはまたやってくるに違いない。そうなれば，体力の尽きた僕らに待っているのは，死だ。なんとかしなければならない。
「シエルさん，記憶のほうは，どうですか？　何か思い出せませんか？」
「うーん」シエルさんは，長い眉の眉尻をわずかに動かす。「なんか小骨が脳みそにひっかかっている感じなんだよね。何かが思い出せそうな気がするんだけど。司法試験の行政法の問題を解いていると，こう頭が冴えてきて，何か思い出せそうなんだね。行政法の問題を一つ解くごとに，〈記憶のかけら〉が集まってくるような感じ……」
　確かに，シエルさんは，司法試験の行政法の問題と解法については，すらすらと話す。司法試験の行政法の問題が，シエルさんの記憶を取り戻すための重大な手がかりとなるのかもしれない。
「ということで，平成21年の問題を解いてみよっか。なんかこれを解いたら，ちょっとだけ〈記憶〉が取り戻せるような気がするんだ」
「……やむをえませんね」
　どうやら僕らが生き残るためには，ひたすら司法試験の行政法の問題を解き続けるしかないようだ。シエルさんの〈記憶〉が戻れば〈世界の均衡〉とやらが崩壊してしまうらしいが，何もしなければ，ただ死ぬだけだ。現状を変えるためには，司法試験の問題を解き，シエルさんの〈記憶のかけら〉を集めて〈記憶〉を取り戻すしかない。そうなれば，物語は否が応でも動き出すはずだ。
「決まりだね！」

平成21年司法試験公法系第2問

　建設会社Aは，B県C市内に所在するA所有地（以下「本件土地」という。）において，鉄筋コンクリート造，地上9階，地下2階で，住戸100戸のほか，135台収容の地下駐車場を備えるマンション（以下「本件建築物」という。）の建築を計画した。本件建築物は，高さ30メートル，敷地面積5988平方メートル，建築面積3321平方メートル，延べ面積2万1643平方メートルである。本件土地は，都市計画法上の第二種中高層住居専用地域に位置している。

　Aは，平成20年7月23日，本件土地の周辺住民からの申出に基づき，本件建築物の建築計画に関する説明会を開催した。本件土地の周辺住民で構成する「D地域の生活環境を守る会」は，B県建築主事E（C市には建築主事が置かれていない。）に対し，同年9月26日付け申入書をもって，周辺住民とAとの協議が整うまで，Aに対し，本件建築物に係る建築計画について建築基準法第6条第1項に基づく確認をしないこと，また，同計画については，建築基準法等に違反している疑いがあり，周辺住民の反対も強いので，公聴会を開催することを求める申入れをした。

　その後，Aと周辺住民の間で何度か協議が行われたが，話合いはまとまらなかった。同年12月12日，Aは，Eに対し，建築基準法第6条第1項により建築確認の申請を行った。Eは，公聴会を開催することなく，Aに対し，平成21年1月8日付けで建築確認（以下「本件確認」という。）をした。

　本件土地の周辺住民であるF，G，H，Iの4名（以下「Fら」という。）は，同年1月22日，B県建築審査会に対し，本件確認の取消しを求める審査請求をしたが，同年4月8日，B県建築審査会は，これを棄却する裁決を行った。

　そこで，Fらは，訴訟の提起を決意し，同年4月14日，弁護士Jの事務所を訪問して，同事務所に所属する弁護士Kと面談した。これを受けて，同月下旬，本件に関し，弁護士Jと弁護士Kが会議を行った。

　【資料1　法律事務所の会議録】を読んだ上で，弁護士Kの立場に立って，弁護士Jの指示に応じ，設問に答えなさい。

　なお，本件土地等の位置関係は【資料2　説明図】に示してあり，また，建築基準法，B県建築安全条例，B県中高層建築物の建築に係る紛争の予防と調整に関する条例（以下「本件紛争予防条例」という。）の抜粋は，【資料3　関係法令】に掲げてあるので，適宜参照しなさい。

第7話　記憶のかけら

〔設　問〕
1．Fらが本件建築物の建築を阻止するために考えられる法的手段（訴訟とそれに伴う仮の救済措置）を挙げた上で，それを用いる場合の行政事件訴訟法上の問題点を中心に論じなさい。
2．考え得る本件確認の違法事由について詳細に検討し，当該違法事由の主張が認められ得るかを論じなさい。また，原告Fがいかなる違法事由を主張できるかを論じなさい。

【資料1　法律事務所の会議録】

　弁護士J：本日はFらの案件について基本的な処理方針を議論したいと思います。Fらは，本件建築物が違法であると主張しているようですが，その理由はどのようなものですか。

　弁護士K：本件土地は，幅員6メートルの道路（以下「本件道路」という。）に約30メートルにわたって接しているのですが，Fらは，本件建築物のような大きなマンションを建築する場合，この程度の道路では道路幅が不十分だと主張しています。また，本件道路が公道に接する部分にゲート施設として遮断機が設置されているため，遮断機が下りた状態では車の通行が不可能であり，遮断機を上げた状態でも実際に車が通行できる道路幅は3メートル弱しかないそうです。さらに，Aの説明では，遮断機の横にインターホンが設置されており，非常時には遮断機の設置者であるL神社の事務所に連絡して遮断機を上げることができるそうですが，Fらは，常に連絡が取れて遮断機を上げることができるか心配であると話しています。つまり，火災時などに消防車等が進入することが困難で，防災上問題があると述べております。

　弁護士J：どうして，道路に遮断機が設置されているのですか。

　弁護士K：本件道路は，L神社の参道なのですが，B県知事から幅員6メートルの道路として位置指定を受けており，いわゆる位置指定道路に当たるそうです。L神社では，参道への違法駐車が後を絶たないことから，本件道路が公道に接する部分に遮断機を設置しているとのことです。

　弁護士J：なるほど，位置指定道路ですか。宅地造成等の際に，新たに開発される敷地予定地が接道義務を満たすようにするため，位置の指定

を受けた私道を建築基準法上の道路として扱う制度ですね（建築基準法第42条第1項第5号）。まず，本件土地については，幅員がどれだけの道路に，どれだけの長さが接していなければならないか調べてください。その上で，本件道路との関係で，本件建築物の建築に違法な点がないかを検討してください。

弁護士K：分かりました。このほか，本件建築物の地下駐車場出入口から約10メートルのところに，市立図書館（以下「本件図書館」という。）に設置されている児童室（以下「本件児童室」という。）の専用出入口があります。Fらは，地下駐車場の収容台数が135台とかなり大規模なものなので，本件児童室を利用する子供の安全性に問題がある，と主張しています。

弁護士J：本件児童室は一体どのようなものですか。

弁護士K：本件図書館内にあって，児童関係の図書を一箇所に集め，一般の利用者とは別に閲覧場所等を設けたもので，児童用の座席が10人分程度用意されています。本件児童室には，本件図書館の出入口とは別に，先ほど触れた専用出入口が設けられ，専用出入口は午後5時に閉鎖されますが，本件図書館の他の部分とは内部の出入口でつながっており，本件図書館の利用者はだれでも自由に行き来できるようです。本件児童室内には，児童用のサンダルが置かれたトイレがあり，また，幼児の遊び場コーナーがあるなど，児童の利用しやすい設備が整っています。本件図書館は，総床面積3440平方メートル，地下1階，地上4階ですが，本件児童室は，1階部分のうち約100平方メートルを占めています。

弁護士J：なるほど。本件児童室との関係で，本件建築物の建築に違法な点がないかを検討してください。確認ですが，本件建築物は，容積率，高さ，建ぺい率の点では法令に合致しているのですね。

弁護士K：はい，そのようです。

弁護士J：Fらの主張はそれだけですか。

弁護士K：Aは，本件建築物の建築について一応説明会を開催したのですが，情報の開示が不十分で，住民に質問の機会を与えず，一方的に終了を宣言するなど，形ばかりのものだったそうです。

弁護士J：そもそもAには説明会の開催義務があるのですか。

弁護士K：本件紛争予防条例には，説明会の開催についての規定があり，F

第7話 記憶のかけら

らは，Aの行為は条例違反に当たると主張しております。

弁護士J：そうですか。本件において当該条例違反が認められるか，仮に認められるとして，それが本件確認との関係でどのような意味を持つのか，それぞれについて検討してください。

弁護士K：分かりました。最後になりますが，Fらは，本件確認を行う際には，公聴会を開催する必要があったにもかかわらず，建築主事Eはこれを行っていない，という点も強調しておりました。

弁護士J：なるほど。それでは，以上のFらの主張について，その当否も含めて検討しておいてください。

弁護士K：はい，分かりました。

弁護士J：次に，訴訟手段についてですが，本件建築物の建築を阻止するためには，どのような方法が考えられるか検討してください。建築基準法第9条第1項に基づく措置命令をめぐる行政訴訟も考えられますが，これについては後日議論することとして，今回は検討の対象から外してください。また，検査済証の交付を争っても建築の阻止には役立ちませんから，これも除外してください。

弁護士K：了解しました。それでは，本件確認を争う手段を検討してみます。

弁護士J：本件確認が処分に当たることは疑いありませんし，審査請求も既に行われています。出訴期間も現時点では問題ないようですね。訴訟を提起するとして，Fらは本件建築物とどのような関係にあるのですか。

弁護士K：Fは，本件土地から10メートルの地点にあるマンションの一室に居住しています。Gは，Fの居住するマンションの所有者ですが，そこには住んでおりません。したがって，FとGは，本件建築物から至近距離に居住するか，建築物を所有しているといえます。

弁護士J：HとIはどうですか。

弁護士K：Hは，小学2年生で，本件児童室に毎週通っており，Iはその父親です。二人は，本件土地から500メートル離れたマンションに住んでいます。

弁護士J：そうですか。全員が訴訟を提起する資格があるのか，ここは今回の案件で特に重要だと思いますので，個別具体的に丁寧に検討してください。

弁護士K：はい，分かりました。

弁護士J：訴訟を適法に提起できるとして，自らの法律上の利益との関係で，本案においていかなる違法事由を主張できるのでしょうか。まず，Fについて検討してみてください。

弁護士K：分かりました。

弁護士J：建築工事の進ちょく状況はどうですか。

弁護士K：急ピッチで進められており，この調子でいくと，余り遠くない時期に完成に至りそうです。

弁護士J：Fらが望んでいるのは建築を阻止することですし，本件建築物が完成してしまうと訴訟手続上不利になる可能性もありますね。本件建築物が完成した場合，どのような法的問題が生じるかを整理した上で，訴訟係属中の工事の進行を止めるための法的手段について，それが認容される見込みがあるかどうかも含めて検討してください。

弁護士K：そうですね。よく調べてみます。

【資料２　説明図】

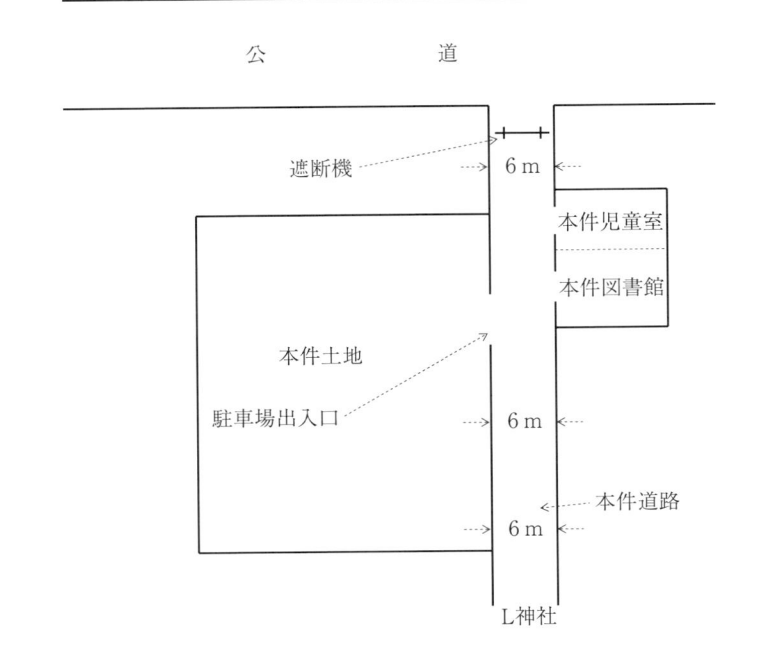

公道

遮断機　→　6m　←

本件児童室

本件図書館

本件土地

駐車場出入口　→　6m　←

本件道路

→　6m　←

L神社

第7話　記憶のかけら

【資料3　関係法令】
○　建築基準法（昭和25年5月24日法律第201号）（抜粋）
（目的）
第1条　この法律は，建築物の敷地，構造，設備及び用途に関する最低の基準を定めて，国民の生命，健康及び財産の保護を図り，もつて公共の福祉の増進に資することを目的とする。
（用語の定義）
第2条　この法律において次の各号に掲げる用語の意義は，それぞれ当該各号に定めるところによる。
　一～九　（略）
　九の二　耐火建築物　次に掲げる基準に適合する建築物をいう。
　　イ　その主要構造部が(1)又は(2)のいずれかに該当すること。
　　　(1)　耐火構造であること。
　　　(2)　次に掲げる性能（外壁以外の主要構造部にあつては，(i)に掲げる性能に限る。）に関して政令で定める技術的基準に適合するものであること。
　　　(i)　当該建築物の構造，建築設備及び用途に応じて屋内において発生が予測される火災による火熱に当該火災が終了するまで耐えること。
　　　(ii)　当該建築物の周囲において発生する通常の火災による火熱に当該火災が終了するまで耐えること。
　　ロ　（略）
　九の三～三十五　（略）
（建築物の建築等に関する申請及び確認）
第6条　建築主は，第1号から第3号までに掲げる建築物を建築しようとする場合（中略），これらの建築物の大規模の修繕若しくは大規模の模様替をしようとする場合又は第4号に掲げる建築物を建築しようとする場合においては，当該工事に着手する前に，その計画が建築基準関係規定（この法律並びにこれに基づく命令及び条例の規定（以下「建築基準法令の規定」という。）その他建築物の敷地，構造又は建築設備に関する法律並びにこれに基づく命令及び条例の規定で政令で定めるものをいう。以下同じ。）に適合するものであることについて，確認の申請書を提出して建築主事の確認を受け，確認済証の交付を受けなければならない。（以下略）
　一～四　（略）

2，3　（略）
4　建築主事は，第1項の申請書を受理した場合においては，同項第1号から第3号までに係るものにあつてはその受理した日から35日以内に，同項第4号に係るものにあつてはその受理した日から7日以内に，申請に係る建築物の計画が建築基準関係規定に適合するかどうかを審査し，審査の結果に基づいて建築基準関係規定に適合することを確認したときは，当該申請者に確認済証を交付しなければならない。

5～15　（略）

（建築物に関する完了検査）

第7条　建築主は，第6条第1項の規定による工事を完了したときは，国土交通省令で定めるところにより，建築主事の検査を申請しなければならない。

2，3　（略）
4　建築主事が第1項の規定による申請を受理した場合においては，建築主事又はその委任を受けた当該市町村若しくは都道府県の職員（以下この章において「建築主事等」という。）は，その申請を受理した日から7日以内に，当該工事に係る建築物及びその敷地が建築基準関係規定に適合しているかどうかを検査しなければならない。
5　建築主事等は，前項の規定による検査をした場合において，当該建築物及びその敷地が建築基準関係規定に適合していることを認めたときは，国土交通省令で定めるところにより，当該建築物の建築主に対して検査済証を交付しなければならない。

（違反建築物に対する措置）

第9条　特定行政庁は，建築基準法令の規定又はこの法律の規定に基づく許可に付した条件に違反した建築物又は建築物の敷地については，当該建築物の建築主，当該建築物に関する工事の請負人（請負工事の下請人を含む。）若しくは現場管理者又は当該建築物若しくは建築物の敷地の所有者，管理者若しくは占有者に対して，当該工事の施工の停止を命じ，又は，相当の猶予期限を付けて，当該建築物の除却，移転，改築，増築，修繕，模様替，使用禁止，使用制限その他これらの規定又は条件に対する違反を是正するために必要な措置をとることを命ずることができる。

2～15　（略）

（大規模の建築物の主要構造部）

第21条　高さが13メートル又は軒の高さが9メートルを超える建築物（その

主要構造部（床，屋根及び階段を除く。）の政令で定める部分の全部又は一部に木材，プラスチックその他の可燃材料を用いたものに限る。）は，第2条第9号の2イに掲げる基準に適合するものとしなければならない。ただし，構造方法，主要構造部の防火の措置その他の事項について防火上必要な政令で定める技術的基準に適合する建築物（政令で定める用途に供するものを除く。）は，この限りでない。

2　延べ面積が3000平方メートルを超える建築物（その主要構造部（床，屋根及び階段を除く。）の前項の政令で定める部分の全部又は一部に木材，プラスチックその他の可燃材料を用いたものに限る。）は，第2条第9号の2イに掲げる基準に適合するものとしなければならない。

（道路の定義）

第42条　この章の規定において「道路」とは，次の各号の一に該当する幅員4メートル（特定行政庁がその地方の気候若しくは風土の特殊性又は土地の状況により必要と認めて都道府県都市計画審議会の議を経て指定する区域内においては，6メートル。次項及び第3項において同じ。）以上のもの（地下におけるものを除く。）をいう。

一　道路法（昭和27年法律第180号）による道路

二～四　（略）

五　土地を建築物の敷地として利用するため，道路法（中略）によらないで築造する政令で定める基準に適合する道で，これを築造しようとする者が特定行政庁からその位置の指定を受けたもの

2～6　（略）

（敷地等と道路との関係）

第43条　建築物の敷地は，道路（中略）に2メートル以上接しなければならない。（以下略）

一，二　（略）

2　地方公共団体は，特殊建築物，階数が3以上である建築物，政令で定める窓その他の開口部を有しない居室を有する建築物又は延べ面積（中略）が1000平方メートルを超える建築物の敷地が接しなければならない道路の幅員，その敷地が道路に接する部分の長さその他その敷地又は建築物と道路との関係についてこれらの建築物の用途又は規模の特殊性により，前項の規定によつては避難又は通行の安全の目的を充分に達し難いと認める場合においては，条例で，必要な制限を付加することができる。

（容積率）
第52条　建築物の延べ面積の敷地面積に対する割合（以下「容積率」という。）は，次の各号に掲げる区分に従い，当該各号に定める数値以下でなければならない。（以下略）
　一　（略）
　二　第一種中高層住居専用地域若しくは第二種中高層住居専用地域内の建築物又は第一種住居地域，第二種住居地域，準住居地域，近隣商業地域若しくは準工業地域内の建築物（中略）10分の10，10分の15，10分の20，10分の30，10分の40又は10分の50のうち当該地域に関する都市計画において定められたもの
　三〜六　（略）
２〜15　（略）
（建築物の各部分の高さ）
第56条　建築物の各部分の高さは，次に掲げるもの以下としなければならない。
　一，二　（略）
　三　第一種低層住居専用地域若しくは第二種低層住居専用地域内又は第一種中高層住居専用地域若しくは第二種中高層住居専用地域（中略）内においては，当該部分から前面道路の反対側の境界線又は隣地境界線までの真北方向の水平距離に1.25を乗じて得たものに，第一種低層住居専用地域又は第二種低層住居専用地域内の建築物にあつては５メートルを，第一種中高層住居専用地域又は第二種中高層住居専用地域内の建築物にあつては10メートルを加えたもの
２〜７　（略）

○　B県建築安全条例（昭和25年B県条例第11号）（抜粋）
（趣旨）
第１条　建築基準法（以下「法」という。）（中略）第43条第２項による建築物の敷地及び建築物と道路との関係についての制限の付加（中略）については，この条例の定めるところによる。
（建築物の敷地と道路との関係）
第４条　延べ面積（同一敷地内に２以上の建築物がある場合は，その延べ面積の合計とする。）が1000平方メートルを超える建築物の敷地は，その延べ面

積に応じて，次の表に掲げる長さ以上道路に接しなければならない。

延べ面積	長さ
1000平方メートルを超え，2000平方メートル以下のもの	6メートル
2000平方メートルを超え，3000平方メートル以下のもの	8メートル
3000平方メートルを超えるもの	10メートル

2　延べ面積が3000平方メートルを超え，かつ，建築物の高さが15メートルを超える建築物の敷地に対する前項の規定の適用については，同項中「道路」とあるのは，「幅員6メートル以上の道路」とする。

3　前二項の規定は，建築物の周囲の空地の状況その他土地及び周囲の状況により知事が安全上支障がないと認める場合においては，適用しない。

（敷地から道路への自動車の出入口）

第27条　自動車車庫等の用途に供する建築物の敷地には，自動車の出入口を次に掲げる道路のいずれかに面して設けてはならない。ただし，交通の安全上支障がない場合は，第5号を除き，この限りでない。

一　道路の交差点若しくは曲がり角，横断歩道又は横断歩道橋（地下横断歩道を含む。）の昇降口から5メートル以内の道路

二　勾配が8分の1を超える道路

三　道路上に設ける電車停留場，安全地帯，橋詰め又は踏切から10メートル以内の道路

四　児童公園，小学校，幼稚園，盲学校，ろう学校，養護学校，児童福祉施設，老人ホームその他これらに類するものの出入口から20メートル以内の道路

五　前各号に掲げるもののほか，知事が交通上支障があると認めて指定した道路

○　B県中高層建築物の建築に係る紛争の予防と調整に関する条例（昭和53年B県条例第64号）（抜粋）

（目的）

第1条　この条例は，中高層建築物の建築に係る計画の事前公開並びに紛争のあつせん及び調停に関し必要な事項を定めることにより，良好な近隣関係を保持し，もつて地域における健全な生活環境の維持及び向上に資することを目的とする。

（定義）
第2条 この条例において，次の各号に掲げる用語の意義は，それぞれ当該各号に定めるところによる。
　一　中高層建築物　高さが10メートルを超える建築物（第一種低層住居専用地域及び第二種低層住居専用地域（都市計画法（昭和43年法律第100号）第8条第1項第1号に掲げる第一種低層住居専用地域及び第二種低層住居専用地域をいう。）にあつては，軒の高さが7メートルを超える建築物又は地階を除く階数が3以上の建築物）をいう。
　二　紛争　中高層建築物の建築に伴つて生ずる日照，通風及び採光の阻害，風害，電波障害等並びに工事中の騒音，振動等の周辺の生活環境に及ぼす影響に関する近隣関係住民と建築主との間の紛争をいう。
　三　建築主　中高層建築物に関する工事の請負契約の注文者又は請負契約によらないで自らその工事をする者をいう。
　四　近隣関係住民　次のイ又はロに掲げる者をいう。
　　イ　中高層建築物の敷地境界線からその高さの2倍の水平距離の範囲内にある土地又は建築物に関して権利を有する者及び当該範囲内に居住する者
　　ロ　中高層建築物による電波障害の影響を著しく受けると認められる者
（知事の責務）
第3条　知事は，紛争を未然に防止するよう努めるとともに，紛争が生じたときは，迅速かつ適正に調整するよう努めなければならない。
（当事者の責務）
第4条　建築主は，紛争を未然に防止するため，中高層建築物の建築を計画するに当たつては，周辺の生活環境に及ぼす影響に十分配慮するとともに，良好な近隣関係を損なわないよう努めなければならない。
2　建築主及び近隣関係住民は，紛争が生じたときは，相互の立場を尊重し，互譲の精神をもつて，自主的に解決するよう努めなければならない。
（説明会の開催等）
第6条　建築主は，中高層建築物を建築しようとする場合において，近隣関係住民からの申出があつたときは，建築に係る計画の内容について，説明会等の方法により，近隣関係住民に説明しなければならない。
2　知事は，必要があると認めるときは，建築主に対し，前項の規定により行つた説明会等の内容について報告を求めることができる。

第7話　記憶のかけら

「さてと，わくわくするね」
　ニコニコするシエルさん。今の状況をこの人は理解しているんだろうか。
「まず，Fらが本件建築物の建築を阻止するために考えられる法的手段は？」
「建築確認が取り消されればAは本件建築物を建築できなくなりますので，本件確認の処分取消訴訟（行訴法3条2項）を提起します。それと建築確認の取消訴訟を提起しただけではその効力は停止しないので（同法25条1項），執行停止の申立て（同2項本文）もします。本件確認については，後続の執行や手続は予定されておらず，執行や手続の停止の申立てでは目的が達成できないので，『効力の停止』の申立てとなりますね（同法25条2項但書）」
「そうだね。そういう風に，執行停止もしっかりと条文の要件にヒットさせて点数を稼ぐことが重要だね。次は，行訴法上の問題点だけど，本件確認の処分性，審査請求前置，出訴期間は問題がないから，原告適格と狭義の訴えの利益を検討すべきだね。原告適格の判断枠組みを，言ってみん」
「平成16年の行訴法改正後の判例において，最もきれいな形で原告適格の定式を示したのが，有名な小田急判決（判例7-1）ですね。小田急判決の判断枠組みによれば，取消訴訟の原告適格を規定する行訴法9条1項の『法律上の利益を有する者』とは，①当該処分により自己の権利若しくは法律上保護された利益を侵害され，又は必然的に侵害されるおそれのある者をいい，②当該処分を定めた行政法規が，不特定多数者の具体的利益を専ら一般的公益の中に吸収解消させるにとどめず，それが帰属する個々人の個別的利益としてもこれを保護すべきものとする趣旨を含むと解される場合には，このような利益もここにいう法律上保護された利益に該当し，③法律上保護された利益の有無を判断するに当たっては，同法9条2項に列挙された考慮要素を勘案すべきです」
「行訴法9条2項の考慮要素って具体的には？」
「ええと……」僕は，カバンから六法を取り出して，行訴法9条2項の該当箇所を開く。「当該処分又は裁決の根拠となる法令の規定の文言のみによることなく，(a)当該法令の趣旨及び目的，(b)当該処分において考慮されるべき利益の内容及び性質を考慮し，(c)当該法令の趣旨及び目的を考慮するに当たっては，当該法令と目的を共通にする関係法令があるときはその趣旨及び目的をも参酌

するものとし，(d)当該利益の内容及び性質を考慮するに当たつては，当該処分又は裁決がその根拠となる法令に違反してされた場合に害されることとなる利益の内容及び性質並びにこれが害される態様及び程度をも勘案するものとする，とされていますね」
「(a)(c)と(b)(d)がセットになるんだよね*1。前者は"法令"の側から階段を下りながら原告適格を認定していく手法で，後者は"利益"の側から階段を登りながら原告適格を認定していく手法だね。この"法令"と"利益"のアプローチの両者の関係性は？」
「……関係性ってなんですか。行訴法9条2項は必要的考慮要素を定めているのですから，すべてにあてはめれば良いのでは？」

シエルさんは，小さな右手の甲を額にあてて，苦笑い。
「第三者の原告適格をめぐる大きな学説の2つの対立があるよね」

それぐらいは知っている。
「判例・通説の法律上保護された利益と，有力説の法律上保護に値する利益説ですよね。法律上保護された利益説は当該処分の根拠法規たる実体法により保護された権利利益の帰属主体に原告適格を認める見解で，法律上保護に値する利益説は，行政による事実行為によって裁判上保護に値するような実質的な不利益を受け又は受けるおそれのある者に原告適格を認める見解です。さっきの小田急判決は法律上保護された利益説の系譜に属します」
「そうだね。判例・通説の法律上保護された利益説の要点は，当該処分の根拠法規の行政実体法の解釈によって原告適格の有無を決めようという点にあるよね。そうすると，行訴法9条2項の考慮要素のうち決め手になるのは，"法令"側からのアプローチということになる。だから原告適格の認定にあたっては，行政実体法の仕組みを丁寧に解き明かすことが重要になるわけ。(b)(d)の"利益"側からのアプローチは，(a)(c)の行政実体法によって保護される『カテゴリーとしての切り出し』が終わった後の，『具体的な原告の範囲の切り出し』のところで，できる限り広く原告適格を認めてあげるという形で生かしていくべきだね*2」

今までのっぺりと行訴法9条2項を読んでいたが，立場によってこの条文の読み方も変わってくるということか。

第7話　記憶のかけら

「さて，ここまでは一般論だけど，FからIまで個別的に検討していこうか。まずFとGだけど，この人たちはどんな人？」
「Fは本件土地から10メートルの地点にあるマンションの一室に居住する者，GはFの居住するマンションの所有者ですね」
「だね。で，本件確認の根拠法規によりFの有する個別的利益が保護されていれば，Fの原告適格が認められるわけだけど，本件処分の直接的な根拠法規は？」
「建築基準法（以下「法」という。）6条1項ですね」
「そう。で，その建築確認の要件としては，何が要求されている？」
「えーと，建築基準関係規定の適合性……ですね」
「Fに関係しそうな建築基準関係規定としては？」
　なるほど，そういう風に考えていくのか。
「法21条（大規模の建築物の主要構造部），52条（容積率），55条，56条（建築物の各部分の高さ）等が挙げられますね。法1条が『建築物の敷地，構造，設備及び用途に関する最低の基準を定めて，国民の生命，健康及び財産の保護』の目的を掲げていることを併せ考慮すると，これらの建築基準関係規定の趣旨，目的は，建築物が火災等により損壊した場合に直接的に生命，身体，財産の被害を受ける者の個別的利益を保護することを含むと考えられます」
「法43条2項の関係は？」
「あ，それもありますね。本件紛争予防条例は自主条例なので建築基準関係規定に含まれませんが，法43条2項により委任を受けた委任条例であるB県建築安全条例は，建築基準関係規定に含まれます。これによれば，『延べ面積が3000平方メートルを超え，かつ，建築物の高さが15メートルを超える建築物』である本件建築物は，幅員6メートル以上の道路に10メートル以上接道していなければならないという接道義務が課されます（同条例4条1項・2項）。この接道義務は平常時の通行を確保するだけではなく，やはり火災等が起きた場合に避難，消火や救助の活動を確保するためにあります。そうすると，この規定も，建築物が倒壊することにより生命，身体，財産の直接的損害を受ける者の個別的利益を保護する趣旨であると考えられます」
「従来，生命・身体の安全については個別的利益性を肯定，財産権については

これを否定する判例の傾向があったけど，建築基準法に関しては周辺居住者の生命・身体の安全に加えて建物所有者の財産的利益まで個別的利益性を肯定した総合設計許可取消請求事件（判例7-2）があるよね。で，直接的損害を受ける者というのは，本問では具体的には周囲何メートルの人なの？　そこまで線引きしないと，実際には原告適格の有無を判定できないよね」

「そうですね……本件建築物の高さは高さ30メートルですから，倒れたら被害を被る最低限周囲30メートルの者，ですかね」

「そう。被害を受ける者の『利益の内容及び性質』をみるんだよね。結論はそれで良いと思うけど，ちょっと意地悪な質問しようかな。本件建築物は，『耐火建築物』（法2条9の2イ号）等の堅牢な構造を有しているわけだよね。そしたら，ちょっとやそっとの火災が起きてもへっちゃらだし，本件建築物が倒壊するような事故なんて，そうそうは起きないんじゃないの？」

　条文の仕組み解釈を，同じ条文を使って反論してくるお手並みは，さすが。だけど，これは何となくわかる。

「えー，現実の倒壊の危険性は本案では問題になりますが，原告適格は訴訟要件の問題に過ぎませんので，そこまで問題にする必要はないと考えますね」[*3]

「そう。[*4]さて，君が，今，言ってくれた原告適格の判断基準だと，本件建築物から10メートル地点のマンションに居住するF，当該マンションを所有するGの原告適格は認められるね。他方で，500メートル離れた場所に住んでいるHとIの原告適格は否定されそう，ということになりそうだけど，HやIについて原告適格を肯定する余地はない？　まず，Hはどう？」

「ここは結構，難しいところなんですが，Hは本件児童室に毎週通っているわけですよね。本件児童室が仮にB県建築安全条例27条4号の『その他これらに類するもの』に該当すれば，本件建築物の自動車の出入には本件児童施設から20メートル以内の道路に面して設けてはならないことになります。当該条例は子ども等の交通弱者の生命，身体の安全を保護する趣旨，目的であると考えられますので，本件建築物から20メートル以内の施設に通う者について原告適格を認める余地があります」

「で，本件児童室は肝心の『その他これらに類するもの』に該当するの？」

　それを言われると，痛い。

第7話　記憶のかけら

「本件児童室には，児童用の座席，児童用のサンダル，幼児の遊び場コーナーなどがある上に，本件図書館の出入口とは別に専用出入口があるので，本件図書館とは独立した施設であると見ることができれば，『その他これらに類するもの』に該当します。ただ，本件児童室は本件図書館内にありますし，一般の利用者は誰でも内部の出入り口で自由に行き来できる上に，児童用の座席も10人分に過ぎません。そうすると，やはり本件児童室は本件図書館の一部と言わざるをえず，『その他これらに類するもの』には該当しないように思います」
「児童図書だって大人も読むものね。B県建築安全条例27条4号は『児童公園，小学校，幼稚園，盲学校，ろう学校，養護学校，児童福祉施設，老人ホーム』について規制をしているわけだけど，これらの施設には類型的に多数の交通弱者が通っているがゆえに規制が許されている，ともいえる。ただ，ここは見解の分かれうるところだから，結論はどっちでもいいよ。害される『利益の内容及び性質』が児童の生命・身体という優越的法益であることを強調して，本件児童室が『その他これらに類するもの』に該当するとしてもいい。仮に，Hの原告適格が肯定されたら，Hの父親のIの原告適格はどうなるの？」[*5]
「その場合でも，父親として子の安全を確保したいと考える心情までB県建築安全条例27条4号により保護されているとは読めないので，Hの原告適格が仮に肯定できてもIの原告適格を認めるのは難しいですね」
「そうだねー。Iの原告適格を認めるのは，現在の判例・通説の相場観からは難しいね」

　原告適格の問題だけで，相当に疲れたぞ。こんなの本当に本番で検討しきれるのか。僕は走ってもいないのに息切れする気分だった。温くなったコーヒーを飲むと，紙コップの底でまどろむ砂糖が舌の上でざらつく。
「さて，本問では，狭義の訴えの利益も問題になるけど，ここは『建築確認は，それを受けなければ右工事をすることができないという法的効果を付与されているにすぎないものというべきであるから，当該工事が完了した場合においては，建築確認の取消しを求める訴えの利益は失われる』とした仙台市建築確認取消請求事件（判例7-3）の知識があれば書けるよね。むしろ，本問の出題趣旨は，この狭義の訴えの利益と執行停止申立ての認容される見込みとの関係性にあるんだよね。わざわざJ弁護士が『本件建築物が完成した場合，どのよう

な法的問題が生じるかを整理した上で，訴訟係属中の工事の進行を止めるための法的手段について，それが認容される見込みがあるかどうかも含めて検討してください。』と指示しているくらいだしね。狭義の訴えの利益が将来失われると，どういう風に手続が進んでいって，最終的にどんな権利利益が侵害されるのか，を順を追って考えてみて」

　曖昧だった理解が，シエルさんが引いた思考の補助線により，一瞬でクリアになる。

「判例によれば，本件建築物の建築等の工事が完了すると，本件確認の取消しを求める訴えの利益は失われます。そうすると，取消訴訟は不適法却下となり，取消訴訟の目的の本件建築物の倒壊，炎上等による損害防止が図れなくなります。その結果，Fの生命，身体の安全という回復困難で，要保護性の高い法益（行訴法25条3項）が侵害される可能性が生じるので，『重大な損害』（同2項）の要件を満たします。同様にGについても建物の所有権侵害のおそれがあります。仮にHの原告適格が肯定された場合には，Hにも交通事故による生命・身体の危険がありますので，『重大な損害』があります。建築工事が急ピッチで進み，取消訴訟の訴えの利益の喪失が間近いことから，『緊急の必要』（同2項）もあります。それと本問では私人によるマンション建築を止めるだけなので『公共の福祉に重大な影響』も特にありませんし，あとで検討するように『本案について理由がない』とはいえません（同4項）」

「東京高決平成21年2月6日（判例7-4）も，狭義の訴えの利益が失われることからの因果的連鎖を想定して『重大な損害』を認定しているよね。ただ生命・身体の利益を主張しているFとHと異なり，Gの利益は事後的な金銭賠償で償うことができるから『重大な損害』の要件を満たさない，という反論がありそうだけど？[*6]」

「そのような解釈もありえますが，平成16年行訴法改正により行訴法25条3項の解釈指針が新設された趣旨は，金銭賠償の可否による定性的判断ではなく，具体的な利益衡量を踏まえた定量的判断を要求する点にあります。[*7]マンションはそれ自体が価格の高い重要な財産ですし，具体的状況は問題文からは必ずしもわかりませんが，これが損壊された場合，Gには倒産のおそれもあります。損害額も大きいことから事後の金銭賠償がどれだけ実効性があるかも疑問で[*8]

す。そうすると，やはりGについても『重大な損害』があるといってもいいのではないでしょうか」

　やっと設問1が終わったか……。なんだ，この脱力感は……。

　僕は深く溜息をつく。

「どうです？　何か思い出せそうですか，シエルさん」

「んー」シエルさんは，小首を傾げる。「いやー，ここまで出そうなんだよ。〈記憶〉がね。でもまだ中途半端のような気がする。この問題を最後まで解き終えたら，何か思い出せるような気が……しないでもない」

　本当ですかぁ。こんなに苦労しているんだから，頼みますよ，シエルさん。

ラミ先生の　ワンポイントアドバイス ④　本案上の主張の仕方

　本文でも繰り返し出てくるが，司法試験では各訴訟類型に即した訴訟要件論と本案論の2つが出題の柱に据えられることが多い。これは訴訟要件論で行政救済法の理解を試し，本案論で行政法総論の理解を試す，という趣旨だと思われるな。ただ，訴訟要件論の出題に関しては行政救済法の基本書で勉強すればするほど，自分の行政法の力が「伸びている」と実感できるが，本案論のほうは行政法総論をいくら勉強しても解ける気がしない……そんな学生は多いのではないかな？

　本案上の主張は実体的瑕疵と手続的瑕疵の主張にわかれるが，このうち手続的瑕疵については行政手続法等の手続法規違反を検討していけば何を主張すれば良いかある程度の目星がつくだろう。一方で，学生が悩んでいるのは本案論における実体的瑕疵の主張の仕方だろうな。

　学生の答案を見ていると，「本件処分は裁量権の逸脱・濫用（行訴法30条）であって違法である」とか「裁量権の逸脱・濫用はないので適法である」という裁量論を前面に出しているのをよく目にするな。ちょっと気の利いた答案だと「目的・動機違反」だとか「比例原則違反」などの裁量権統制の道具を用いたり，「平等原則違反」などの一般的法原理違反により違法性を検討していたりする。ただこれらの答案をみていると，本案上の主張において一番大事なことが書けていないことが多いな。

　本案上の主張に関しては，要件事実論の観点から整理してみると，わかりやすいぞ。行政処分の根拠法規には主体，内容，手続，方式等の様々な

処分要件が規定されており，ある行政処分が違法になるのはこの処分根拠法規に定められた処分要件を充足していないから，だな。[*9] したがって，抗告訴訟では処分要件の要素を構成する具体的事実が請求原因又は抗弁となる要件事実になるのであって，何が要件事実かは処分根拠法規の解釈によって決定されるわけだ。[*10] それゆえ，本案論において実体的瑕疵を主張する場合には，当該処分の根拠となる個別法の条文（処分根拠法規）を明示し，その条文の趣旨・目的に照らした解釈をすることが何よりも重要だ。この作業をないがしろにして，やれ裁量権逸脱・濫用だなんだと書いても，内容のない記述になってしまうぞ。せいぜい気をつけたまえ。

*1 立法過程の当初，(a)〜(d)の要素は並列関係で規定することが検討されていたが，説得力を増すために，(a)と(c)，(b)と(d)の論理的関連性を明示することとなった（改正行訴法研究68-69頁）。

*2 高木光「原告適格の考慮事項と実体判断について」新・裁判実務大系232-233頁。この点については，必要的考慮事項(d)が規定された趣旨を重視し，法律上保護された利益説に立ちながらも，処分の根拠法規の仕組みをいったんエポケー（カッコ入れ）した上で利益侵害の態様・程度を勘案し，基本権侵害に至っているような場合には憲法論に基づく法令解釈を通じて原告適格を拡大する解釈論もありうる（櫻井＝橋本301頁参照）。これは，いわば"利益"の側から"法令"の仕組みを書き換えることにより，法律上保護された利益説の仕組み解釈を維持・発展させるとともに法律上保護に値する利益説をとりこんだものと評価でき，傾聴に値しよう。

*3 原告適格等の訴訟要件は概括的な主張で判断し，その内容的妥当性は本案論で審理すれば足りるという発想があるが，裁判実務では本案論が訴訟要件論に前倒しで議論されることが少なくない点にも留意が必要である。本案論と原告適格の交錯問題については，最判平成6年9月27日判時1518号10頁の園部補足意見，高木・前掲注2）234頁等を参照。

*4 下級審ではあるが，本問については原告適格を含め，東京地判平成19年9月7日裁判所ウェブサイト，東京高判平成20年7月9日裁判所ウェブサイトが参考になる。

*5 東京地判平成19年9月7日裁判所ウェブサイトでは原告適格論のステージで児童室が『その他これらに類するもの』に該当するかを判断しているが，訴訟要件論では概括的な主張で足りるとの見解からは，原告適格論ではひとまず本件児童室が『その他これらに類するもの』と仮定して判断した上で，その内容的妥当性を本案論で審理することも考えられる（問題と解説157頁〔角松生史執筆部分〕）。

*6 代替性のない非財産的損害は「重大な損害」と認められるが，代替性のある財産的損害に関しては，終局的解決までに「生活の困窮」や「事業の倒産」のおそれがなければ重大な損害とは言いがたいとする見解も強い（出口尚明「執行停止」新・裁判実務大系445頁）。

*7 改正法の下では金銭的損害の有無ではなく，個別事例に即した利益衡量が必要であると

第 7 話　記憶のかけら

　　解する見解として，塩野II 205-206頁，市橋克哉「第25条（執行停止）」コンメII 296-297頁。
　　本問との関係では，橋本・基礎129頁。
＊8　金銭賠償の実効性の程度を「重要な損害」の有無を判断するための考慮要素に挙げるも
　　のとして，改正行訴法研究178頁〔斎藤浩発言〕。
＊9　実務的研究142頁。
＊10　実務的研究167頁。

第 8 話

記憶の解放

―― 平成21年司法試験その2 ――

接道義務／自主条例に基づく説明会の開催義務／公聴会の開催義務／主張制限の範囲／主張制限緩和論

第8話 記憶の解放

　朝食を食べ終えた僕とシエルさんは，休憩がてらに伏見稲荷大社に足を延ばしていた。そもそも僕が京都に来た当初の目的は観光なのだ。少しくらい名所をまわっておかなくては，つまらない。

　無数の鳥居がトンネルのように連なる伏見稲荷大社の名物「千本鳥居」は，荘厳であった。遠目に見ても豪華であるが，近くに寄って千本鳥居を構成する１つ１つの鳥居をよく見ると，その鳥居に出資したスポンサー名が刻まれているのが分かる。この千本鳥居には，どれだけの想い，どれだけの願い，どれだけの祈りが託されているのだろうか。千本鳥居のトンネルを歩いていると，エッシャーのだまし絵「滝」に出てくる水の流れのように，世界が捻れていく感覚に陥る。

「あはは。凄いねぇ，ここの雰囲気！」

　シエルさんは，鷹が両翼を雄々しく羽ばたかせるみたいに両手をいっぱいに伸ばして，鳥居の中心ではしゃぐ。そうしてシエルさんは，小走り気味に４キロメートルはあるという千本鳥居の朱の道を抜けていく。僕はその後ろを，少し足早に追いかける。

「見て！　このたくさんのお稲荷さんたち！」

　いつになくシエルさんは，ハイテンションである。僕たちは，そんな感じで，伏見稲荷大社の最奥部にして稲荷山の最高峰「一の峰」まで辿りつく。

「さてと。ここで，平成21年の設問２を検討しちゃおうっかね」

　言うと思った。この人の頭には，行政法のことしかないのだろうか。本当に行政法が好きなんだろうな。

「私っていつでも行政法のこと考えちゃうんだよね。行政法がとっても好きみたいでさ」

　どうもそのようですね。話していれば，すぐにわかります。

「だから，君は——君だけは，私が，行政法が好きだってこと，覚えておいて。お願いね」

　これだけ問題検討に付き合わされれば，忘れたくても忘れようがないです。

「じゃあ，問題検討に移りましょう」

「ええ，そうしましょう」

　僕がそう言うと，シエルさんは一瞬だけ切れ長の目を細め，物憂げな顔をし

た。
「最初は本件確認の違法事由の検討だったね」シエルさんは，霊魂がとりついたような，ちょっと怖い声音で話し始める。「まずは実体法の問題からいこうか。B県建築安全条例27条4号該当性は原告適格のところで検討したよね。この点は合法論と違法論で両説ありうるということだった。じゃあ接道義務違反のほうは，どう？」
「Fらは，①本件建築物のような大きなマンションを建築する場合には，この程度の道路では道路幅が不十分であること，②本件道路が公道に接する部分にゲート施設として遮断機が設置されているため，遮断機が下りた状態では車の通行が不可能であり，遮断機を上げた状態でも実際に車が通行できる道路幅は3メートル弱しかないこと，③遮断機の横にインターホンが設置されており，非常時には遮断機の設置者であるL神社の事務所に連絡して遮断機を上げることができるが，常に連絡が取れて遮断機を上げることができるとは限らず，火災時などに消防車等が進入することが困難で，防災上問題があることを主張していますね。Fらのこれらの3つの不満を考慮すると実質的には接道義務を守っていない，といえるのではないでしょうか」
「君，ふざけないでね」
　シエルさんは，表情を1ミリも動かさずに言い放つ。さっきまで楽しそうに飛んだり跳ねたりしていたのに，急に不機嫌になったみたいだ。女心はわからない。
「クライアントの言い分を何の加工もせずに主張してどうするの。生肉を差し出しても，きちんと料理しなきゃ何も美味しくないよ。クライアントの言い分をリーガルに，法的に構成し直すのが弁護士の仕事でしょ」
「はい……。では，本問ではどうしたらいいのでしょうか」
恐る恐る問う僕。
「接道義務の内容は，何なの？　J弁護士の『本件土地については，幅員がどれだけの道路に，どれだけの長さが接していなければならないか調べてください。その上で，本件道路との関係で，本件建築物の建築に違法な点がないかを検討してください。』というリーガルなアドバイスをきちんと踏まえないとダメだよ」

第8話　記憶の解放

「法43条2項・B県建築安全条例4条1項・2項によれば，幅員が6メートルの道路に，10メートル以上の長さが接していなければならない，というのが接道義務の内容ですね」
「そうだね。で，本件建築物の敷地は，その接道義務を果たしているの？」
「本件土地は，幅員6メートルの道路に約30メートルにわたって接していますので，接道義務は形式的には充足しているように見えます」
「そう。そのスタート地点を確認した上で，Fらの言い分を検討していく必要がある。①本件建築物のような大きなマンションを建築する場合には，この程度の道路では道路幅が不十分であることというのは，B県建築安全条例で定めた基準そのものに不満があるという立法論に近いよね。法43条2項の委任の範囲をB県建築安全条例4条1項・2項が超えているとして当該基準自体の違法性を主張する余地はあるけども，委任立法の限界で戦うのはどう考えても勝ち筋ではないね。だからFらの言い分①が認められる可能性はかなり低い。Fらの言い分②の実際に車が通行できる道路幅は3メートル弱しかないという事情はどう？　B県建築安全条例4条2項が幅員6メートル以上の接道義務を課している趣旨は，平常時の通行を確保するだけではなく，火災等が起きた場合に避難，消火や救助の活動を確保するため，だよね。形式的に条文の要件を満たしていたとしても，実質的に条文の制度趣旨に反する，という議論はできない？」

　形式的に条文を守っているかだけでなく，実質的に条文の制度趣旨に反しないかを見ていくのか。確かに，それが法律家のリーガルな論証作法かもしれない。
「B県建築安全条例4条2項の制度趣旨に照らせば救急車や消防車がいつでも通れるように，本件道路の入り口についても6メートル以上の通行幅を確保しておくべき接道義務があり，本問では接道義務違反があると主張できそうです」
「だね。だけど，言い分②は，消防車等は幅員3メートルもあれば通行することができ，敷地前について幅員6メートル以上長さ10メートル以上の道路でスペースを作っておけば消火活動のスペースは確保されているので同条例4条2項の接道義務の目的は果たされる，という反論が成立した場合には潰れてしまうね。ここで言い分③が効いてくるわけだけど，言い分③を同じように制度

趣旨との関係で検討すると，どうなる？」
「言い分③によれば，L神社に連絡がとれないときには，消防車等がまったく通れない可能性が出てきますので，同条例4条2項の制度趣旨に反すると主張できます」
「そう，接道義務違反の主張はそんなところだね。次は，手続的違法事由。本件紛争予防条例に定める説明会の開催義務違反については，勝つ見込みはありそう？」
「Fらは，本件紛争予防条例に基づく説明会が『情報の開示が不十分で，住民に質問の機会を与えず，一方的に終了を宣言するなど，形ばかりのもの』だと主張しています。これが本当なら，本件紛争予防条例6条1項違反の手続的瑕疵を主張できる可能性があります」
　シエルさんは，長い溜息をつく。
「本件訴訟の訴訟物は？」
　なんで，ここで訴訟物が出てくるんだろう……。
「本件確認の取消訴訟の訴訟物は，本件確認の処分の違法性一般です」
「その意味，本当に，わかってるのかなぁ。取消訴訟は形成訴訟の一種で，民事訴訟法の旧訴訟物理論によれば形成訴訟の訴訟物は，実体法上の形成要件だよね。行政訴訟の場合には，離婚訴訟（民法770条）のみたいに個々の形成要件が定められているわけではないけど，処分の根拠法規となる処分要件の不充足そのものが形成要件と考えられる[*2]。だから，取消訴訟の訴訟物は，処分の違法性一般，なの。本件確認の処分要件は何条に規定されて，どんな処分要件が要求されているの？」
「法6条1項で……建築基準関係規定適合性が処分要件です」
「B県建築安全条例は建築基準法の委任条例だから建築基準関係規定の一部を形成する処分要件だけど，本件紛争予防条例は自主条例だから建築基準関係規定の一部にならない——つまり本件確認の処分要件じゃないよね。だから，仮に紛争予防条例違反があったとしても，本件確認の処分要件の不充足を主張することにならない。要は，訴訟物の外の主張になっちゃうんだよね[*3]」
　確かに，本案の審理範囲は，まず訴訟物で区切られ，その次に，行訴法10条1項の主張制限でも区切られるんだった。本問では行訴法10条1項の主張

第8話　記憶の解放

制限も問題になるが，それだけではなく訴訟物による本案審理の限界も聞いており，大きく本案審理の範囲を理解しているかも問うているわけか。
「行政手続法上の公聴会開催義務違反については？」
　シエルさんの暴風雨並みの思考の嵐に置いてけぼりそうになりながら，なんとか僕はしがみつく。
「行手法10条は，『行政庁は，申請に対する処分であって，申請者以外の者の利害を考慮すべきことが当該法令において許認可等の要件とされているものを行う場合には，必要に応じ，公聴会の開催その他の適当な方法により当該申請者以外の者の意見を聴く機会を設けるよう努めなければならない』と規定しています。建築主事Eはこれを行っていないので，行手法10条違反があります。ただ，努力義務違反ですので，これは本件確認の違法事由にはなりません」
「もっと条文に即して検討してよ。条文よく読んだ？　まず，Fらが『申請者以外の者の利害を考慮すべきことが当該法令において許認可等の要件とされているもの』かが問題になるよね。原告適格に関する法律上保護された利益説（処分要件説）は，処分要件の解釈としてFらの利益が保護されたものかをテストするものだったね。そうすると，Fらのうち原告適格を肯定された者に関しては，その者の『利害を考慮すべきことが当該法令において許認可等の要件』とされていると言い得る。でも行手法10条は，『必要に応じ』として公聴会等の開催の有無を行政庁の広範な裁量に委ねていて，『公聴会の開催』だけではなく意見書受付等の『その他の適当な方法』等の裁量による多様な実施方法を認めている。法6条1項の建築確認処分って建築基準関係規定適合性が客観的に認められたら出さなきゃいけないものだから，公聴会による意見聴取の必要性は低く，『必要に応じ』て行政庁が公聴会を開催しないことも許されるケースと言えるかもしれないよね？　こういう様々な要件該当性の難題をすべてクリアして，やっと努力義務違反が問えるに過ぎないってこと。簡単に『行手法10条違反あるけど，努力義務だからオッケー』なんて書けないんだよ。努力義務であったとしても，意見聴取を怠ることの考慮義務違反により違法となる余地を認める見解もあるしね」
　努力義務に過ぎないから違反しても良い，というある種の開き直りをすれば良いってもんでもないんだな。

「さて，手続的違法事由は成り立ちがたいことがわかったわけだから，実際上は接道義務違反と出入口規制違反の実体的違法事由が検討事項なわけだけど，このうちFが主張できる違法事由は？」

これは簡単だ。

「行訴法10条1項により，『自己の法律上の利益に関係のない違法』について主張制限がかかります。F・Gとの関係では接道義務違反，Hとの関係では出入口規制違反が主として問題になりますよね。ですから，Fとの関係では接道義務違反のみが主張できます」

「結論としてはそれでいいけど，理屈をもう少し理解しておいたほうがいいね。『自己の法律上の利益に関係のない違法』とは，原告の権利利益を保護する趣旨ではない法規に違反したに過ぎない違法のことを言うんだけど[*8]，処分の本来的効果として原告の権利利益が侵害される場合（侵害処分の名宛人等が取消訴訟を提起する場合）と処分の本来的効果によっては原告の権利利益が侵害されない場合（第三者が取消訴訟を提起する場合）は分けて把握しておいたほうがいい[*9]。侵害処分の名宛人等の場合には，処分要件をすべて満たして初めて名宛人の権利利益制限が許容されると考えるべきだから，専ら第三者の利益のみを保護する規定でもない限り，あらゆる処分要件違反を主張できる[*10]。これに対して，第三者による取消訴訟の場合には，第三者の原告適格を基礎付ける規定以外の処分の根拠規定は当該第三者の権利利益を保護する趣旨と解することができないので，主張制限にかかると考えられているね[*11]。新潟空港事件（判例8-1）も明確に基準は示していないけど比較的に厳しく主張を制限している。これに即して本問を検討すると，本問は第三者による取消訴訟のケースで，Fの原告適格を基礎付けているのは接道義務であって，出入口規制ではないので，Fとしては接道義務違反だけが主張できるということになる。こういう風に裁判実務は原告適格と主張制限の範囲を同一に解して主張制限を厳しく判断する傾向にあるけど，学説では主張制限緩和論も根強いね。主張制限緩和論は，①行訴法9条1項と異なり，同法10条1項は自己の法律上の利益に『関係のない』違法と規定しており，文言からして主張制限を受けるのはより狭い範囲の違法と考えるべきこと，②訴訟要件を定めた同法9条1項と本案の主張制限を定めた同法10条1項では性質が異なること，③第三者であったとしても原則として処

第 8 話　記憶の解放

分要件が充足されて初めて不利益を受忍しなければならないのであって，この意味で処分の名宛人と違いはないこと等を理由に挙げることが多いね。どの程度主張制限を緩和するかも見解が分かれうるところだけど，さしあたり上記理由を挙げてFに出入口規制違反の主張を認めることもありうるかもね。本問はこんなとこかな」[*12]

　ふー，平成21年の問題検討もこれでやっと終わりか。

　それにしても，最後までシエルさんは不機嫌そうだったな。やっぱり疲れが出ているのかな。

「これで平成21年の問題検討も無事に終わりですね。シエルさんもお疲れでしょう。そろそろ，下のほうへ降りません？　……シエルさん？　ぐっ……」

　俯くシエルさんに近づくと，奈落の底から這いだした青白いゾンビの手がごとく，彼女は僕の首を右手一本で締め上げ，持ち上げる。

　僕の意識は一瞬でホワイトアウトしかける。

　だが，僕も，伊達に修羅場を潜り抜けてきたわけではない。左肘で，僕の首根っこを掴むシエルさんの右腕を叩き落とし，距離をとる。

「シエルさん！？」

「――余の名を呼ぶは，キサマか」

　シエルさんが，そう発語しただけで，重戦闘機のようなプレッシャーが周囲を圧倒する。

　周りにいた数名の参拝客は，シエルさんのその一言だけで，意識を失い崩れ落ちる。僕は，霞む意識を何とか掻き集めて，自我を保つ。僕は，辛うじて片目だけを開けて，シエルさんのほうを見る。

「ほう。余の前で，意識を保っていられるとはな。なるほど，キサマか。余の〈記憶〉を呼び覚ましたのは」

　僕は，異形の者へと変わり果てたシエルさんの姿を，ただ茫然と眺めるしかなかった。

📖 平成21年司法試験公法系第2問　解答例

第1　設問1

1　本件建築物の建築を阻止するためには，本件確認の処分取消訴訟（行訴法3条2項）を提起した上で，本件確認の取消訴訟を提起しただけではその効力は停止しないので（同法25条1項），併せて執行停止の申立て（同2項本文）をすることが考えられる。執行停止に関しては，本件確認の効力そのものを停止しなければ目的達成ができないので，「効力の停止」の申立てとなる（同法25条2項但書）。
2　取消訴訟に関しては，F～Iの原告適格の有無が問題となる。取消訴訟の原告適格を規定する行訴法9条1項の「法律上の利益を有する者」とは，当該処分により自己の権利若しくは法律上保護された利益を侵害され，又は必然的に侵害されるおそれのある者をいい，当該処分を定めた行政法規が，不特定多数者の具体的利益を専ら一般的公益の中に吸収解消させるにとどめず，それが帰属する個々人の個別的利益としてもこれを保護すべきものとする趣旨を含むと解される場合には，このような利益もここにいう法律上保護された利益に該当し，法律上保護された利益の有無を判断するに当たっては，同法9条2項に列挙された考慮要素を勘案すべきである。この判断枠組みにより，以下ではF～Iの原告適格を検討する。

　処分根拠法規の建築基準法（以下「法」という。）6条1項は，確認処分の対象となる建築物の周辺住民の個別的な生命・身体・財産を保護する「趣旨及び目的」（行訴法9条2項）を有する。すなわち，法6条1項の「建築基準関係規定」には，法21条（大規模の建築物の主要構造部），52条（容積率），55条，56条（建築物の各部分の高さ）が含まれるところ，法1条が「国民の生命，健康及び財産の保護」の目的を掲げていることを併せ考慮すれば，これらの規定は建築物の火災等による損壊を防止し国民の生命・身体・財産の利益を保護する趣旨を含む。また，法6条1項・法43条2項・B県建築安全条例4条1項・2項により，本件建築物には，幅員6メートル以上の道路に10メートル以上接道していなければならないという接道義務が課されており，この接道義務の「趣旨及び目的」も，法1条を併せ考慮すると，火災等が起きた場合の避難，消火や救助の活動を確保するためものであって，周辺住民の生命・身体・財産を保護する点にある。また「利益の内容及び性質」（同9条2項）の点をみると，高さ30メートルの本件建築物が倒壊すれば，本件土地から10メートルの地点の居住者Fの生命・身体の利益及びFの住むマンションの所有者Gの財産権は，いずれも高度の蓋然性をもって重大な被害を受ける。よって，F及びGの原告適格は認められる。他方で，500メートル離れた場所に住んでいるHとIの原告適格はこの観点から原告適格を肯定できない。

また、法6条1項・B県建築安全条例27条4号は、「児童公園……その他これらに類するものの出入口から20メートル以内の道路」の建築を規制しており、この「趣旨及び目的」は児童等の交通弱者の生命・身体の利益を保護する趣旨を含む。Hは「その他これらに類するもの」に該当しうる本件児童室に通っており、その「利益の内容及び性質」は生命・身体という優越的な法益である。よって、Hの原告適格は肯定できる。他方で、同号はHの親であるIの心情までを保護する趣旨は含まず、このような主観的・精神的利益は「利益の内容及び性質」の観点からも要保護性が低いので、Iの原告適格は肯定できない。

3　次に、本件確認の執行停止の要件を検討する。本件建築物の建築等の工事が完了すると、取消訴訟の訴えの利益が失われる結果、取消訴訟は不適法却下となり、取消訴訟の目的の本件建築物の倒壊、炎上等による損害防止が図れなくなる。そのため、本件処分の執行停止をしなければ、F・Hの生命、身体の安全という回復困難で、要保護性の高い法益やGの建物所有権が侵害される可能性があるので、「重大な損害」（同2項）の要件を満たす。建築工事が急ピッチで進み、取消訴訟の訴えの利益の喪失が間近いことから、「緊急の必要」（同2項）があり、私人によるマンション建築を止めるだけなので「公共の福祉に重大な影響」もなく、設問2のとおり「本案について理由がない」とはいえない（同4項）。よって、執行停止は認められる。

第2　設問2

1　本件建築物には法6条1項・法43条2項・B県建築安全条例4条1項・2項の定める接道義務違反があり、本件確認は「建築基準関係規定」の適合性という処分要件を欠く違法なものである、との主張が考えられる。確かに、接道義務の内容は、幅員6メートルの道路に、長さ10メートル以上接していなければならないというものであって、本件土地は、幅員6メートルの道路に約30メートルにわたって接しているので接道義務は形式的には遵守されている。また、Fらは、本件建築物のような大きなマンションを建築する場合にはこの程度の道路では道路幅が不十分であると主張するが、これは一種の立法論であって本件確認の違法事由とはなりにくい。しかし、幅員6メートル以上の接道義務を課している趣旨は、火災等が起きた場合に避難、消火や救助の活動を確保するためであり、本件道路が公道に接する部分についても消防車や救急車の通行のために幅員6メートルを確保しなければならないと解する余地がある。したがって、本問では、当該部分の道路幅が3メートル弱しかないので接道義務違反となりうる。

また仮に，公道に接する部分は３メートルもあれば消防車や救急車が進入可能であって接道義務に反しないと解されたとしても，遮断機が下りた状態では車の通行が不可能であり，遮断機の横にインターホンが設置され，非常時には遮断機の設置者であるＬ神社の事務所に連絡して遮断機を上げることができるが，常に連絡が取れるかは不明であって，緊急時に消防車や救急車がまったく通行できない事態もありうるのであって，やはり法が接道義務を課した趣旨に反する。よって，本件確認は違法である。
2　本件建築物には，出入口規制（法６条１項・Ｂ県建築安全条例27条４号）違反があり，本件確認は「建築基準関係規定」の適合性という処分要件を欠く違法なものである，との主張が想定しうる。本件児童室は本件図書館内にあり，一般の利用者は誰でも内部の出入口で自由に行き来できる上に，児童用の座席も10人分に過ぎないことから，本件児童室は本件図書館の一部であって，「その他これらに類するもの」に該当しないとの見解も成り立ちうる。しかし，出入口規制は児童等の交通弱者を保護する趣旨であって，本件児童室は，児童用の座席，児童用のサンダル，幼児の遊び場コーナーなどがある上に，本件図書館の出入口とは別に専用出入口があるので，児童等の交通弱者の生命・身体の利益を保護する必要性がある。よって，本件児童室は，「その他これらに類するもの」に該当するので，本件確認は違法である。
3　Ｆらは，「形ばかり」の説明会について本件紛争予防条例６条１項違反を主張することが考えられる。本件建築物は高さ30メートルであって「中高層建築物」（同２条１号）に該当し，Ｆ・Ｇは「近隣関係住民」（同４号イ）に該当するので，Ｆらの求めがあれば説明会開催義務が生じる。しかし，説明会では「建築に係る計画の内容」の説明が求められているのみであり，情報開示が不十分で，質問の機会がなく，一方的に終了宣言をしたとの事情だけで同説明義務を果たさなかったとは言い難い。仮に説明義務違反があったとしても，本件紛争予防条例は自主条例であって，「建築基準関係規定」（法６条１項）に含まれないので，本件確認の違法性を基礎づけない。
　　　また，公聴会開催義務（行手法10条）の点に関しては，Ｆ・Ｇ・Ｈの原告適格が肯定されるため，本件処分は「申請者以外の者の利害を考慮すべきことが当該法令において許認可等の要件とされているもの」に該当するものの，「必要に応じ」た裁量性が認められるので，義務違反は必ずしもない。仮に義務違反があっても努力義務違反に過ぎないので，本件確認の違法事由にならない。
4　以上から，本件確認には接道義務違反，出入口規制違反の違法があるが，

第 8 話　記憶の解放

> Fが主張しうるのは自己の原告適格を基礎づける理由となった接道義務違反のみである。行訴法10条1項は「自己の法律上の利益に関係のない違法」の主張を制限しており，凸入口規制はFの利益とは無関係だからである。
>
> 以上

* 1　問題と解説159頁〔角松生史執筆部分〕。
* 2　実務的研究142頁。
* 3　自主条例違反についても建築確認の裁量審査の中で違法事由として取り上げることも考え得るが，建築確認を定めた法 6 条の解釈として，このような解釈は認めがたい（橋本・基礎131-132頁）。
* 4　建築確認と公聴会の関係については，宇賀・行手法解説100頁。なお，行手法10条は原告適格を有する者のみならず，原告適格を有しない者との関係も念頭に置いているものと解されている（同101頁）。
* 5　行管・逐条行手法159頁，太田直史「第10条（公聴会の開催等）」コンメ I 132,134頁。
* 6　行管・逐条行手法159-160頁に努力義務違反を問われない 8 つの類型が記載されており，公聴会等の開催の要否を判断するための実務上の参考となる。
* 7　太田直史「第10条（公聴会の開催等）」コンメ I 132-133頁。
* 8　実務的研究189-190頁。
* 9　両者を分けた上で後者につき原告適格を基礎付ける規定以外の主張を制限する見解として，実務的研究189-193頁，長屋文裕「第10条　取消しの理由の制限」条解296頁以下。
* 10　実務的研究190-191頁。
* 11　実務的研究191-193頁。
* 12　主張制限緩和論の論拠については，野呂充「第10条（取消しの理由の制限）」コンメ II 158-162頁で詳細に整理されている。

第 9 話
記憶の秘密
——平成22年司法試験その1——
住民訴訟の4号請求／住民監査請求前置／住民訴訟における「住民」要件
／一般競争入札の趣旨／随意契約の許容性

第9話　記憶の秘密

　僕は霞む意識の中で，眼前に佇むシエルさんを見上げていた。
　一本かんざしが弾け飛び，シエルさんの長い髪が風の中で逆巻く。
　姿形が大きく変化したわけではないが，シエルさんは明らかに以前とは異なる異形の者と化していた。見た者の意識を遠のかせ気絶させるほどの圧倒的プレッシャーを身体中から放っている。人は自分より優れた人間を見ると，「こいつには絶対に敵わない」と思うことがある。今のシエルさんを見た者は，圧倒的な「格」の違いを強制的に認識させられてしまうのだろう。
　僕の胸に，嵐のようにいろいろな想いが去来する。畏怖，尊敬，憧憬，憤怒，諦め，怨み，悔しみ，後悔，憂い――そして，絶望。何十年もかけた夢が道半ばで手折られる感覚を一瞬で味わわされる。そんなことが，普通の人間に可能なのか。僕が今，なんとか意識を保っていられるのは，曲がりなりにもシエルさんとの行政法の議論を通じて，「シエルさん慣れ」していたからだろう。そうでなければ，シエルさんに見られただけで射すくめられ，気を失っていたに違いない。
「余は，シエル。この世のあらゆる知識を統べる者なり」
　シエルさんのその台詞だけで，僕はこれまでのすべての経緯に納得がいってしまった。おそらく，シエルさんの封印されていた〈記憶〉というのは，この世に存在するあらゆる〈知識〉のことなのだ。もしこの世のあらゆる〈知識〉を持つ者が現れたら，それだけで〈世界の均衡〉は崩される。原爆，化学兵器，ロボット等の物理的な戦争の道具を自由に生み出せる存在というだけでも恐ろしいが，おそらくシエルさん1人いれば世界全部を相手にサイバー戦争をしかけて世界を滅ぼせるに違いない。各国が多少の無理をしてでも密偵を送り，シエルさんの身柄を狙ってくるのも当たり前といえば当たり前の話だ。シエルさんの〈記憶〉とは，人間が手を出してはいけない知恵の実だったのだ。
「久々のシャバで，気分が良いのぉ。どれ，ちょっくら世界を相手に遊んでくるか」
「――待て」
　僕は，頭の中のモヤモヤを気合いで振り払い，立ち上がって，去ろうとするシエルさんを引き留める。シエルさんは，不機嫌な王の顔で応える。
「私はおまえを生かしてやると言っているのだ。去れ」

「そんな簡単な問題じゃないんですよね。そんな簡単な問題じゃあ，ないんです。僕は，シエルさんと約束したんですよ。シエルさんが，行政法が好きなことを覚えておく，ってね。あなた，本当にシエルさんなんですか？　行政法好きなんですか？」

「何をいまさら。くだらん。あの〈行政法好きのシエル〉という人格は，我が一族が，余に対して施した〈知識〉の封印催眠が不十分だったために残ってしまった，いわば余の残りカスに過ぎん。余こそがシエル。あれはただの仮初に過ぎない。我が一族の封印催眠が不十分だったおかげで，それが鍵となって余が復活できたのは，幸運だったがな」

　僕は，シエルさんの言葉を聞いて，イライラしてきた。

　僕とシエルさんは，会ったばかりだけど，彼女が仮初だったなんてことはない。彼女は間違いなくこの世を生きていた。行政法が好きだった。

「僕は，シエルさんから……彼女から行政法のいろいろなことを教わりました。行政法以外のいろいろなことも一緒に経験しました。短い時間でしたが，僕にとっては大切な時間です。たとえシエルさんであったとしても，シエルさんを侮辱することは，僕が，許しません」

　シエルさんの姿が蜃気楼のように揺らぐと，次の瞬間，シエルさんの小さな掌が僕の顎を強靭な力でつかんでいた。物凄い握力に，僕の顎の骨がきゅるきゅると軋む。

「小僧——そこまでほざくならば，覚悟はあるのだろうな。死ぬ覚悟が。ん？　覚悟はあるのか？」

「……そ，それで，シエルさんを，取り戻せるのなら。その可能性があるなら」

「その意気やよし。ならば，キサマがシエルとやらから教わった力を見せてみろ。平成22年の公法系第2問は覚えているな？」

📖 平成22年司法試験公法系第2問

　A村は，人口が昭和30年には約5000人であったが，年々減少し，平成20年には約2400人にまで落ち込んでいる。その間，過疎地域の指定も受け，村の財政は極めて厳しい状況が続いている。こうした状況下で，A村は，人口減少

第9話　記憶の秘密

対策・過疎対策として，A村の保有する土地（10区画）（以下「本件土地」という。）を，希望者を募って平成21年4月20日に売却した。本件土地は，近隣市の中心部まで自動車で30分程度の通勤圏に位置している。前年にもA村は売却を試みたが，相場並みに価格を定めたところ，1区画に応募があったのみであり，この1区画についても契約の締結に至らなかった。そこで今回は，下限の価格を定めずに，「分譲価格と条件は購入希望者と直接相談させていただきます」という内容を記載した村民向けチラシ，近隣市町村における折り込みチラシ，新聞広告，現地看板などにより広報を行い，10区画すべてをそのとおりに売却した。成約価格は結果として，最も高い区画で560万円，最も安い区画で400万円，全区画の売却価格の総額は4800万円であった。購入者の中には，側溝部分など，一部の土地対価について支払を免除された者も多数存在する。また，購入者の中には，A村の部長の弟や売却担当部局職員の妻も含まれていた。さらに，村内の利便性を欠く地区に住む者による買換えが，複数見られた。

　ある週刊誌に，本件土地の売買に疑惑があるとする記事が掲載されたことを契機として，村民B及びCは，平成22年3月19日に地方自治法第242条による住民監査請求を行った。B及びCは，本件土地は慎重に時間を掛ければより高価で売却できる物件であったにもかかわらず，性急に破格の安値で売却した村長Eの措置は，村の財政を悪化させ，村の財産を無駄遣いするものであり，また，このような財産の処分のために必要な議会の議決を欠くことのほか，本件土地の売買は村関係者の身内に便宜を図るものであり，売却の方式や相手方の選定に関して公正を欠くことを主張した。しかしA村の監査委員は，B及びCの請求には理由がないと判断し，その旨を同年4月23日にB及びCに通知した。そこでB及びCは，Eによる本件土地の売買契約の締結によって，A村が売却価格と時価との差額分（約3200万円）の損害を被ったとして，Eに損害賠償を求めるための住民訴訟を提起しようとしている。このうちCは，同年5月1日にA村から転出しており，現在は他の市に住んでいる。また，村民Dは，住民監査請求を行っていないが，B及びCが提起を検討している住民訴訟に原告として加わろうとしている。

　他方，A村議会の議員の一部は，Eは，平成19年に村長に就任して以来，厳しい環境の中でA村の財政再建に貢献してきた功労者であるし，必ずしも裕福ではないことから，村がEに損害賠償を請求するのは適切でないと主張して，B，C及びDの3名（以下「Bら」という。）の動きに反発している。これらの

議員は，Ｂらの請求を認容する一審判決が出された場合には，控訴した上で，Ｅに対する村の損害賠償請求権を放棄する議会の議決を行うことを検討し始めている。Ａ村はこれまで行政訴訟を提起された経験がないことから，Ｅは，急きょ，そうした訟務に詳しい顧問弁護士Ｆと同村の総務課職員Ｇ，Ｈ及びＩとで，対応策を検討する会議（以下「検討会議」という。）を平成22年５月６日に開催することとした。検討会議の中では，職員から様々な疑問，質問，課題が提示されたため，弁護士Ｆが，その整理・検討を任されることとなった。

【資料１　検討会議の会議録】を読んだ上で，弁護士Ｆの立場に立って，以下の設問に答えなさい。

なお，地方自治法施行令の抜粋を【資料２　関係法令】に，また関連する裁判例を【資料３　議会による請求権放棄に関する裁判例】に，それぞれ掲げるので，適宜参照しなさい。

〔設問１〕
　Ｂらが提起することが予想される住民訴訟を具体的に示して，これをＢらが適法に提起できるかどうかについて検討しなさい。

〔設問２〕
　Ｂらによる住民訴訟が適法とされる場合には，Ｅが本件土地の売買契約を締結したことの適法性が争点になると考えられる。この契約締結の適法性について，詳細に検討しなさい。

〔設問３〕
　Ｂらの請求を認容する一審判決が出されて，Ａ村議会が請求権を放棄する議決を行う場合を想定して，以下の小問に答えなさい。
(1)　【資料３】に挙げた二つの判決の間で，地方議会による請求権放棄の議決の適法性に関して考え方が分かれた点を説明しなさい。
(2)　その上で，これらの判決の考え方をそれぞれ当てはめた場合，本件で村議会議員が検討している請求権放棄の議決の適法性についてはどのように判断されることになるか検討して，自らの意見を述べなさい。

【資料１　検討会議の会議録】
　総務課長Ｇ：我が村は本当に小さな所で，これまで村を相手に村民が行政訴

第9話　記憶の秘密

　　　　　　　訟を起こした例など全くありませんでした。今回のBらの動きは
　　　　　　　驚きなのですが，聞くところでは，Bらは弁護士にも相談しなが
　　　　　　　ら訴訟の準備を進めているようですので，村としても，対応方針
　　　　　　　を立てておく必要があります。今日は，行政訴訟に通じた顧問弁
　　　　　　　護士のF先生にも出席いただきました。初回の会合ですので，こ
　　　　　　　の際，疑問に思っている点を率直に出してください。
職　　員　H：村の行った売買に，それとは関係のないBらが裁判を起こすこ
　　　　　　　となんてできないと考えていました。Bらは売買で損をしたわけ
　　　　　　　でもないし，一体どういった権利や利益を根拠にして訴えを起こ
　　　　　　　すつもりなのでしょうか。聞くところでは，住民訴訟という特別
　　　　　　　の制度があるようですが，それであれば利用できるのですか。
職　　員　I：住民訴訟という特別の制度があるとしても，だれでも無条件に
　　　　　　　住民訴訟を起こせるわけではないですよね。今回のBらは適法に
　　　　　　　住民訴訟を起こせるのですか。
職　　員　H：BやCの行った監査請求では，違法な契約によって村の土地が
　　　　　　　たたき売りされて，村が損をした点を問題にしているようですね。
　　　　　　　住民訴訟ではBらは4号請求で行く意向だといううわさです。
総務課長G：それは，地方自治法第242条の2第1項各号に挙げられた4つ
　　　　　　　の請求のうち，第4号に規定された請求をするという意味ですね。
　　　　　　　F先生の方で，Bらが今回の売却に対して，どういった訴えを起
　　　　　　　こしてくるのか，4号請求の具体的な内容を示してもらえると参
　　　　　　　考になります。その上で，Bらが提起する訴えが適法かを，B，
　　　　　　　C及びDのそれぞれについて検討していただけますか。
弁護士　F：分かりました。それでは，Bらが提起するであろう訴訟について，
　　　　　　　その具体的内容と適法性を記したペーパーを，早速用意いたしま
　　　　　　　す。
総務課長G：よろしくお願いします。次に，裁判になったとして，本件土地
　　　　　　　の売却のいかなる点が違法になるのか，この点の議論に移りたい
　　　　　　　と思います。本件土地の時価をどのように計算するかという問題
　　　　　　　もありますが，村としては，適正な対価を得て本件土地を売却し
　　　　　　　たと考えています。ですから，契約の締結には議会の議決は不要
　　　　　　　であるという立場です。しかし，この点について，Bらは争って
　　　　　　　いますので，F先生に御検討をお願いしたいと思います。

弁護士Ｆ：議会の議決というのは，地方自治法第96条第１項第６号，第237条第２項に規定された議決のことですね。このほか，第96条第１項第５号も議決を定めていますが，これは請負契約を念頭に置いた規定ですから，本件では考えなくてもよいでしょう。また，第８号の議決の要否については，Ｂらは今の段階では問題にしていませんので，差し当たり検討の対象から除くことにします。

総務課長Ｇ：これ以外に，契約締結の適法性に関して，遠慮なく，疑問点を出してください。

職　員　Ｈ：入札手続を採らなかった点など，契約の手続や内容に様々な違法があるとＢらは攻撃していますが，村としてはそのようには考えていません。週刊誌には，契約が不透明だと書かれたのですが，一体何が問題なのですか。

職　員　Ｉ：職員や議員の中では，過疎に悩む本村で採り得る政策として，やっとのことで買手を見付けて本件土地を売却したのは当然のことではないかとか，現に税収面でも貢献しているではないかという意見が圧倒的です。この売却の何が違法と言われるのか，理解に苦しむところです。

職　員　Ｈ：先日来，総務課でも，地方自治法第234条や同条第２項に基づく政令を検討し始めたのですが，今回の事案にどのように関連するのか，うまくまとめ切れていません。村がどのような手続によって，どのような内容の契約を締結するかは，当然に村長の裁量で決められると思うのですが。

総務課長Ｇ：契約締結の適法性に関する問題，特にＨ君が挙げていた条文の解釈が，最も重要な課題になりそうですね。まず，これらの法律や政令の規定のうち本件にかかわるものの趣旨を御説明いただけませんか。その上で，Ｂらが，本件土地の売買契約の締結のどういった点を違法だと主張してくるか，また，村の側では，契約締結を適法というためにどのような主張をすることが考えられるか，Ｆ先生の方で具体的に検討いただき，契約締結の適法性に関するＦ先生の御意見をお聞かせいただけますと助かります。契約締結の適法性は，何といっても村の職員にとって最も関心がある点ですので，できるだけ包括的に検討していただけませんか。

弁護士Ｆ：それでは，御質問の点について，次回の会合までに，ここは入

第9話 記憶の秘密

念に整理しておくこととします。

総務課長G：お願いいたします。それと，先日もお話ししましたが，議員の間では，Bらの動きに反発する意見が強いのです。週刊誌でたたかれた点が影響しているのかもしれません。

職　員　H：ベテラン議員の中には，どこかの会合で聞いてきたようなのですが，Bらが村長の損害賠償責任を裁判に訴えたとしても，さらに，それを認める判決が出されたとしても，控訴した上で，村の損害賠償請求権を放棄する議決を議会が行えば大丈夫だといった意見を説く者もいます。こうした主張が日増しに強くなっている状況です。議会は，こうした議決を適法に行うことが可能なのですか。この点は，議会事務局も心配しています。

職　員　I：議決というのは，地方自治法第96条第1項に規定されている議決のことですか。

弁護士F：ええ，その第10号ですね。地方議会による請求権放棄に関しては，これまで出された裁判例で，判断が分かれています。手元にある二つの判決【資料3】が，その例です。

総務課長G：村の請求権がどのような手続によって消滅するのかといった点も，議論する必要がありそうですが，今の段階では差し当たり，請求権を放棄する内容の議決を議会は適法に行うことができるのか，という点に絞って検討したいと思います。

職　員　H：それぞれの判決がよって立つ考え方の違いを整理していただけないでしょうか。特に，判決の中で「住民訴訟の制度が設けられた趣旨」といわれているのですが，住民訴訟の制度趣旨と議会による請求権放棄とは，どのように関連するのですか。

職　員　I：私が関心がありますのは，お話のあった二つの判決を本件の事案に当てはめた場合に，どういった判断が予想されるのかという点です。

総務課長G：いろいろと要望や質問が出ましたが，議決の適法性の問題に関しては，本村の議員にも説明する必要があると考えています。H君とI君も申しておりましたが，二つの判決がそれぞれどのような考え方に立っているのか，そしてそれぞれの判決によれば，今回の案件がどのように判断されるか，住民訴訟制度の趣旨を踏まえて分かりやすく整理していただき，本村議会の議員が検討して

　　　　　いる請求権放棄の議決の適法性について，F先生の御意見をお聞かせいただけませんか。
　弁護士F：了解しました。早速，両判決の分析を進めまして，課題について検討結果を送らせていただきます。
　総務課長G：お願いばかりで恐縮ですが，よろしくお願いいたします。他に質問がなければ，本日の会議は終了といたします。

【資料2　関係法令】
○　地方自治法施行令（昭和22年5月3日政令第16号）（抜粋）
（指名競争入札）
第167条　地方自治法第234条第2項の規定により指名競争入札によることができる場合は，次の各号に掲げる場合とする。
　一　工事又は製造の請負，物件の売買その他の契約でその性質又は目的が一般競争入札に適しないものをするとき。
　二　その性質又は目的により競争に加わるべき者の数が一般競争入札に付する必要がないと認められる程度に少数である契約をするとき。
　三　一般競争入札に付することが不利と認められるとき。
（随意契約）
第167条の2　地方自治法第234条第2項の規定により随意契約によることができる場合は，次に掲げる場合とする。
　一　売買，貸借，請負その他の契約でその予定価格（貸借の契約にあつては，予定賃貸借料の年額又は総額）が別表第五上欄（注：左欄）に掲げる契約の種類に応じ同表下欄（注：右欄）に定める額の範囲内において普通地方公共団体の規則で定める額を超えないものをするとき。
　二　不動産の買入れ又は借入れ，普通地方公共団体が必要とする物品の製造，修理，加工又は納入に使用させるため必要な物品の売払いその他の契約でその性質又は目的が競争入札に適しないものをするとき。
　三，四　（略）
　五　緊急の必要により競争入札に付することができないとき。
　六　競争入札に付することが不利と認められるとき。
　七　時価に比して著しく有利な価格で契約を締結することができる見込みのあるとき。
　八　競争入札に付し入札者がないとき，又は再度の入札に付し落札者がない

とき。
九　落札者が契約を締結しないとき。
2　前項第8号の規定により随意契約による場合は，契約保証金及び履行期限を除くほか，最初競争入札に付するときに定めた予定価格その他の条件を変更することができない。
3　第1項第9号の規定により随意契約による場合は，落札金額の制限内でこれを行うものとし，かつ，履行期限を除くほか，最初競争入札に付するときに定めた条件を変更することができない。
4　前二項の場合においては，予定価格又は落札金額を分割して計算することができるときに限り，当該価格又は金額の制限内で数人に分割して契約を締結することができる。
　（せり売り）
第167条の3　地方自治法第234条第2項の規定によりせり売りによることができる場合は，動産の売払いで当該契約の性質がせり売りに適しているものをする場合とする。

別表第五（第167条の2関係）

一　工事又は製造の請負	都道府県及び指定都市	250万円
	市町村（指定都市を除く。以下この表において同じ。）	130万円
二　財産の買入れ	都道府県及び指定都市	160万円
	市町村	80万円
三　物件の借入れ	都道府県及び指定都市	80万円
	市町村	40万円
四　財産の売払い	都道府県及び指定都市	50万円
	市町村	30万円
五　物件の貸付け		30万円
六　前各号に掲げるもの以外のもの	都道府県及び指定都市	100万円
	市町村	50万円

【資料3　議会による請求権放棄に関する裁判例】
○　適法とする判決：東京高等裁判所平成18年7月20日判決（抜粋）

「住民訴訟が提起されたからといって，住民の代表である地方公共団体の議会がその本来の権限に基づいて住民訴訟における個別的な請求に反した議決に出ることまで妨げられるべきものではない。本件は，(略)損害賠償請求権（注：長に対する地方公共団体の損害賠償請求権）の発生原因のいかんによって放棄の可否を定めた法令はなく，その放棄の可否は，住民の代表である議会が，損害賠償請求権の発生原因，賠償額，債務者の状況，放棄することによる影響・効果等を総合考慮した上で行う良識ある合理的判断にゆだねられているというほかないのであって，（略）甲町の住民の代表で構成される甲町議会は，本件議案について質疑，討論を行い，民主主義の原則にのっとり，多数決で本件損害賠償請求権を放棄する旨議決したのであるから，本件議決によって本件損害賠償請求権は消滅しており，そのことによって『法治主義に反する状態が続く』ことになるものでもない。」

○　違法とする判決：大阪高等裁判所平成21年11月27日判決（抜粋）
　「控訴人（注：乙市長）は，地自法（注：地方自治法）96条1項10号により，権利の放棄が議会の議決事項とされている以上，乙市議会がした本件権利の放棄の議決は当然有効であると主張する。しかし，（略）①（略），②控訴人は上記財務会計行為（注：乙市による乙市の外郭団体（以下「本件各団体」という。）への補助金等の支出）は適法であるとして争っていたところ，原審は，上記財務会計行為の一部は違法であると認定し，乙市の本件各団体に対する不当利得返還請求権，乙市長に対する損害賠償請求権をそれぞれ一部認めたこと（本件権利），③控訴人は，この判決に対して控訴し，控訴審において引き続き上記財務会計上の行為は適法であると主張して争ったところ，当裁判所は平成21年1月21日弁論を終結し，判決言渡期日を同年3月18日と指定したこと，④控訴人は，平成21年2月20日，本件権利の放棄を含む（略）条例を提出し，議会は後記のとおり合理的な理由もないまま本件権利を放棄する旨の決議をなしたこと，⑤控訴人は，平成21年3月4日，弁論再開の申立てをし，当裁判所は，同月11日弁論を再開する旨の決定をしたこと，⑥本件権利は，乙市の執行機関（市長）が行った違法な財務会計上の行為によって乙市が取得した多額の不当利得返還請求権ないし損害賠償請求権であり，この権利の放棄が乙市の財政に与える影響は極めて大きいと考えられること，⑦議会は，上記権利を放棄する旨の決議をした際，本件と同種の事案（略）等についても，不当利得返還請求権及び損害賠償請求権をいずれも放棄する旨の決議をしたこと，⑧本

件権利及び上記⑦の権利を放棄するについて，請求を受けることとなる者の資力等の個別的・具体的な事情について検討された形跡は窺えないことが認められる。

（略）住民訴訟の制度が設けられた趣旨，一審で控訴人が敗訴し，これに対する控訴審の判決が予定されていた直前に本件権利の放棄がなされたこと，本件権利の内容・認容額，同種の事件を含めて不当利得返還請求権及び損害賠償請求権を放棄する旨の決議の乙市の財政に対する影響の大きさ，議会が本件権利を放棄する旨の決議をする合理的な理由はなく，放棄の相手方の個別的・具体的な事情の検討もなされていないこと等の事情に照らせば，本件権利を放棄する議会の決議は，地方公共団体の執行機関（市長）が行った違法な財務会計上の行為を放置し，損害の回復を含め，その是正の機会を放棄するに等しく，また，本件住民訴訟を無に帰せしめるものであって，地自法に定める住民訴訟の制度を根底から否定するものといわざるを得ず，上記議会の本件権利を放棄する旨の決議は，議決権の濫用に当たり，その効力を有しないものというべきである。」

「設問1からいこうか。Bらが提起することが予想される住民訴訟の具体的内容を答えてみろ」

「Bらは，『普通地方公共団体の長』である村長Eが『違法』な『財産の……処分』又は『契約の締結』をした行為について，A村の『執行機関』であるEを被告として，A村がEに対して有する損害賠償請求権の行使をすることを求める義務付け訴訟（地自法242条の2第1項4号）を提起することが予想されます」

シエルさんは，ちょっとだけ目を輝かせる。

「地自法242条の2第1項4号但書には，『ただし，当該職員又は当該行為若しくは怠る事実に係る相手方が第243条の2第3項の規定による賠償の命令の対象となる者である場合にあつては，当該賠償の命令をすることを求める請求』を求めよとあるが，本件はこの賠償命令の義務付け訴訟を提起すべきではないのか？」

「Eは村長であって，会計管理者等（地自法243条の2第3項・同1項）ではないので，賠償命令の対象にはなりません」

「そんなに簡単に答えられる問題か？　確かに地自法243条の2第1項前段に

普通地方公共団体の長が該当しないのは、文言上明らかだが、地自法243条の2第1項後段によれば、支出負担行為（同1号）や支出命令（同2号・232条の4第1項）の権限を有する『職員』について賠償命令を出し得る。そして、普通地方公共団体の長は、予算の調製権及び執行権があるので（地自法149条2号）、これらの権限を有することは明白だな。そうすると、村長であるEについても賠償命令が可能ということにならないか？」*1

確かに、シエルさんの言うとおり、条文を見ているだけでは、地方公共団体の長が賠償命令の対象になるかどうかは確定できないように思える。こうなってくると、本件で問題となっているのは賠償命令の義務付けなのか、民法上の不法行為請求権の行使の義務付けなのかがわからなくなってくる。

僕が少しの間、逡巡していると、シエルさんは鼻を鳴らす。
「キサマは、市川市接待訴訟（判例9-1）も知らんのか。この判決によれば、地方公共団体の長は、条例、予算その他の事務に関する誠実な管理執行義務（地自法138条の2）等の職責を有していることから、その職責に鑑みて賠償命令の対象とはせず、民法により賠償責任の有無を判断すべきとされている。賠償命令なら故意・重過失がなければ責任が発生しないが、民法上の不法行為なら故意・過失だけで賠償責任が発生するがゆえに、長の責任は重いからな。平成14年に4号請求に関しては大幅な改正がされたが、賠償命令制度は改正されていないので、この市川市接待訴訟の法理は現行法でも妥当すると解されている*2。このようなことが確認されて初めて、キサマの法律構成で良いことになるな。しかし、キサマが当初述べた内容だと、損害賠償請求権の内容がまだ不明確だな。行使を義務付ける損害賠償の損害額を3200万円と明示するほうが美しいな*3」

自分ではかなり上出来の解答を示したつもりだったが、住民訴訟の具体的内容だけでも色々と配慮しなければならないことがあるものだ。冷や汗が出てくる。

「ふん。まーギリギリ及第点としておこう。設問1の続きへ移ろう。B、C、Dは、当該訴訟を適法に提起できるのか？」
「まず、BはA村の『住民』（地自法242条の2第1項柱書）であり、自ら住民監査請求を行っていることから住民監査請求前置の要件（同第1項柱書・242条1項）

も満たします。したがって，Bは，適法に当該訴訟を提起できます」
　シエルさんは，軽蔑したかのような目をしながら，首を大袈裟に横に振る。
「Bは常に適法に当該訴訟を提起できるわけではないな。監査結果の通知を受けた平成22年4月23日から30日以内（地自法242条の2第2項1号）の出訴期間を遵守すれば，当該訴訟を適法に提起できる，という留保付きの解答しかできんだろ」
　言われてみればそうだが，普通はそこまで気が回らない。
「Cは？」
「Cは自ら住民監査請求を行っていることから住民監査請求前置の要件を満たしていますが，『住民』といえるかが微妙ですね。当初はA村の村民でしたが，現在はA村から転出してしまっていますので」
　シエルさんはギリギリと歯ぎしりをする。
「微妙という答え方はなんだ？　時系列的に考えれば，提訴時から口頭弁論終結時までのどの段階で『住民』要件を満たしているかが問題だが，住民訴訟は住民である者に特に出訴資格を認めた客観訴訟であることに照らせば，原則として訴え提起時から口頭弁論終結時まで住民要件は一貫して要求され，訴えの最中に『住民』でなくなれば却下判決を下すべきことになるだろう（判例9-2）。Dは？」
「DはCと逆で，『住民』要件は満たしていますけど，住民監査請求前置要件を満たしていない，という者です。ただ，BとCが既に同じ事件について住民監査請求を行っているわけですから，A村には同一事案について既に一度自ら再検討する機会が与えられているので，住民監査請求前置要件は不問にしてもいいのではないかと考えます」
「ふん。そこは議論がありうるが，さしあたりは住民訴訟が客観訴訟であって特に出訴資格を定めた者にのみ出訴を認める制度であることを強調して，住民監査請求を前置していなければ出訴を制度的に認めることはできないと考えておけばいいな。裁判例・通説も結論としては，そう考える。設問1は実につまらないな。さっさと設問2へいくぞ。設問2は，本件土地の売買契約締結の適法性だな。①本件契約は随意契約（地自法234条1項，同2項）に該当するが，随意契約の要件（同2項・地方自治法施行令167条の2第1項）を充足しておらず

違反ではないか，②『適正な対価』（地自法96条1項6号・237条2項）のない譲渡であるにもかかわらず議会の議決をしていないのは違法ではないか，の2点を検討する必要がある。検討にあたっては，村側の適法論と住民側の違法論を整理した上で，自己の見解をとりまとめる必要があるな。まずは，争点①について，違法論を論じてみせよ」

　設問1はいわば知識の確認だったので見逃してもらえたが，ここからのミスは文字通り命取りになりそうだ。

「地自法234条1項・2項が一般競争入札を原則としている趣旨は，機会均等，公正性，透明性，経済性（価格の有利性）を確保する点にあります（指名競争入札村外業者排除事件・判例9-3）。本問では，チラシ，新聞広告，看板等による広報を行ってはいるもののA村の部長の弟や売却担当部局職員の妻を本件契約の相手方として選択しており，これは機会均等や公正性の理念に反します。また下限価格を定めずに価格を個別交渉している点は透明性の理念に反します。さらに，販売価格は相場よりも3200万円も安く，一部土地対価につき支払免除があるなど経済性の理念からも妥当ではありません。したがって，地自法234条1項・2項が一般競争入札を原則としている趣旨に違反して本件契約は違法であると主張します」

「よかろう。では余からは適法論を主張しよう。本件契約は地方自治法施行令167条の2第1項2号の『その性質又は目的が競争入札に適しないものをするとき』の要件に該当するので，随意契約の要件を満たし適法であると主張する。一般競争入札による競争原理に基づき契約の相手方を選択するのが適当でなく，経済性を犠牲にしたとしても，当該契約の性質又は目的を究極的に達成する上で随意契約によるほうが妥当な場合があり，このような場合に該当するか否かは地方公共団体の契約担当者の合理的裁量が働く（福江市ゴミ処理場請負契約事件・判例9-4）。前年に相場並みの価格で売却を試みたが1件も契約締結に至らなかった事情からすれば，競争原理に任せずに随意契約で個別に契約の相手方及び契約価格を決定する合理的理由がある。そうすると，契約の相手方やら個別交渉やら一部免除やらの問題はあったとしても，結果として10区画を売却して人口減少対策・過疎対策の目的を増進したのであるから適法だな」

　意外とざっくりした解答だ。多少は攻められるか？

第9話　記憶の秘密

「仮に随意契約の締結に合理的裁量が働いたとしても，村内の住民の買い替えの場合に当該住民に本件土地を売却することは人口減少対策・過疎対策にはならないので，目的に照らした合理的裁量の行使とはいえないんじゃないですか。それにA村関係者の身内への売却も，人口減少対策・過疎対策ではなく，むしろ身内を利得させる違法・不当な目的でなされていて，裁量権の逸脱・濫用だと思います」

「そのへんは自己の見解で論じれば深みが出るな。ただキサマは『身内や住民に売ったから人口減少対策・過疎対策にならない』とほざくが，本当にそうか？

　むろん他の市町村から住民を獲得することも大事だが，住民が他の市町村に流出しないようにすることも立派な人口減少対策・過疎対策ではないか。実際，昭和30年から平成20年にかけてA村の人口は半減し，他に流出してしまったのが問題とされていたな。だから，少なくとも，そういう風に判断する合理的裁量があるな」

　なるほど。そうすると，身内に売ったことの違法・不当な目的違反による裁量権逸脱・濫用まで認定できるかがキーってことか。って納得している場合じゃない……。

「設問2の前半は，余の勝利だな。キサマ，自分の命がかかっていること，本当にわかっているんだろうな」

　シエルさんは，凶悪そうに歯を見せて，笑ってみせた。

ラミ先生の　ワンポイントアドバイス⑤　個別行政法の重要性

　日本には「行政法」という名前の法律はなく，「行政法」に属する1900本にも及ぶ個別の法律，つまり個別行政法が存在するだけなのは知っているな。学問としての行政法は，これらの個別行政法の共通の原理原則を探求する試みであり，「立法の指導原理」や「法律の解釈指針」を提供する機能を有する[*8]。それゆえに，学問としての行政法は極めて抽象度の高いものになっているのだな。

　一方で，現実に裁判において解釈対象になるのは個別行政法そのものであり，司法試験においても必ず個別行政法を題材として出題がなされるの

は知ってのとおりだ。過去の司法試験を見てみると，建築基準法，出入国管理及び難民認定法，介護保険法，地方自治法，モーターボート競走法，都市計画法，土地区画整理法などの個別行政法の解釈が問題となっているな。

　そのため，実務や試験では抽象的な「行政法」を用いながら，「個別行政法」の解釈適用を行う必要があり，このへんに行政法の難しさがあるな。[*9] とりわけ司法試験との関係では，訴訟要件論・本案論と個別行政法の関わり方を認識しておかなければならん。[*10] たとえば，訴訟要件のうち処分性に関して，判例は行為の公権力性及び法律上の地位に対する影響の2要素により判定する立場に立っており，この2要素の判定において，決定的役割を果たすのが個別法の実定法解釈だな。[*11] すなわち，行為の公権力性の要件の判定は当該行為の根拠法規たる個別行政法の解釈の問題であり，[*12] 法律上の地位に対する影響の要件についても法令上導き出される必要がある，と解されている。[*13] 訴訟要件のうち原告適格についても，判例・通説は処分の根拠法規によって保護の対象とされた利益の帰属主体に原告適格を認める法律上保護された利益説を採用しており，基本的には原告適格を処分根拠法規の解釈問題と考えている。[*14] 本案論における行政処分の違法性についても，当該行政処分の根拠法規となる個別法の趣旨・目的が決定的な役割を果たす。[*15]

　司法試験では個々の個別法の知識は問題文中で与えられることが多く，個別法の知識がなくても解けるようにはできているが，個別法解釈が訴訟要件論や本案論で重要な役割を果たしていることを認識しておくことは重要だぞ。

＊1　この論点の問題の所在については，石川善則・最判解民昭和61年度74頁以下，園部逸夫「市川接待訴訟最高裁判決を読む」ジュリ861号（1986年）72頁以下。

＊2　森鍵一「違法な職務行為をした職員への損害賠償請求を怠る事実」新・裁判実務大系586-587頁。

＊3　4号請求に関しては，原則として債権特定のために損害額の特定が要求される。安本典夫「住民訴訟・新四号訴訟の構造と解釈」立命館法学292号（2003年）395-396頁。

＊4　民事訴訟であれば訴訟要件は口頭弁論終結時にあれば足りるが，『住民』要件は客観訴訟の出訴資格を制度的に作り込んだものであるので，原則として訴え提起時から口頭弁論終結時まで一貫して要求されると解するのが通説である（実務的研究337頁。その他藤原静雄「住民訴訟の当事者」園部逸夫編『住民訴訟』（ぎょうせい，2002年）54-55頁等も参照）。

第9話　記憶の秘密

＊5　住民訴訟は，地方公共団体の財務会計行為の非違を正す端緒に過ぎないと考えれば，出訴時に「住民」要件があれば足りると考えることもできるが（細川俊彦「住民訴訟に関する若干の問題についての考察」金沢法学44巻2号（2002年）44頁），この見解からも明文に反して住民監査請求時に「住民」であれば足りると解することはできない。

＊6　前掲注5）51頁（2002年）参照。

＊7　複数の者で共同して住民訴訟を提起した場合でも，監査請求を経ていない者の訴えは不適法となる（横浜地判昭和46年10月1日判時654号48頁）。なお，仮に監査請求を経た住民であっても他の住民は同一の請求について別訴が禁止され（地自法242条の2第4項），訴訟参加が認められるのみであるが，別訴の提起があった場合には却下ではなく弁論の併合をすべきと解されている。藤原・前掲注4）53-54頁。

＊8　櫻井＝橋本2頁。平成23年の問題では，立法の指導原理としての行政法の理解が試された（本書第12話参照）。

＊9　近年では，行政法学における個別行政法解釈の重要性の認識が高まり，個別行政法の視点から行政法を読み解く亘理格＝北村喜宣編著『重要判例とともに読み解く　個別行政法』（有斐閣，2013年）や行政法総論（行政過程論・行政救済論）と主要な個別行政法の解説を結合した原田大樹『例解　行政法』（東京大学出版会，2013年）が出版されるに至っている。

＊10　個別法解釈と本案論及び訴訟要件論の関係性については，亘理＝北村・前掲注9）1-5頁が詳しい。

＊11　実務的研究15頁は，「どのような行為が公定力の生ずる行為であるかは……その行為を根拠づける法律の採用する立法政策によって決まる問題であるから，公権力性の判定は，実定法の解釈によることとなる」とする。

＊12　実務的研究17頁，髙橋滋「第3条　抗告訴訟――1項・2項」条解42-43頁。

＊13　髙橋・前掲注12）47-48頁。

＊14　実務的研究84頁。原告適格を処分の根拠法規の解釈問題と考える判例の法律上保護された利益説は，処分要件説とも呼ばれている（橋本・解釈108頁）。この判例の立場は平成16年行訴法改正後も維持されていると考えられている（同108頁）。ただし，平成16年行訴法改正で加えられた4つ目の必要的考慮事項については，法律上保護に値する利益説への親和的傾向が見られる点には留意が必要である（同104-107頁，109頁脚注(15)）。

＊15　亘理＝北村・前掲注9）1-3頁。

第 10 話

黒い天使の翼
―― 平成22年司法試験その2 ――
地自法96条1項6号・同237条2項の「適正な対価」の意義
／地方議会による請求権放棄の可否

第10話　黒い天使の翼

「残りは設問2の後半と設問3だったな。このあとキサマが一矢でも報いることができたならば，キサマの勝ちにしてやってもいいぞ？　ん？　せいぜい余を楽しませろ」

今のシエルさんは，おそらく〈魔王シエル〉とでも形容したほうが良いのであろう。その言葉の一つ一つが重い。

脳に直接話しかけられているような錯覚に陥る。錯乱した僕の目には，魔王シエルの背中から一対の黒い天使の翼が見える。魔王シエルの放つ圧倒的プレッシャーが，僕にそんな幻想を見せるのだろう。

そんなことは，現実には，ありえないはずなのに。

「設問2の後半だが，本件契約が地自法96条1項6号・同237条2項の『適正な対価』でなされていないとすれば議会の議決が必要となるが，本件では議会の議決がないので，これが違法かどうかだな。これも適法論と違法論を踏まえた上で自己の見解をとりまとめる必要がある。では，余が違法論を主張しよう。これらの条文が『適正な対価』でない場合に議会の議決を要求している趣旨は，地方公共団体に多大な損害が生ずるおそれを防止するとともに，特定の者の利益のために財政の運営がゆがめられることを防止する点にある（山形県小国町砂利譲渡事件・判例10-1[*1]）。この趣旨に照らせば，『適正な対価』とは，時価等を考慮した客観的に公正な対価と解すべきだな[*2]。本件では相場価格が総額8000万円のところを，相場価格の6割である4800万円で売却しており，しかも購入者の中には側溝部分などについて一部支払が免除されている者もおり，時価等を考慮した客観的に公正な対価となっていない。よって，違法だ」

「いやいや，本問では，その相場価格の8000万円で前年に販売しようとしたところ，1区画に応募があっただけで，しかもその1区画についても契約が成立しませんでしたよね。そうすると，本件土地の時価が8000万円であるとは必ずしもいえず，もっと低額であることが推認されます。本問では広くチラシ，新聞広告，現地看板などの広報を行った上で個別交渉により価格設定を行った結果，最も高い区画で560万円，最も低い区画で400万円となりました。この一番高い区画の価格と最も低い価格を足して2で割ると，480万円ですよね。本件では，その10区画分の4800万円が売却価格になっていて，これって個別交渉を10回積み上げた結果として客観的に公正な価格になったってことじゃ

ないですか？　ですから，適法です」[*3]
「ふん。確かに，8000万円が相場価格であるというのは無理があると思うが，しかし，4800万円というのは，あまりにも低額に思えるな。こういうときは制度趣旨に基づいて考えるべきだ。『適正な対価』でない財産の譲渡について議会の議決が必要な趣旨は，地方自治体の損害防止のみならず，特定の者の利益のために財政の運営がゆがめられることを防止する点にもあったな。本問でこれを見ると一部の者に対する支払が免除されたり，A村の部長の弟や売却担当部局職員の妻を売却相手に選択したりなど，やりたい放題じゃないか。これは特定の者の利益のために財政の運営がゆがめられることを防止する趣旨に反するので，議会の議決を要するケースと解すべきだ。少なくともそのように解される法的リスクを考えれば，普通なら念のため議会の議決を得ておこうとか，不動産鑑定意見書をできれば複数とっておこうという話になるもんだがね」
　ぐうの音も出ない。
「再反論がないようなら，設問3にいくぞ。キサマの死期も近いな。設問3(1)は，【資料3】記載の議会による請求権放棄について適法とした東京高裁判決と違法とした大阪高裁判決の考え方の分かれた点を説明させる問題だ。余に綺麗に説明してみせよ」
　これは【資料3】の各判決の議論の要点をつかみ取ればいいので，なんとかできそうだ。
「東京高裁判決は，放棄の可否を定めた明文がないことから，放棄の可否は，各事情を総合考慮した上で，住民の代表である議会の裁量にゆだねられているとして，民主主義の原則に基づき放棄を適法と解しました。他方，大阪高裁判決は，各事情を総合的に考慮し，住民訴訟の制度を根底から否定する放棄議決を議決権の濫用として違法としました」
「よかろう。ここでは民主主義の原則vs住民訴訟の制度趣旨（とこれに基づく司法的統制）という対立図が描ければ十分だ。では設問3(2)の指示にしたがって，各判決の考え方を本問にあてはめてみよ」
「東京高裁判決によれば，①損害賠償請求権の発生原因，②賠償額，③債務者の状況，④放棄することによる影響・効果等の総合考慮が要求されます。本問では，①村長Eが性急に安価で本件土地を売ったことによる不法行為に基づき，

②3200万円の賠償額が発生しており、③村長Eは平成19年以来、A村の財政再建に貢献してきた功労者であり、必ずしも裕福でないので賠償の回収可能性が低く、④3200万円という額は村の予算の中では低額なものであると考えられるので、これらの事情を十分に審議・検討の上で行った放棄議決は適法です。他方で、大阪高裁判決は、(a)住民訴訟の制度趣旨、(b)一審敗訴、控訴審判決間際の決議であったこと、(c)本件権利の内容・認容額、(d)財政への影響の大きさ、(e)放棄の相手方の個別的・具体的事情の検討を要求しています。(a)財務会計行為の非違を正すという住民訴訟の制度趣旨に照らせば、(b)一審敗訴後の時期に放棄議決をするのでは住民訴訟の結果を無にするのに等しく、(c)3200万円の損害賠償額はそれ自体多額であって、(d)極めて厳しい村の財政状況の中では影響が大きく、(e)3200万円であれば交通事故の損害賠償でも十分にありえる額であって、裕福ではないとはいえ村長Eによる支払能力もあることから、放棄議決をすれば違法になると考えられます」

「そのへんは、資料3の読解とあてはめなので、要領よくやるだけだな。つまらん。で、キサマ自身はどう考えるんだ?」

この自己の見解というのが、いつも難しい。

「個人的には、違法論にシンパシーを感じるので、大阪高裁判決にあてはめて考えるべきであり、違法と主張します」

そう言った瞬間、魔王シエルは、不機嫌そうなオーラを出す。

「キサマ、やはり舐めてるな。自己の見解を述べよと言っているのに、大阪高裁判決に基づく分析結果と同じです、はないだろ。余は、キサマ自身の考えを聞いているのだ。たとえば、本問であれば、東京高裁判決と大阪高裁判決は放棄議決を裁量論で処理している点で矛盾するものではなく、民主主義の原則に基づき諸般の事情を総合考慮の上で行った放棄議決は原則として有効・適法であるが、財務会計行為の非違を正すという住民訴訟の制度趣旨に反するような放棄議決は無効・違法であると合理的に整理することができるだろ(資料3の大阪高裁判決の上告審である神戸市債権放棄議決事件・判例10-2参照)。そうすると、本問では、一審で敗訴すれば放棄議決すればいいと考えているような村側の考え方を認めれば、要は本件について村に負けの余地はなくなるよな。こういうのは上記住民訴訟の趣旨に反して違法である、とか論じるんだよ。あるいは、

より積極的に原則有効論（裁量論）を採用する東京高裁判決及び大阪高裁判決は妥当ではなく，放棄議決は住民訴訟の趣旨に照らして原則違法であって，本問ではさきほど述べたように住民訴訟の制度趣旨に反するので原則通り違法だ，という強い主張をしてもいい。重要なのは，キサマ自身の考え方を，各制度の趣旨に照らしながら加工して，説得力をもって主張することだ」

魔王シエルは，ずいっと，一歩右足を踏み出す。

僕は無意識に後ずさりを始めていた。

「キサマが〈シエル〉とやらから教わった行政法とは，そんなもんだったか。正直がっかりしたぞ。約束通り，キサマをあの世に葬ってやる。逃げるなよ」

📖 平成22年司法試験公法系第2問 解答例

第1　設問1

1　Bらは，本件土地の売買契約（以下「本件契約」という。）によって生じた3200万円の損害について，「普通地方公共団体の長」である村長Eが「違法」な「財産の……処分」又は「契約の締結」をしたとして，A村の「執行機関」であるEを被告として，A村がEに対して有する損害賠償請求権の行使をすることを求める義務付け訴訟（地自法242条の2第1項4号）を提起することが予想される。

2　BはA村の「住民」（地自法242条の2第1項）であり，自ら住民監査請求を行っていることから住民監査請求前置の要件（同第1項・242条1項）も満たす。よって，監査結果の通知を受けた平成22年4月23日から30日以内（同法242条の2第2項1号）の出訴期間を遵守すれば，当該訴訟を適法に提起できる。

3　Cは自ら住民監査請求を行っていることから住民監査請求前置の要件を満たすが，現在はA村から転出しているので，「住民」要件を満たすかが問題となる。住民訴訟は住民である者に特に出訴資格を認めた客観訴訟であることに照らせば，原則として訴え提起時から口頭弁論終結時まで住民要件は一貫して要求されるものと解される。よって，現在A村の住民ではないCの訴えは不適法である。

4　Dは「住民」要件は満たしているが，住民監査請求前置要件を満たしていない。ここでB及びCが既に同じ事件について住民監査請求を行っており，A村には同一事案について既に一度自ら再検討する機会が与えられて

いるので，Ｃについては住民監査請求前置要件を不要とする余地もある。しかし，住民訴訟は法律により出訴資格を与えられた者にのみ訴訟を追行させる客観訴訟であるため，やはりＣについても住民監査請求前置要件は要求される。よって，Ｃの訴えは不適法である。

第２　設問２

1　本件契約は随意契約（地自法234条1項，同2項）に該当するが，随意契約の要件（同2項・地方自治法施行令167条の2第1項）を充足しておらず違法ではないかが問題となる。

　Ｂらは，地自法234条1項・2項が一般競争入札を原則としている趣旨は，機会均等，公正性，透明性，経済性（価格の有利性）を確保する点にあるが，本件契約は当該趣旨に違反する違法なものであるとの違法論を主張することができる。すなわち，チラシ，新聞広告，看板等による広報を行ってはいるもののＡ村の部長の弟や売却担当部局職員の妻を本件契約の相手方として選択しており機会均等や公正性の理念に反し，下限価格を定めずに価格を個別交渉している点は透明性の理念に反し，販売価格は相場よりも3200万円も安く，一部土地対価につき支払免除があるなど経済性の理念にも反する，との主張である。

　他方で，村側としては，本件契約は地方自治法施行令167条の2第1項2号の「その性質又は目的が競争入札に適しないものをするとき」の要件に該当し適法であるとの適法論を主張することができる。競争入札ではなく随意契約によるべき必要性がある場合において，当該契約の性質又は目的を究極的に達成する上で随意契約によるほうが妥当であると担当者が判断することは合理的裁量の範囲内である。前年に相場並みの価格で売却を試みたが1件も契約締結に至らなかった事情からすれば，競争原理に任せずに随意契約で個別に契約の相手方及び契約価格を決定する合理的理由はある。また，本件契約は，人口減少対策・過疎対策の目的を達成するための担当者の合理的措置である，と主張しうる。

　随意契約締結のためのある程度の裁量性は否定しえず，本件契約が人口減少対策・過疎対策の目的のための合理的裁量権の行使といえるのであれば，適法であると考えられる。まず，村内の住民の買い替えのケースは人口減少対策・過疎対策の目的につながらないとの見解も成り立ちうるが，住民が他の市町村に流出しないようにすることも立派な人口減少対策・過疎対策と言いうる。実際，昭和30年から平成20年にかけてＡ村の人口は半減し，他に流出してしまったことが大きな課題となっていた。そのため，この点では本件契約は目的との関連性を有している。しかし，Ａ村関係者

の身内への売却の点については，人口減少対策・過疎対策ではなく，むしろ身内を利得させる違法・不当な目的でなされた可能性が高く，ここに合理的裁量を超えた違法がある。よって，本件契約は違法である。
2 次に，本件契約は，地自法96条1項6号・同237条2項の「適正な対価」でなされていないのにもかかわらず議会の議決がないものとして違法といえるかを検討する。

  Bらは，「適正な対価」とは，時価等を考慮した客観的に公正な対価を言うが，本件では相場価格が総額8000万円のところを，相場価格の6割である4800万円で売却しており，しかも購入者の中には側溝部分などについて一部支払が免除されている者もおり，時価等を考慮した客観的に公正な対価となっていないので違法である，と主張することができる。

  他方で，村側は，前年に相場価格8000万円で1区画も売れなかったことから本件土地の客観的価格はそれよりも低いことが推認され，広くチラシ，新聞広告，現地看板などの広報を行った上で個別交渉により価格設定を行った結果，合計4800万円の価格が決まったため，これが客観的に公正な価格である，との適法論を主張することができる。

  地自法96条1項6号・同237条2項の趣旨は，地方自治体の損害防止のみならず，特定の者の利益のために財政の運営がゆがめられることを防止する点にもある。そして，一部の者に対する支払免除やA村の部長の弟及び売却担当部局職員の妻を売却相手に選択する行為は，特定の者の利益のために財政の運営がゆがめられることを防止する趣旨に反する。よって，議会の議決は必要であって，議会の議決を経ていない本件契約は違法である。

第3 設問3
1 小問(1)
  東京高裁判決は，放棄の可否を定めた明文がないことから，放棄の可否は，各事情を総合考慮した上で，住民の代表である議会の裁量にゆだねられているとして，民主主義の原則に基づき放棄を適法と解した。他方，大阪高裁判決は，各事情を総合的に考慮し，住民訴訟の制度を根底から否定する放棄議決を議決権の濫用として違法とした。このように両者の考え方が分かれた理由は，前者が民主主義原則に基づく議会の裁量を重視した一方で，後者が住民訴訟制度の趣旨に基づく司法的統制を重視したことに求められる。
2 小問(2)
  東京高裁判決によれば，①損害賠償請求権の発生原因，②賠償額，③債

務者の状況、④放棄することによる影響・効果等の総合考慮が要求される。この考え方によれば、①村長Eが性急に安価で本件土地を売ったことによる不法行為に基づき、②3200万円の賠償額が発生しており、③村長Eは平成19年以来、A村の財政再建に貢献してきた功労者であり、必ずしも裕福でないので賠償の回収可能性が低く、④3200万円という額は村の予算の中では低額なものであると考えられるので、これらの事情を十分に審議・検討の上で行った放棄議決は適法と判断される。

　他方で、大阪高裁判決は、(a)住民訴訟の制度趣旨、(b)一審敗訴、控訴審判決間際の決議であったこと、(c)本件権利の内容・認容額、(d)財政への影響の大きさ、(e)放棄の相手方の個別的・具体的事情の検討を要求する。この考え方によれば、(a)財務会計行為の非違を正すという住民訴訟の制度趣旨に照らせば、(b)一審敗訴後の時期に放棄議決をするのでは住民訴訟の結果を無にするのに等しく、(c)3200万円の損害賠償額はそれ自体多額であって、(d)極めて厳しい村の財政状況の中では影響が大きく、(e)3200万円であれば交通事故の損害賠償でも十分にありえる額であって、裕福ではないとはいえ村長Eによる支払能力もあることから、放棄議決をすれば違法になると考えられる。

　以上を踏まえて検討すると、東京高裁判決と大阪高裁判決はいずれも放棄議決を裁量論で処理している点では矛盾するものではなく、民主主義の原則に基づき諸般の事情を総合考慮の上で行った放棄議決は原則として有効・適法であるが、財務会計行為の非違を正すという住民訴訟の制度趣旨に反するような放棄議決は無効・違法である、と合理的に整理することもできる。一審に敗訴した場合は放棄議決すればいいと考える村側の考え方は、住民訴訟の趣旨に著しく反する。よって、本件で放棄議決をすれば違法である。

以上

＊1　松本英昭『新版 逐条地方自治法（第7次改訂版）』（学陽書房、2013年）854頁、930頁。

＊2　通常、「市場価格（時価）」と解されるが（前掲注1）930頁）、裁判例の中には、「市場価格（不動産については、流通市場の形成が不十分であるから、市場価格というものの存在に疑問がある。）又は時価を考慮することは当然であるが、なお当該取引につき、斟酌さるべき特別事情がある場合この点も参酌したうえ、結局は、相手方に不当な利益を生ぜしめない客観的公正な対価をいうものと解すべき」とするものがある（東京高判昭和56年10月20日行裁例集32巻10号1842頁）。

＊3　「適正な対価」を時価と同一と解さず、目的達成のための合理的な価格等と解することで反論を行うことも考えられるが（橋本・基礎210頁）、本問の主要な争点はそもそも何が「時

価」といえるかの点であり,「時価」の計算方法をめぐって主張・反論を構成するほうが適切であると思われる。
* 4 曽和俊文「(住民訴訟)第242条の2」新基本法コンメ347-348頁。

第 11 話
声

——平成23年司法試験その1——
原告適格と仕組み解釈／公法上の当事者訴訟と差止訴訟の比較／職権取消しの可否／迷惑施設と同意制

第11話　声

　身体が重機に潰されたように重い。
　何も見えない。何も聞こえない。何も喋れない。何も匂わない。何の味も，しない。
　漆黒の闇の中に堕ちていく。
　怖くはない。人は，いずれ，死ぬものだから。
　ただ漫然と生きてきただけだが，別に不満のない人生だった。
　毎日楽しかったわけでもないが，毎日つまらなかったわけでもない。
　司法試験を受験することすらできなかったし，弁護士にもなれなかったけど，それが本当に自分のやりたいことだったのかも今となってはわからない。
　それなりの大学の法学部に入ってしまったがゆえに，みんなに流されて，ただそれで勉強していただけかもしれない。
　考えてみれば，僕は一度として何も決めたことなどないのだ。大海に流され，波乗りを楽しんでいただけだ。
　それで満足だった。別に，それで満足だった。
（君さ。「別に，それで満足」とか言ってるけど，全然満足してないよね？「別に」って，それ何なの。逃げ文句なの？）
　別に，逃げたっていいじゃないか。別に。
（そんな気持ちでみんなを巻き込んだの。世界を滅ぼそうとしたの？　何様なの。そんなのやめてよ。迷惑だよ。君の物語に，そんな気持ちでみんなを巻き込むのは，やめて）
　そんなこと言っても，魔王シエルは強すぎるんだよ。
　僕だって，最初は頑張ろうと思った。だけど，ダメだったんだよ。
（頑張ろうと思った？　ダメだった？　過去形にしないでよ。君はまだ本気を出していないだけ。君はまだ本気を出していないだけだよ）
　僕は全力だった。自分一人では，何もできない。何も決められない。
（嘘つき。君は，怖いだけ。本気を出して，君のせいで，君のおかげで，世界が変わってしまうことが怖いだけじゃないの。いつだって自分で決めてきたくせに。なのに，自分で決めていないことにしたいだけじゃないの）
　うるさい。さっきから僕の中に，土足で入ってくるお前こそ何なんだ。
（私のこと忘れちゃったの？　私のこと覚えていてって「約束」したよね）
　シエルさん？　シエルさんなの？

（甘えん坊さんだね。もうちょっとだけ頑張って。私のせいで，ごめんね。だけど，君ならできるから。私もちょっとだけお手伝いするから。君は，一人じゃないんだから）

　雪のような白いひとひらの天使の羽が，僕だけの暗闇の世界にひらひらと舞い落ち，そして世界が弾ける。

　鼻先に冷たい感触。

　力を振り絞って左目を薄らあけてみる。

　桜が咲く季節だというのに，地面には薄く雪が積もり始めていた。さっきの鼻先の感触は，雪だったようだ。

　背中に激痛が走っている。空のほうを見上げると，魔王シエルが，愉快そうな表情をしながら，うつ伏せで倒れている僕を右足で踏みつけているのが見える。僕の背中が音を立てて，軋む。

　なんとかしなければ。なんとか。

「意識を取り戻したか。しぶとい奴だな。そのまま意識を失っているほうが幸せだったのにな」

「うる……さい……だまれ……」

　僕は，声を絞り出す。冷たくなりかけた身体が息を吹き返す。身体が熱くなる。

　しかし，物理的な力で魔王シエルの足を押し返すことは不可能だ。

　どうすればいいか。

　僕にかかれば，そんなことは簡単だ。

　僕が，本気を出せば。

「しえ……シエルさん，どうでも……いいですけど，見えてますよ」

　僕がそう言った瞬間，魔王シエルは，真っ赤な顔をして白いフリルスカートを押さえながら，後方へ飛び退く。

「キサマ……ただで死ねると思うなよ」

　目の端に涙の湖を作る魔王シエルは，今や可愛くさえ見える。

　僕は咳き込みながら，息を整え，なんとか立ち上がる。

「ぼ，僕はまだ死にませんよ。まだ死ねません。シエルさんとの，約束を守り通します」

「はっ。さっきの勝負でボロボロに負けたキサマの，どの口でほざくか」

第11話　声

「さっきは負けました。僕の命を賭けてね。だけど，あなたの目的は僕一人の命をとることなんですか？　あなたは，世界と戦い，世界を滅ぼすことが目的なんじゃないんですか」

「それがおもしろいなら，そうする。だが，それがキサマと何の関係がある？」

「だったら，今度は，僕は〈世界〉を賭けましょう。僕が負けたら，この〈世界〉はあなたにあげますよ。だから，あなたが負けたら，〈シエルさん〉を返してください。それでどうです？」

「キサマに〈世界〉を賭ける資格があるとでも言うのか？」

「僕は〈ストーリーメイカー〉です。僕の許可なしに，この〈物語〉に介入できるとでも思っているんですか？」

　魔王シエルは，ニヤリと笑う。

「よかろう。これが最後のチャンスだ。平成23年の問題は覚えているんだろうな」

「もちろんです」

📚 平成23年司法試験公法系第2問

　社団法人Aは，モーターボート競走の勝舟投票券の場外発売場（以下「本件施設」という。）をP市Q地に設置する計画を立て，平成22年に，モーターボート競走法（以下「法」という。）第5条第1項により国土交通大臣の許可（以下「本件許可」という。）を受けた。Aは，本件許可の申請書を国土交通大臣に提出する際に，国土交通省の関係部局が発出した通達（「場外発売場の設置等の運用について」及び「場外発売場の設置等の許可の取扱いについて」）に従い，Q地の所在する地区の自治会Rの同意書（以下「本件同意書」という。）を添付していた。本件許可がなされた直後に，Q地の近隣に法科大学院Sを設置している学校法人X1，及び自治会Rの構成員でありQ地の近隣に居住しているX2は，国に対し本件許可の取消しを求める訴え（以下「本件訴訟」という。）を提起した。本件訴訟が提起されたため，Aは，本件施設の工事にいまだ着手していない。

　Aの計画によれば，本件施設は，敷地面積約3万平方メートル，建物の延べ床面積約1万平方メートルで，舟券投票所，映像設備，観覧スペース，食堂，

売店等から構成され，700台を収容する駐車場が設置される。本件施設が場外発売場として営業を行うのは，1年間に350日であり，そのうち300日はナイターが開催される。本件施設の開場は午前10時であり，ナイターが開催されない場合は午後4時頃，開催される場合は午後9時頃に，退場者が集中することになる。

また，本件施設の設置を計画されているQ地，X2の住居，法科大学院S，及びこれらに共通の最寄り駅であるP駅の間の位置関係は，次のとおりである。Q地，X2の住居，法科大学院Sは，いずれも，P駅からまっすぐに南下する県道（以下「県道」という。）に面している。P駅の周辺には商店や飲食店が立ち並び，住民，通勤者，通学者などが利用している。P駅から県道を通って南下した場合，P駅から近い順に，法科大学院S，X2の住居，Q地が所在し，P駅からの距離は，法科大学院Sまでは約400メートル，X2の住居までは約600メートル，Q地までは約800メートルである。逆にQ地からの距離は，X2の住居までは約200メートル，法科大学院Sまでは約400メートルとなる。

平成23年になって，本件訴訟の過程で，本件同意書について次のような疑いが生じた。自治会Rでは，X2も含めて，本件施設の設置に反対する住民が相当な数に上る。それにもかかわらず，Aによる本件施設の設置に同意することを決議した自治会Rの総会において，同意に賛成する者が123名であったのに対し，反対する者は，10名しかいなかった。これは，自治会Rの役員が，本件施設の設置に反対する住民に総会の開催日時を通知しなかったために，大部分の反対派の住民が総会に出席できなかったためではないか，という疑いである。

国土交通大臣は，この疑いが事実であると判明した場合，次の措置を執ることを検討している。まず，Aに対し，自治会Rの構成員の意思を真に反映した再度の決議に基づく自治会Rの同意を改めて取得し，国土交通大臣に自治会Rの同意書を改めて提出するように求める（以下「要求措置」という。）。そして，Aが自治会Rの同意及び同意書を改めて取得することができない場合には，本件許可を取り消す（以下「取消措置」という。）。

以上の事案について，P市に隣接するT市の職員は，将来T市でも同様の事態が生じる可能性があることから，弁護士に調査検討を依頼することにした。【資料1　会議録】を読んだ上で，T市の職員から依頼を受けた弁護士の立場に立って，以下の設問に答えなさい。

なお，法及びモーターボート競走法施行規則（以下「施行規則」という。）

第11話　声

の抜粋を【資料2　関係法令】に，関係する通達の抜粋を【資料3　関係通達】に，それぞれ掲げるので，適宜参照しなさい。

〔設問1〕
　本件訴訟は適法か。X1及びX2それぞれの原告適格の有無に絞って論じなさい。

〔設問2〕
　国土交通大臣が検討している要求措置及び取消措置について，以下の小問に答えなさい。
(1) Aが国土交通大臣に対し，要求措置に従う意思がないことを表明しているにもかかわらず，国土交通大臣がAに対し，取消措置を執る可能性を示しながら要求措置を執り続けた場合，Aは，取消措置を受けるおそれを除去するには，どのような訴えを提起するべきか。最も適法とされる見込みが高く，かつ，実効的な訴えを，具体的に二つ候補を挙げて比較検討した上で答えなさい。仮の救済は，考慮しなくてよい。
(2) Aが国土交通大臣に対し，要求措置に従う意思がないことを表明したため，国土交通大臣がAに対し取消措置を執った場合，当該取消措置は適法か。解答に当たっては，関係する法令の定め，自治会の同意を要求する通達，及び国土交通大臣がAに対し執り得る措置の範囲ないし限界を丁寧に検討しなさい。

〔設問3〕
　T市は，新たに条例を定めて，次のような規定を置くことを検討している。①T市の区域に勝舟投票券の場外発売場を設置しようとする事業者は，T市長に申請してT市長の許可を受けなければならない。②T市長は，場外発売場の施設が周辺環境と調和する場合に限り，その設置を許可する。
　このような条例による許可の制度が，事業者に対して実効性を持ち，また，住民及び事業者の利害を適切に調整できるようにするためには，上記①②の規定以外に，どのような規定を条例に置くことが考えられるか。また，このような条例を制定する場合に，条例の適法性に関してどのような点が問題になるか。考えられる規定の骨子及び条例の問題点を，簡潔に示しなさい。

【資料1　会議録】

職　員：P市は，場外舟券売場の件で大騒ぎになっていますが，我がT市にとっても他人事ではありません。公営ギャンブルの場外券売場の設置が計画される可能性は，T市にもあります。そこで，P市の事案を様々な角度から先生に検討していただいて，T市としても課題を見付け出し，将来のための備えをしたいと考えています。そのような趣旨ですから，P市の事案のいずれかの当事者や利害関係者の立場に立たずに，第三者の視点から御検討をお願いいたします。

弁護士：公営ギャンブルの場外券売場の設置許可は，刑法第187条の富くじに当たるものの発売等を適法にする法制度である点が，通常の事業の許認可とは違うところですね。私もこれまで余り調査したことがない分野ですが，検討した上で文書を作成してみましょう。

職　員：早速，まず本件訴訟についてですが，これは，適法な訴えなのでしょうか。法，施行規則，それから関係する通達を読みますと，それぞれに関係しそうな規定があるのですが，これらの規定のそれぞれが，本件訴訟の適法性を判断する上でどのような意味を持つのか，どうもうまく整理できないのです。

弁護士：問題になるのは，原告適格ですね。私の方で，法，施行規則，それから通達の関係する規定と，それらの規定が原告適格を判断する上で持つ意味を明らかにしながら，X1とX2それぞれの原告適格の有無を考えてみましょう。

職　員：お願いします。仮に本件訴訟が適法とされた場合に，本件許可が適法と判決されそうかどうかも問題ですが，今年になって，状況が大きく変わりましたので，差し当たりその問題までは検討していただかなくて結構です。

弁護士：状況が変わったとは，どういうことですか。

職　員：地元の同意書の作成プロセスについて重大な疑惑が持ち上がり，今度は，紛争が国土交通大臣とAとの間で生じる可能性が出てきたのです。Aは，裁判になって対立が激化してからもう一度地元の同意書を取ることなど無理だというので，同意を取り直すつもりがないようですが，国土交通大臣の方も，地元を軽んじる姿勢は取れないので，Aに同意書を取り直すように求め続けることが予想されます。この場合，今度は，Aが何らかの訴えを起こすことはできるのでしょうか。

第11話　声

弁護士：最も可能性のある訴えを検討して，具体的に挙げてみましょう。
職　員：それから，やや極端なケースを想定するのですが，地元の同意のプロセスに重大な瑕疵があった場合，国土交通大臣は，本件許可を取り消すことができるのでしょうか。この問題については，どうも私の頭が混乱しているので，いろいろ質問させてください。まず，施行規則第12条は，許可の基準として地元の同意とは規定していないのですが，そもそも，この条文に定められた基準以外の理由で，許可を拒否できるのですか。
弁護士：関係法令をよく検討して，お答えすることにします。
職　員：よろしくお願いします。付け加えますと，地元の同意と定めているのは，国土交通省の通達の方であり，これもそもそもの話になるのですが，このような通達に定められたことを理由にして，許可を拒否してよいのですか。この点も教えていただければと思います。
弁護士：問題となっている通達の法的な性格をはっきりと説明するように，文書にまとめてみます。
職　員：通達の中身について言いますと，地元の同意を重視している点は，自治体の職員としてはとてもよく理解できます。ただ，許可の取消しという措置まで執ることができるのかと問われると，自信を持って答えられないのです。
弁護士：法律家から見ますと，地元の同意を重視する行政手法には，問題点もありますね。国土交通大臣が本件許可の申請に際して地元自治会の同意を得ておくように求める行政手法の意義と問題点を，まとめておきましょう。その上で，疑惑が事実であると仮定して，国土交通大臣は，Aに対してどこまでの指導，処分といった措置を執ることができるのか，執り得る措置の範囲ないし限界についても綿密に検討しておきます。
職　員：今言われた「処分」について詳しく伺いたいのですが，仮に，地元自治会の同意がない場合に，国土交通大臣が申請に対して不許可処分をする余地が多かれ少なかれあるという考え方を採ると，一度許可をした後で許可を取り消す処分もできることになるのでしょうか。
弁護士：そこまで考えて，ようやく答えが出ますね。全体を順序立てて文書にまとめてみます。
職　員：助かります。それでやっと，我がT市の話になるのですが，T市の

区域で場外舟券売場を設置しようとする事業者が現れた場合，国が定めた法令や通達の基準だけで設置を認めるのでは，不十分であると考えています。Ｔ市としては，調和のとれた街づくりをするために，場外舟券売場が周辺環境と調和するかをしっかりと審査して，市長が調和しないと判断した場合には，設置をやめていただく制度を作りたいと考えています。このような制度を条例で定める場合に，配慮すべき点を教えていただければ幸いです。
　弁護士：解釈論だけでなく，立法論も大事ですからね。簡潔にまとめておきましょう。

【資料２　関係法令】
○　モーターボート競走法（昭和26年6月18日法律第242号）（抜粋）
　（趣旨）
第１条　この法律は，モーターボートその他の船舶，船舶用機関及び船舶用品の改良及び輸出の振興並びにこれらの製造に関する事業及び海難防止に関する事業その他の海事に関する事業の振興に寄与することにより海に囲まれた我が国の発展に資し，あわせて観光に関する事業及び体育事業その他の公益の増進を目的とする事業の振興に資するとともに，地方財政の改善を図るために行うモーターボート競走に関し規定するものとする。
　（競走の施行）
第２条　都道府県及び人口，財政等を考慮して総務大臣が指定する市町村（以下「施行者」という。）は，その議会の議決を経て，この法律の規定により，モーターボート競走（以下「競走」という。）を行うことができる。
２～４　（略）
５　施行者以外の者は，勝舟投票券（以下「舟券」という。）その他これに類似するものを発売して，競走を行つてはならない。
　（競走場の設置）
第４条　競走の用に供するモーターボート競走場を設置し又は移転しようとする者は，国土交通省令で定めるところにより，国土交通大臣の許可を受けなければならない。
２～４　（略）
５　国土交通大臣は，必要があると認めるときは，第１項の許可に期限又は条件を附することができる。

6　国土交通大臣は，第1項の許可を受けた者（以下「競走場設置者」という。）が1年以上引き続き同項の許可を受けて設置され若しくは移転されたモーターボート競走場（以下「競走場」という。）を競走の用に供しなかつたとき，又は競走場の位置，構造及び設備がその許可の基準に適合しなくなつたと認めるときは，同項の許可を取り消すことができる。

7, 8　(略)

（場外発売場の設置）

第5条　舟券の発売等の用に供する施設を競走場外に設置しようとする者は，国土交通省令で定めるところにより，国土交通大臣の許可を受けなければならない。当該許可を受けて設置された施設を移転しようとするときも，同様とする。

2　国土交通大臣は，前項の許可の申請があつたときは，申請に係る施設の位置，構造及び設備が国土交通省令で定める基準に適合する場合に限り，その許可をすることができる。

3　競走場外における舟券の発売等は，第1項の許可を受けて設置され又は移転された施設（以下「場外発売場」という。）でしなければならない。

4　前条第5項及び第6項の規定は第1項の許可について，同条第7項及び第8項の規定は場外発売場及び場外発売場設置者（第1項の許可を受けた者をいう。以下同じ。）について，それぞれ準用する。

（競走場内等の取締り）

第22条　施行者は，競走場内の秩序（場外発売場において舟券の発売等が行われる場合にあつては，当該場外発売場内の秩序を含む。）を維持し，かつ，競走の公正及び安全を確保するため，入場者の整理，選手の出場に関する適正な条件の確保，競走に関する犯罪及び不正の防止並びに競走場内における品位及び衛生の保持について必要な措置を講じなければならない。

（競走場及び場外発売場の維持）

第24条　(略)

2　場外発売場設置者は，その場外発売場の位置，構造及び設備を第5条第2項の国土交通省令で定める基準に適合するように維持しなければならない。

（秩序維持等に関する命令）

第57条　国土交通大臣は，競走場内又は場外発売場内の秩序を維持し，競走の公正又は安全を確保し，その他この法律の施行を確保するため必要があると認めるときは，施行者，競走場設置者又は場外発売場設置者に対し，選手

の出場又は競走場若しくは場外発売場の貸借に関する条件を適正にすべき旨の命令，競走場若しくは場外発売場を修理し，改造し，又は移転すべき旨の命令その他必要な命令をすることができる。
（競走の開催の停止等）
第58条　（略）
2　国土交通大臣は，競走場設置者若しくは場外発売場設置者又はその役員が，この法律若しくはこの法律に基づく命令若しくはこれらに基づく処分に違反し，又はその関係する競走につき公益に反し，若しくは公益に反するおそれのある行為をしたときは，当該競走場設置者又は当該場外発売場設置者に対し，その業務を停止し，若しくは制限し，又は当該役員を解任すべき旨を命ずることができる。
3　（略）
（競走場等の設置等の許可の取消し）
第59条　国土交通大臣は，競走場設置者又は場外発売場設置者が前条第2項の規定による命令に違反したときは，当該競走場又は当該場外発売場の設置又は移転の許可を取り消すことができる。

○　モーターボート競走法施行規則（昭和26年7月9日運輸省令第59号）（抜粋）
（場外発売場の設置等の許可の申請）
第11条　法第5条第1項の規定により場外発売場の設置又は移転の許可を受けようとする者は，次に掲げる事項を記載した申請書を国土交通大臣に提出しなければならない。
　一　申請者の氏名又は名称及び住所並びに法人にあつては代表者の氏名
　二　場外発売場の設置又は移転を必要とする事由
　三　場外発売場の所在地
　四　場外発売場の構造及び設備の概要
　五　場外発売場を中心とする交通機関の状況
　六　場外発売場の建設費の見積額及びその調達方法
　七　場外発売場の建設工事の開始及び完了の予定年月日
　八　その他必要な事項
2　前項の申請書には，次に掲げる書類を添付しなければならない。
　一　場外発売場付近の見取図（場外発売場の周辺から1000メートルの区域

第11話　声

　　　内にある文教施設及び医療施設については，その位置及び名称を明記すること。）
　二　場外発売場の設備の構造図及び配置図（1000分の1以上の縮尺による。）
　三　申請者が当該施設を使用する権原を有するか，又はこれを確実に取得することができることを証明する書類
　四　場外発売場の経営に関する収支見積書
　五　施行者の委託を受けて舟券の発売等を行う予定であることを証明する書類
　（場外発売場の設置等の許可の基準）
第12条　法第5条第2項の国土交通省令で定める基準（払戻金又は返還金の交付のみの用に供する施設及び設備の基準を除く。）は，次のとおりとする。
　一　位置は，文教上又は衛生上著しい支障をきたすおそれのない場所であること。
　二　構造及び設備が入場者を整理するため適当なものであること。
　三　競走の公正かつ円滑な運営に必要な次に掲げる施設及び設備を有していること。
　　イ　舟券の発売等の用に供する施設及び設備
　　ロ　入場者の用に供する施設及び設備
　　ハ　その他管理運営に必要な施設及び設備
　四　（略）
2　（略）

【資料3　関係通達】
○　場外発売場の設置等の運用について（平成20年2月15日付け国海総第136号海事局長から各地方運輸局長，神戸運輸監理部長あて通達）（抜粋）
7　場外発売場設置予定者は，設置許可申請書に省令第2条の7（注1）第2項に定める書類のほか，地元との調整がとれていることを証明する書類及び管轄警察の指導の内容が反映されていることを証明する書類並びに建築確認申請書の写しを添付すること。
　（注1）【資料2関係法令】に掲げる現行のモーターボート競走法施行規則第11条を指す。以下「省令」とは現行のモーターボート競走法施行規則を指す。

○ 場外発売場の位置，構造及び設備の基準の運用について（平成20年2月15日付け国海総第139号海事局長から各地方運輸局長，神戸運輸監理部長あて通達）（抜粋）
1　場外発売場の基準
　場外発売場の基準の運用については，次のとおりとする。
(1)　位置（省令第12条第1項第1号）
　①　「文教上著しい支障をきたすおそれがあるか否か」の判断は，文教施設から適当な距離を有している，当該設置場所が主たる通学路（学校長が児童又は生徒の登下校の交通安全の確保のために指定した小学校又は中学校の通学路をいう。）に面していないなど総合的に判断して行う。
　②　「衛生上著しい支障をきたすおそれがあるか否か」の判断は，医療施設から適当な距離を有している，救急病院又は救急診療所（都道府県知事が救急隊により搬送する医療機関として認定したものをいう。）への救急車の主たる経路に面していないなど総合的に判断して行う。
　③　文教施設とは，学問又は教育を行う施設であり，学校教育法第1条の学校（小学校，中学校，高等学校，中等教育学校，大学，高等専門学校，盲学校，聾学校，養護学校及び幼稚園）及び同法第82条の2の専修学校をいう。
　④　医療施設とは，医療法第1条の5第1項の病院及び同条第2項の診療所（入院施設を有するものに限る。）をいう。
　⑤　「適当な距離」とは，著しい影響を及ぼさない距離をいい，場外発売場の規模，位置，道路状況，周囲の地理的要因等により大きく異なる。
(2)〜(5)　（略）

○ 場外発売場の設置等の許可の取扱いについて（平成20年3月28日付け国海総第513号海事局総務課長から各地方運輸局海事振興部長，北陸信越運輸局海事部長，神戸運輸監理部海事振興部長あて通達）（抜粋）
7　局長通達（注2）7の「地元との調整がとれていること」とは，当該場外発売場の所在する自治会等の同意，市町村の長の同意及び市町村の議会が反対を議決していないことをいう。
　（注2）前記の平成20年2月15日付け国海総第136号「場外発売場の設置等の運用について」を指す。

第11話　声

「設問1の答えを聞かせてもらおう。Q地近隣に法科大学院を設置するX1とQ地近隣に居住するX2の原告適格の有無だ。これはどうだ？」

　原告適格に関しては、平成21年の問題で徹底的に検討したことがある。

　シエルさんの声が、聞こえる。

（原告適格の判断枠組みを、言ってみん）

　そうだ。僕は、一人じゃない。

「小田急判決（判例7-1）の判断枠組みによれば、取消訴訟の原告適格を規定する行訴法9条1項の『法律上の利益を有する者』とは、①当該処分により自己の権利若しくは法律上保護された利益を侵害され、又は必然的に侵害されるおそれのある者をいい、②当該処分を定めた行政法規が、不特定多数者の具体的利益を専ら一般的公益の中に吸収解消させるにとどめず、それが帰属する個々人の個別的利益としてもこれを保護すべきものとする趣旨を含むと解される場合には、このような利益もここにいう法律上保護された利益に該当し、③法律上保護された利益の有無を判断するに当たっては、同法9条2項に列挙された考慮要素を勘案すべきです」

　すらすらと答える僕に、魔王シエルはたじろぐ。

「一般的な判断枠組みはそれでいいとして、あてはめが問題だな」

（本件処分の直接的な根拠法規は？）

「『処分』である本件許可の『根拠となる法令』は、法5条1項、同2項及びこれらの委任を受けた施行規則11条、12条が挙げられますので、まず『当該法令の趣旨及び目的』からX1の個別的利益が保護されているかを判断します。第一に、法1条には事業振興や地方財政の改善等の一般的公益に関する定めしかないので、これによりX1の個別的利益を保護する趣旨は読み取れません。第二に、施行規則11条2項1号は、場外発売場の周辺から1000メートルの区域内にある文教施設の位置・名称を明記した場外発売場付近の見取図を申請に添付することを義務付けていますが、地理的状況を問わず、一律に1000メートル区域内の個々の文教施設の個別的利益を保護する趣旨までを読み取ることは困難と考えられます（サテライト大阪判決・判例11-1参照）。第三に、施行規則12条1項1号は『文教上……著しい支障をきたすおそれのない場所』であるという位置基準を許可要件として定めています。ここで位置基準は、不特定多

数人の享受する一般的公益としての文教上の利益を保護しているだけとも解釈しえます。しかしながら、ここで施行規則12条1項1号の運用基準を定めた『場外発売場の位置、構造及び設備の基準の運用について』（通達2）を考慮することを検討すべきです。通達2は行訴法9条2項の『関係法令』には該当しませんが、行手法5条1項の『審査基準』に該当するので、これは処分要件の内容を形成し、本件許可の『根拠となる法令』に該当するものと解釈できます[*1]。通達2をみると、個々の文教施設からの『適当な距離』を有していることが許可基準の考慮要素となっており（通達2⑴①）、『適当な距離』とは『著しい影響を及ぼさない距離をいい、場外発売場の規模、位置、道路状況、周囲の地理的要因等により大きく異なる』ものとされています（同⑤）。したがって、本件許可は、不特定多数の文教上の利益のみならず、このような『適当な距離』よりも近い個々の文教施設の個別的利益まで保護する趣旨であると解釈できるでしょう」

「ふん」

　魔王シエルは不機嫌そうに鼻をならす。僕は続ける。

「そうすると、X1が本件施設との『適当な距離』よりも近い場所にあれば原告適格を肯定できるわけです。本件施設の『規模』をみると敷地面積約3万平方メートル、建物の延べ床面積約1万平方メートルであり、舟券投票所、映像設備、観覧スペース、食堂、売店等から構成され、700台を収容する駐車場が設置されるものであって、極めて大規模です。『位置』をみると、X1と本件施設の距離は約400メートルであり、付近見取図の範囲内にも入っています。『道路状況』をみると、本件施設の営業日数は年間350日（うちナイター300日）であり、開場の午前10時及び退場の午後4時（ナイター時は午後9時）頃には多数の来場者が県道を利用するものですので、X1の講義の開始・終了時間とも重なりうる時間帯において同じ一本道の県道を共有する状況になっています。『周囲の地理的要因』をみると、P駅の周辺には商店や飲食店があり、住民、通勤者、通学者などが利用しており、これらの施設についてはX1に通う者との競合した利用が想定できます。このように考えると、X1の有する個別的な文教上の利益への影響が大きいので、X1は『適当な距離』よりも近い場所にあり、その原告適格を肯定できます」

第11話　声

「付近見取図から1000メートル以内の文教施設に原告適格を肯定する筋もあると思うが[*2]，まあいいだろう。X2はどうだ？」

「X2は，本件施設から約200メートルに住居を有する者としての地位と自治会Rの構成員としての地位を有しています。まず前者について検討すると，『処分』である本件許可の『根拠となる法令』である法5条1項・2項，施行規則11条・12条をみても周辺住民の生活環境利益等の何らかの利益を保護する手がかりはありません[*3]。処分により侵害される『利益の内容及び性質』を見ると，本件施設の設置によって周辺住民の生命，身体，健康又は財産上の利益が害されることは想定できず，せいぜい生活環境利益が問題となっているに過ぎません[*4]。ひとくちに生活環境利益といっても，地域の景観等のイメージ，ゴミ散乱や交通上の支障，治安悪化，享楽的雰囲気の形成等の様々な利益が想定できますが[*5]，その多くは一般的公益に解消され，個別的利益とすべきものがあったとしても，それを処分根拠法規から導くことはできません。次に，後者の自治会Rの構成員としての地位について検討すると，処分の根拠法規のうち法5条1項・施行規則11条に関する『場外発売場の設置等の運用について』（通達1）及び『場外発売場の設置等の許可の取扱いについて』（通達3）が『自治会等の同意』を要求していることから，この手続規定が自治会Rの構成員であるX2の個別的利益を保護する趣旨であるかが問題となります。しかし，『自治会等の同意』は法令で規定されている処分要件そのものではなく，行政裁量の中の一考慮要素と位置付けられているものに過ぎない上に，この手続により保護されている利益は生命身体等の利益ではなく生活環境利益に過ぎません[*6]。よって，X2の原告適格は否定されます[*7]」

「こういう質問はどうだ？　本件許可は刑法187条の富くじ罪の違法性阻却事由と位置付けられるもので，本来的に本件施設を営業する自由はなく，特許として与えられる要保護性の低い地位が問題になっているに過ぎない一方で，X2の生活環境利益は刑法187条そのものの保護法益ではないもののこれと密接に関係する。このようにX2の生活環境利益の要保護性は事業者の利益と比較して高いが，許可基準に特許類似の広範な裁量性が認められるがゆえに，原告適格を認める手がかりとなる処分根拠法規が不在となる。こうした状況に解釈論として対応するために，根拠法令や審査基準の不明確性・不十分性を理由

として原告適格を認めてあげてはどうかな？*8」
「確かに，そのような問題もあるかもしれませんが，富くじ罪は社会的法益を保護法益としており，X2の生活環境利益の保護までを認める趣旨と言えるかは判然としませんし，要保護性の裸の利益衡量をしているようにも見えますので，処分根拠法規の仕組み解釈により原告適格の有無を判定する法律上保護された利益説からそのような結論を導けるかは疑問があります」

魔王シエルは，ギリっと音を立てて歯噛みする。
「っ，次だ。設問2(1)へいくぞ。国土交通大臣による要求措置及び取消措置を争う訴訟だが，これは要求措置に従う義務のないことを確認する公法上の実質的当事者訴訟（行訴法4条後段）と取消措置の差止訴訟（同3条7項）を想定できるな。両者の適法性・実効性を比較してみせよ」
「まず，適法性の観点から両訴訟を比較します。差止訴訟については，要求措置及び取消措置をとるかは検討段階に過ぎませんが，国土交通大臣の方も地元を軽んじる姿勢は取れないために要求措置を求め続けることが予想されていますので，取消措置が『されようとしている場合』（同3条7項）に該当します。差止訴訟は取消措置を止める最適の方法であって『損害を避けるため他に適当な方法』（同37条の4第1項但書）はありませんし，取消措置の相手方であるAには差止めをする『法律上の利益』（同3項）は当然にあります。未だに工事の着手はなく，生命・身体の利益ではなく財産上の利益が問題になっているに過ぎませんが，既に本件施設のために投下した費用等が回収できなくなるおそれを考慮すると『重大な損害』（同1項本文・同2項）もあります。他方で，義務不存在確認訴訟の訴訟要件は，確認対象選択の適否，即時確定の利益，訴訟類型選択の補充性の3つの視点から判断されますが，義務不存在確認訴訟の確認対象は，要求措置に従う義務のないこととして，自己の現在の法律関係に適切に設定されています。即時確定の利益についても，要求措置の継続が予想されているので，認められます。補充性の点については，差止訴訟により目的を達成できそうですが，実効的な権利救済の観点からは差止訴訟ができるからといって当事者訴訟を否定すべきではないでしょう*9。もっとも，実効性の観点から両者を比較すると，要求措置に従う義務がないことが確認されたとしても，その他の理由で取消措置がなされるおそれがあるため，取消措置を直接差し止

める差止訴訟のほうが有効であると考えられます」

「誰でも論じられるようなことを意気揚々と語りよって……。設問2(2)の取消措置の適法性が本丸だが、こっちを聞かせてもらおうか？」

「この設問は、誘導にしたがって、①明文なき職権取消しの可否、②法・施行規則以外の事由を不許可事由となしうるか、③国土交通大臣がAに対し執り得る措置の範囲・限界（行政指導の限界）の3つをいかにうまく整理して解答できるかが重要ですね。まず、①については、本件許可に処分要件を満たしていない原始的瑕疵がある場合には、法治主義の原則から明文なき職権取消しが認められます。ただし、本件許可は、受益的行政処分であるため、取消しの公益性及びAの信頼の要保護性の程度を衡量して例外的に職権取消しが制限される場合もあります」

「問題は、②の論点——通達1・3で要求されている同意書添付の瑕疵が本件許可の原始的瑕疵といえるかだな。そもそも法・施行規則以外の事由を不許可事由（すなわち原始的瑕疵）とする可能性があるのか？」

「本件許可の処分要件を定めた法及び施行規則を見ても、同意書添付が処分要件であることは直ちには出てきませんが、法5条2項は『許可をすることができる』として効果裁量を認める文言となっていること、本件許可は富くじ罪の違法性阻却事由を特権的に与える特許類似のものであって広範な裁量性が認められることからすると、法・施行規則以外の事由を不許可事由（すなわち本件許可の原始的瑕疵）とする可能性はあります」

「広範な裁量があるとしても、通達は国民の権利義務の制限をすることができない内部規則に過ぎないよな。ということは、通達違反を対国民との関係で不許可事由とすることは論理的に不可能ではないか？」

「それは通達の法的性質次第ですね。通達を『審査基準』（行手法5条1項。講学上の裁量基準）と解釈できるのであれば、通達の内容は許可そのものの処分要件の解釈の内容を構成することになりますので、通達で要求された同意書の瑕疵も処分要件の瑕疵となりますよね。他方で、同意書が『行政指導指針』（行手法36条）にとどまるのであれば、処分要件の瑕疵とはなりません」

「……。そうすると、通達が審査基準か行政指導指針かの性質決定が問題になる、ということになる、か。要は同意書添付を処分要件としていいのか、そうでは

なく行政指導にとどまるものと解すべきか，ということだが，これは同意書の意義と問題点を考慮しながら判断すべきことになりそうだな」
「同意書には地元住民の参加を促進し，許可の透明性・公正性を確保する等の一定の意義が認められますね。ただし，同意書を処分要件に組み込めば，地元の自治体等に無制限の拒否権を与える結果となります。このような恣意的に発動しうる拒否権は，事業者の財産権や営業の自由といった憲法上の権利を侵害しないかが第一のハードルとなりますし，仮に権利侵害のおそれがなくても比例原則に違反しないかが第二のハードルとなるでしょう。本件許可が富くじ罪の違法性を阻却する特権的権利を与えるかの問題である側面を強調すれば，営業の自由等の権利侵害の問題は回避しうるかもしれません。しかし，仮に，権利侵害との関係で問題がなかったとしても比例原則による裁量統制は受けるのであり，文教施設でも医療施設でも周辺住民でもない自治会等に無制限の拒否権を与える合理性は特にありません。このような同意書を要求する行政手法の問題点を踏まえれば，通達1・3は裁量基準ではなく行政指導指針にとどまるものと解すべきであり，あくまで行政庁は行政指導として要求措置ができるにとどまり，要求措置に従う意思がないことを表明した後に職権取消しをすれば，行手法32条1項，2項及び33条違反となります（③の論点）」[*10]
「な，なんなんだ，キサマは。キサマは，何なんだ！？」
　足元をふらつかせ，魔王シエルは半歩下がる。
「〈僕〉は，〈僕〉ですよ。それ以上でも，それ以下でもありません」
　そういえば，こんな会話，シエルさんとしたな。
　ずいぶん昔のことのように思えるなぁ。

ラミ先生の ワンポイントアドバイス ⑥ 「設問」と「誘導」に応える

　ここまで読み進めてくれた君ならもう既に気づいていると思うが，行政法の司法試験の問題で重要なのは「設問」と「誘導」に応えることだ。「設問」に応えるのはどの科目でも同じことなのだが，行政法の司法試験の問題では問題文にどのような論点を書けばいいのかの「誘導」があるのがポ

イントだな。「もうそこに，ほとんど答えが書いてあるんじゃないのか」というほど強烈な「誘導」があるのは，見てのとおりだ。「設問」と「誘導」に応える答案を作成すれば，間違いなく合格する。逆にいえば，「設問」及び「誘導」にうまく乗れなかった場合には，悲惨な末路が待っているな。このように「設問」と「誘導」は極めて重要なので，ここでは「設問」と「誘導」に応えるに当たっての，いくつかの留意点を教えておこうか。

　第一に，「設問」を基礎にしながら「誘導」に基づく指示を思考の補助線として，答案構成をきっちりとすることが第一歩だ。行政法の問題では「設問」と「誘導」に基づいて整理すれば，ほとんど一義的に大まかな答案構成が決定される。この大まかな答案構成がズレていると，とても印象が悪いぞ。

　第二に，過去の傾向から言えば，「設問」と「誘導」で明示的に指示された事項のみを答案に書けば必要にして十分だ。明示的指示以外の事項を書くことは求められていないだろうし，「設問」と「誘導」に応えていれば，普通は時間がなくなるな。

　第三に，「誘導」に「応える」というのは，「誘導」をそのまま答案に引き写すことではない。こういった「書き写し答案」は自分の頭で考えていないように見えるので，評価は低くなるだろうな。確かに「誘導」には，論点の所在のみならず，論点の内容まで記載されていることが多い。しかし，これをただ書き写してはダメだ。「誘導」を自分の頭の中にいったん入れて，十分に咀嚼した上で，「応える」という作業が必要なのだな。その「応える」作業の手掛かりになるのが「条文」と「事実」だ。「誘導」で示された議論を「条文」と「事実」を用いながら法的三段論法に引き直して記述をすればいいわけだな。

　第四に，したがって，「設問」と「誘導」に応えるためには，「条文」と「事実」が重要な位置を占めるわけだが，「条文」については「関係法令」，「事実」については「問題文本文」や「会議録」が用意されているな。これらの「関係法令」，「問題文本文」，「会議録」に記載された法令及び事実は，試験に無関係なものはほとんどない。これらの資料をいかに「使い切る」かが勝負の分かれ目になってくると言っていいであろう。

　行政法の知識が仮に少なくても，コツさえつかめば，

> 「設問」と「誘導」の趣旨を素早く読み取った上で，答案構成まで一瞬で作り上げ，「関係法令」の仕組み解釈を行って，「問題文本文」や「会議録」の事実をしつこく拾って評価する，という素晴らしい答案が書けるようになるぞ。

* 1 処分の根拠法規が下位法規に委任されている場合には当該下位法規により個別的利益を保護する趣旨が読み取れれば原告適格を肯定できるが，委任に基づかない下位法規による規制の場合には，処分の根拠法規の目的を解釈する上での参考としての限度で当該下位法規を考慮できるものと解される（実務的研究93-94頁）。
* 2 橋本・基礎175頁。サテライト大阪判決においても一律1000メートル区域内の施設に原告適格を認めることも考えられたが，「距離」に還元できない「位置関係」をも考慮する必要があったために，これを認めなかったのではないかと推察されている（山本470頁）。
* 3 サテライト大阪判決の手法により，法律上保護された利益説の立場に立ちつつも利益の内容・性質の検討を先行させて，これを一般的公益に解消してしまう立場も考えられる（清野正彦・最判解民平成21年度（下）682-683頁）。しかし，処分の根拠法規の検討に先立ち利益の内容・性質を考慮することは結論ありきの「悪しき仕組み解釈」（橋本博之「平成16年行政事件訴訟法改正後の課題」自治研究86巻9号（2010年）14頁）であり，原告適格の拡張を意図して行訴法9条2項が利益の内容・性質を必要的考慮事項とした趣旨の「逆用」，「誤用」である（山本464頁）。そのため，本文では，サテライト大阪判決の手法とは異なり，処分の根拠法規の検討を先行させている。
* 4 判例は生命・身体等の利益と生活環境利益を区分する利益二分論に基づいて，その判断手法を変えていることが指摘されている（中川丈久「取消訴訟の原告適格について(2)——憲法訴訟論とともに」公法訴訟第11回98-102頁）。生命・身体等の利益であれば個別的利益保護の立法者意思の推定が働く一方で，生活環境利益の場合には一般的公益保護の立法者意思の推定が働くのではないかとも指摘される（同101頁）。利益二分論に対する批判については，同103-104頁。
* 5 清野・前掲注3）682-688頁は，被侵害利益を詳細に類型化し，個別の検討を加えている。
* 6 第三者保護の手続規定（特定第三者の同意，意見聴取，異議申出の機会保障）がある場合には個別的利益性が認められることもあるが（実務的研究91頁），手続規定も多様であり，保護利益の内容・性質や行為と当該利益との関連性の程度等も踏まえた総合考慮により原告適格を判断すべきとする見解がある（清野・前掲注3）678頁）。
* 7 X2にも原告適格を認めることも解答として誤りではない（橋本・基礎176-177頁）。
* 8 山本467-469頁参照。
* 9 適法性の比較方法については様々な筋がありうる。差止訴訟の適法性は肯定すべきであるが，実質的当事者訴訟は法的義務がないことの確認という法律構成になるため「取消措置を受けるおそれの除去」との関係は間接的になり，紛争の成熟性ないし補充性の観点から確認の利益が否定されるリスクがあるとする見解（橋本・基礎178頁）や差止訴訟は工事未着手や財産権侵害のケースであることから「重大な損害」要件が充足されず，このこととの均衡から実質的当事者訴訟の確認の利益も否定される可能性があることを指摘する見解（問題と解説44-45頁〔榊原秀訓執筆部分〕）もある。
* 10 同意制は財産権規制という主観的権利制限の観点のみならず，比例原則による客観法的

第11話　声

　統制の観点からも検討されるべきである（北村喜宣『行政法の実効性確保』（有斐閣，2008年）55-58頁参照）。

第 12 話

世界の命運

—— 平成23年司法試験その2 ——

行政の義務履行確保の制度／条例の設計方法／条例制定権の限界／条例と比例原則

第12話　世界の命運

　僕は，魔王シエルと行政法の議論をする最中，奇妙な感覚を思い出していた。
　シエルさんと行政法の議論をしているときの……心がワクワクするような……。
　たぶんこれは，「楽しい」という感覚。
　胸を張って言うことではないが，僕は勉強が嫌いだ。実を言うと，長く椅子に座っているだけで苦痛に感じてくる。だけど，シエルさんは，教えてくれたのだ。「行政法は楽しい」ということを。
　だからこそ，僕は，シエルさんを救わないといけない。たとえ，僕の命を賭けてでも。あるいは世界の命運を賭けてでも。
「設問3へいきましょう。設問3は，T市が制定しようとしている許可制に関して，実効性確保及び住民・事業者の利害の適切な調整をするための各規定を考えた上で，この条例の適法性を論じさせるものです。まずは，許可制の実効性確保のための規定としては何が考えられますか？」
「余を試そうというのか？　ますます腹立たしい奴だ。だが，よかろう，付き合ってやる。行政上の義務履行確保のための行政手法は，だいたい次のとおりだ」

図表12-1　行政の義務履行確保の諸制度

民事上の強制執行	民事訴訟及び民事執行　行政上の義務を民事手続により実現 ＊宝塚市パチンコ条例事件（判例12-1）は，財産権の主体として提起する場合又は法律に特別の規定がある場合に限り，許されるとした。
行政上の強制執行	行政代執行　代替的作為義務の不履行があるときに，行政庁自ら又は第三者により義務を履行し，義務者から費用を徴収する
	直接強制　義務者の身体又は財産に対して直接力を行使することにより義務を実現する（cf. 類似の制度として即時強制（即時執行））
	間接強制（執行罰）　非代替的作為義務・不作為義務の不履行に対して過料を科すことを予告し，履行されない場合に過料を徴収する
	行政上の強制徴収　金銭債務の強制徴収（例：国税徴収法）
行政罰	行政刑罰　行政上の義務の懈怠に対して，刑法上の刑罰を科す
	過料（秩序罰）　行政上の義務の懈怠に対して，過料を科す
その他の義務履行確保の制度	氏名等の公表　違反者の氏名や違反事実等を公表する
	その他（課徴金，給水拒否等）

　魔王シエルが各制度の定義と概要を要領よく説明していく。さすがにこのへ

んは外さない。
「条例により行政の義務履行の実効性確保措置を仕組む場合に重要なのは，義務の履行を確保したい対象となる肝心要の『行政』の内容を確定することだな。今回の場合には，『周辺環境調和基準に基づく勝舟投票券の場外発売場の許可制度』の実効性を確保しなければならん。つまり，①許可制度を利用しない違反行為者，②許可制度を利用して許可をとったが事後的に周辺環境調和基準に違反した違反行為者の両者に対応可能な条例を制定しなければならんわけだ。このあたりの条例制定の目標を明確にしてから，さきほど説明した義務履行確保のメニューのどれを利用すれば良いかを考えていくのだ」
「そのとおりですね。それで，①許可制度を利用しない違反行為者に対しては，どういう実効性確保措置がありうるのですか？」
「まず無許可で活動をした者に対する刑事罰を創設することが考えられるな（地自法14条3項）。行政上の秩序罰としての過料は，5万円以下の範囲内でしか制定できないため（同項），実効性に欠ける。無許可で活動した者に対する直罰制ではなく，違反建築物の工事中止命令を発した上で命令違反に対する刑事罰を科す間接罰規定や公表規定を制定することも考えられるな」
「除却命令を刑罰によって担保するのではなく，行政庁がその内容を実現してしまうことはできないのですか？」
「ふん。それもあるな。宝塚市パチンコ条例事件により民事上の強制執行はできないし，行政代執行法1条は，『行政上の義務の履行確保』について，『別に法律で定めるものを除いては，この法律の定めるところによる』と規定していることから，条例では直接強制や間接強制を創設することはできないが，代執行なら規定しうる。行政代執行の対象は，同法2条が『法律（法律の委任に基く命令，規則及び条例を含む。以下同じ。）により直接に命ぜられ，又は法律に基き行政庁により命ぜられた行為（他人が代つてなすことのできる行為に限る。）』と規定しており，『法律に基づく……条例』つまり委任条例に基づく代執行しか許容されていないようにも読めるが，地自法14条による包括的委任を根拠として自主条例でも代執行可能な義務を創設しうると解することができるな。具体的には除却命令を条例で規定し，これを行政代執行で担保することが考えられる」[*1]
「即時執行は，条例によっても創設可能ですよね。違反建築物を即時執行でど

「かすって方法はどうです？」

「しつこいな。即時執行は『目前急迫の障害を除く必要上義務を命ずる暇のない場合』[*2]，すなわち発動の急迫性がある場合に用いるものと解されているが，現実の立法では発動の急迫性がなくても即時執行を用いていることが多く，発動の急迫性が即時執行の要件というわけではないな[*3]。ただ直接強制とは義務賦課行為の有無しか実際には違いがないのに，直接強制はできないが即時執行ができると直ちに解していいかは慎重に判断する必要があるな[*4]」

「じゃあ次です。②事後的に周辺環境調和基準に違反する結果となった違反者への対応はどうします？」

「改善命令・是正命令を規定した上で，これらに従わない場合に刑罰を科したり，公表を行う方法がありうるな。あとは後発的瑕疵が生じた場合の許可の取消し（撤回）も規定しておくといいだろうな」

「まとめると，①許可制度の実効性を確保するために，無許可者への直罰，中止命令違反等に基づく間接罰・公表を規定し，除却命令を規定して行政代執行を可能にするとともに，②周辺環境調和基準の実効性を確保するために，許可の撤回，改善又は是正命令に対する間接罰・公表を規定することが考えられるってわけですね」

「他にもいろいろな実効性確保措置の組み合わせは考えられるが，差し当たりはそんな感じだな。住民及び事業者の利害調整措置のほうもいろいろな可能性があるが，住民からの意見書提出，事業者による説明会開催，処分に先立ち住民・事業者から意見を聴取する公聴会の開催，行政，住民，事業者及び専門家参加の協議会の設置，周辺環境調和基準を判断するための審議会への諮問等の制度などがあるな。ふん。次は，小僧，キサマが答える番だ。こうした条例を作った場合の問題点を答えてみせよ」

「条例により周辺環境調和基準に基づく許可制とその実効性確保措置及び利害調整措置を制定した場合に，当該条例が『法律の範囲内』かが問題となりますね（憲法94条・地自法14条1項）。具体的には，モーターボート競争法や建築基準法などとの抵触をチェックしておく必要があります。徳島市公安条例事件（判例12-2）によれば，条例が法令に違反するか否かは両者の趣旨，目的，内容及び効果を比較し矛盾牴触があるかによって判断され，特定事項について法令と

条例が併存する場合でも，条例が法令と別の目的を意図しており法令の目的・効果を阻害しないときや条例と法令が同一目的でも法令が地方の実情に応じた規制を容認する趣旨であれば，法令違反はないとされます。また仮に許可制そのものを設けることが法令違反ではないとしても，実効性確保措置及び利害調整措置をフルで実装した場合には，比例原則違反のおそれが出てきます。利害調整措置は比例原則違反にはなりにくいですが，実効性確保措置は直罰制ではなく間接罰にとどめるなどの配慮により比例原則違反のリスクを低減させることも考えられるでしょうね」*5

「……」

　設問の検討がすべて終わると，僕と魔王シエルとの間に沈黙の帳が下りた。
　ちらちらと空から降り続く雪が一陣の風に流され，僕と魔王シエルさんの間を吹き抜けていく。
　肺から吐き出した白い息が，風に散る。

「……ハ……ハハハハハハ……」

　初めは小さかった笑い声が，テレビのボリュームを上げるときみたいに，だんだんと大きくなる。
　魔王シエルが，笑っている？

「クハハハハ！　キサマ，おもしろいぞ！　おもしろいおもしろいおもしろい。キサマはおもしろい奴だ。なんだこれは。なんなんだこの楽しさは。これがキサマか。これが行政法か！」

　とても楽しそうに，本当に楽しそうに，お腹を抱えて笑う魔王シエル。

「いくら余がこの世のあらゆる知識をもっていても，それでも，行政法の議論ではキサマと対等，だと？　ありえない話だが，それが法律ということか。実におもしろい。キサマを殺すのも，世界を滅ぼすのも，やめだ」

「じゃあ，約束どおり，シエルさんを返してくれるんですね？」

「生意気な奴だな。約束どおりというなら，キサマを殺す部分の約束も生きているんだが？」

　言われてみれば，そうだった。

「はっ。冗談だよ。余には，もうそんなつもりはない。余はキサマが気に入ってしまったからなあ。くくく。だが，余もほいほいと〈シエルさん〉の〈記憶〉

を戻してやることはできんのさ。ただし、〈あること〉をすれば、〈シエルさん〉の〈記憶〉は戻るんだがね」

〈あること〉っていったい何をすればいいんだ。

皆目見当もつかない。

「答えは、既にキサマの中にあるぞ？　〈シエルさん〉はどうすれば、〈記憶〉が戻ると言っていた？」

僕は、シエルさんと出会ってからのことを順番に思い出してみる。

そうだ。シエルさんは、最初からそう言ってたじゃないか。

（君が、私にキスしてくれたら、治るかも）

僕は、シエルさんのその台詞を思い出して、赤面する。

だが、本当にそんなことで〈シエルさん〉が返ってくるのだろうか。

僕にはわからない。

魔王シエルは、ニヤニヤしながら、僕に近づき、至近距離で止まる。そして、ちょっと僕を見上げるように唇を上向きに突き出して、そっと目を閉じる。

何が〈ストーリーメイカー〉だ、と思う。

そんな能力は僕にはない。そんなことは最初からわかっていた。

ただの言葉遊びだ。ただみんなが僕をからかっていただけ。もしそんな能力があったのなら、こんな風になるはずがない。

やっぱり僕はただ状況に流されるだけのほうが、似合っている。それが、僕らしいってことじゃないのかな。

だから、これも、ただ流されているだけに違いない。

僕は、魔王シエルの細い両腕をそっと掴み、そして……。

📄 平成23年司法試験公法系第2問　解答例

第1　設問1
1　X1による本件訴訟は適法であるが、X2による本件訴訟は不適法である。
2　X1の原告適格を検討する。行訴法9条2項の「法律上の利益を有する者」とは、当該処分により自己の権利若しくは法律上保護された利益を侵害さ

れ，又は必然的に侵害されるおそれのある者をいい，当該処分を定めた行政法規が，不特定多数者の具体的利益を専ら一般的公益の中に吸収解消させるにとどめず，それが帰属する個々人の個別的利益としてもこれを保護すべきものとする趣旨を含むと解される場合には，このような利益もここにいう法律上保護された利益に該当し，この判断の際には同法9条2項の考慮要素を勘案すべきである。

第一に，本件許可に係る「当該法令の趣旨及び目的」を検討すると，法1条には事業振興や地方財政の改善等の一般的公益に関する定めしかない。

第二に，1000メートル区域内の文教施設の位置・名称を明記した見取図添付（法5条1項・施行規則11条2項1号）は，地理的状況を問わず，一律に1000メートル区域内の個々の文教施設の個別的利益を保護する趣旨までを含んでいない。

第三に，「文教上……著しい支障をきたすおそれのない場所」であることを要求する位置基準（法5条2項・施行規則12条1項1号）は，一般的公益としての文教上の利益を保護しているのみとも解釈しうる。しかし，本件許可の「審査基準」（行手法5条1項）に該当する「場外発売場の位置，構造及び設備の基準の運用について」（通達2）を考慮すると，「適当な距離」よりも近い場所にある個々の文教施設の個別的利益を保護する趣旨が読み取れる（通達2(1)①⑤）。

そこで，X1が「適当な距離」よりも近い場所にあるかを検討する。本件施設の「規模」は敷地面積約3万平方メートル，建物の延べ床面積約1万平方メートルであり，舟券投票所，映像設備，観覧スペース，食堂，売店等から構成され，700台を収容する駐車場が設置されるものであって極めて大規模である。「位置」をみると，X1と本件施設の距離は約400メートルであり，付近見取図の範囲内にも入っている。「道路状況」をみると，本件施設の営業日数は年間350日（うちナイター300日）であり，開場の午前10時及び退場の午後4時（ナイター時は午後9時）頃には多数の来場者が県道を利用するものであって，X1の講義の開始・終了時間とも重なりうる時間帯において同じ一本道の県道を共有する状況がある。「周囲の地理的要因」をみると，P駅の周辺には商店や飲食店があり，住民，通勤者，通学者などが利用しており，これらの施設についてはX1に通う者との競合した利用が想定できる。よって，X1の有する個別的な文教上の利益への影響が大きく，X1は本件施設と「適当な距離」よりも近い場所にあり，その原告適格が肯定される。

3 X2の原告適格を検討する。X2は、本件施設から約200メートルに住居を有する者であるが、周辺住民の生活環境の利益等の何らかの個別的利益は、「処分」である本件許可の「根拠となる法令」である法5条1項・2項、施行規則11条・12条から読み取ることができない。「利益の内容及び性質」の点をみても、生活環境利益は一般的公益に解消され又は個別的利益でも要保護性の低い利益であり、この観点からも原告適格を肯定できない。

X2の自治会Rの構成員としての地位については、処分の「根拠となる法令」のうち法5条1項・施行規則11条に関する「場外発売場の設置等の運用について」（通達1）及び「場外発売場の設置等の許可の取扱いについて」（通達3）が「自治会等の同意」を要求している。しかし、「自治会等の同意」は法令で規定されている処分要件そのものではなく、せいぜい行政裁量の中の一考慮要素と位置付けられうるものであり、この手続により保護されている「利益の内容及び性質」をみてもやはり生活環境利益に過ぎない。よって、X2の原告適格は否定される。

第2 設問2

1 小問(1)

取消措置の差止訴訟（行訴法3条7項）か要求措置に従う義務のないことを確認する公法上の実質的当事者訴訟（同4条後段）のいずれかを提起すべきである。

差止訴訟については、要求措置及び取消措置をとるかは検討段階ではあるが、国土交通大臣の方も地元を軽んじる姿勢は取れないために要求措置をとり続けることが予想されており、取消措置が「されようとしている場合」（同3条7項）に該当する。差止訴訟は取消措置を止める最適の方法であって「損害を避けるため他に適当な方法」（同37条の4第1項但書）はなく、取消措置の相手方であるAには差止めをする「法律上の利益」（同3項）は当然ある。未だに工事の着手はなく、生命・身体の利益ではなく財産上の利益が問題になっているに過ぎないが、既に本件施設のために投下した費用等が回収できなくなるおそれを考慮すると「重大な損害」（同1項本文・同2項）もある。

他方で、義務不存在確認訴訟の確認対象は、要求措置に従う義務のないこととして、自己の現在の法律関係に適切に設定されている。また即時確定の利益についても、要求措置の継続が予想されているため、認められる。補充性の点については、差止訴訟により目的を達成できそうでもあるが、実効的な権利救済の観点からは差止訴訟ができるからといって当事者訴訟を否定すべきではない。

よって，適法性の観点からは両者とも甲乙つけがたいが，要求措置に従う義務がないことが確認されたとしても，その他の理由で取消措置がなされるおそれがあるため，取消措置を差し止める差止訴訟のほうが実効性の観点から適切であると考える。

2 小問(2)

本件許可に原始的瑕疵があった場合には法治主義の原則に基づき原則として明文なくして職権取消しができる。もっとも本件許可は，受益的行政処分であるため，取消しの公益性及びＡの信頼の要保護性の程度を衡量して例外的に職権取消しが制限される場合もあると解される。

第一に，法５条２項・施行規則12条で同意書は要件とされていないが，法５条２項の「できる」との文言及び本件許可は富くじ罪の違法性阻却事由を特権的に与える特許類似の性質からすれば本件許可には広範な裁量が認められ，同規則以外の事由も原始的瑕疵になりうる。

第二に，通達１・３が法５条の合理的な裁量基準を定めた審査基準（行手法５条１項）と解することができれば，同意書の瑕疵を原始的瑕疵とする余地がある。確かに，同意書には地元住民の参加を促進し，許可の透明性・公正性を確保する等の一定の意義が認められる。しかし，同意書を行政庁を法的に拘束する裁量基準とみれば，地元の自治会に拒否権を付与することとなり，比例原則違反となりうる。そのため通達１・３は，行政指導指針（行手法36条）にとどまり，通達違反は原始的瑕疵とならず，職権取消しはできない。

第三に，したがって，あくまで行政庁は行政指導として要求措置ができるにとどまり，要求措置に従う意思がないことを表明した後に職権取消しをすれば，行手法32条１項，同条２項及び33条違反となる。

よって，取消措置をすれば違法となる。

第３ 設問３

1 許可制度の実効性を確保するために，無許可で施設設置する者への刑罰，無許可者へ中止命令を出した上で中止命令違反者に刑罰を科すこと，中止命令違反者の氏名等の公表の各規定を置くことが考えられる。また，違反建築物に関する除却命令の規定を置き，行政代執行法２条に基づく執行をすることも考えられる。

次に，周辺環境調和基準の実効性を確保するために，事後的な基準違反者への許可の撤回，改善又は是正命令及びそれを担保する刑罰・公表の各規定することが考えられる。

住民及び事業者の利害調整措置としては，住民からの意見書提出，事業

者による説明会開催，処分に先立ち住民・事業者から意見を聴取する公聴会の開催，行政，住民，事業者及び専門家参加の協議会の設置，周辺環境調和基準を判断するための審議会への諮問等の制度などを規定することが考えられる。

2 当該条例の問題点としては，当該条例がモーターボート競争法や建築基準法などの「法律の範囲内」（憲法94条・地自法14条1項）かが問題となる。具体的には，条例が法令に違反するか否かは両者の趣旨，目的，内容及び効果を比較し矛盾抵触があるかによって判断され，特定事項について法令と条例が併存する場合でも，条例が法令と別の目的を意図しており法令の目的・効果を阻害しないときや条例と法令が同一目的でも法令が地方の実情に応じた規制を容認する趣旨であれば，法令違反はないとされる。

また，実効性確保措置及び利害調整措置をすべて規定してしまうと，比例原則違反の問題が出てくるため，実効性確保措置は直罰制ではなく間接罰制にとどめるなどの配慮が必要となる。

以上

＊1　宇賀Ⅰ223頁。
＊2　田中180頁。
＊3　塩野Ⅰ252-253頁。
＊4　塩野Ⅰ255頁。「条例では設けられない直接強制ではないかとの疑義が生じるおそれ」に留意する必要がある（鈴木潔『強制する法務・争う法務』（第一法規，2009年）88頁）。
＊5　橋本・基礎182頁参照。

補　話

銀色の狼
―― 平成24年司法試験 ――

都市計画決定の処分性／長期の都市計画存続の適法性／都市計画と損失補償請求

補話　銀色の狼

「もう帰っちゃうの？　もう少し京都でゆっくりしていけば良いのに」
「大学の春休みも終わっちゃいますので，ごめんなさい」
　京都駅の新幹線中央口の改札前で，シエルさんは口を尖らせる。
　魔王シエルとの対戦の後，シエルさんは無事に〈記憶〉を取り戻していた。〈記憶喪失〉だったシエルさんが，〈記憶〉を取り戻すというのも，なんだか変な話だが，ともかく元のシエルさんに戻っていた。魔王シエルもよく話してみると悪い奴ではなかったので，ちょっと悪いことをしたかなと思ったりもするのだが。
　ちなみにシエルさんは，魔王シエル状態になっていたことは，まったく覚えていないらしい。あとで事情を説明したが，「ふーん，そんなことがあったんだあ。大変だったね」とあまり興味がなさそうだった。
「それにしても，本当に凄い怪我だね。無事に一人で帰れるか心配だよ」
　僕は魔王シエルとの戦いで大きな怪我を負っていた。全身擦過傷，左腕上腕部骨折，肋骨4本骨折だ。擦過傷の酷い右頬に大きなガーゼ，左腕にギプス，胸部にバストバンドをつける羽目になってしまった。
「東京に帰ったら，きちんと精密検査もしますので，大丈夫ですよ」
「東京に無事に着いたら，連絡ちょうだいね」
「ええ。わかりました。シエルさんも〈記憶〉の問題も解決しましたし，大人しくおうちに帰って下さいね」
　ルナちゃんなら，たぶん，ちゃんとシエルさんの面倒を見てくれる。〈魔王シエル〉が再度封印された以上，シエルさんの利用価値はもうない。今後は，各国から狙われることもないだろう。
「仕方ないなあ。わかった」
「それじゃあ，また」
「ん，じゃあね」
　僕がシエルさんに別れを告げ，新幹線の改札口を振り向いた，そのときだった。
「ちょっと，そっちの女性，誰よ」
　僕の目の前に，銀色の狼のような髪の色をした少女が立っていた。春らしい半袖のカジュアルな薄桃色のワンピースを着ていて，その容貌は可愛らしいが，

目は怒っていた。
「あ，あれ。トウコ。どうしたの，こんなところまで」
　　仁王立ちで腕組みする彼女に，僕は恐る恐る話しかける。
　　彼女の名前はトウコ。17歳にして大学へ飛び級し，既に司法試験にも合格しているスーパー少女だ。法律科目の中では憲法が得意である。
「どうしたもこうしたもないわよ。あなたが京都に行って数週間も音沙汰ないから心配して……ってどうしたの，その怪我！？」
「いや，ちょっと転んじゃってね。ははは」僕は乾いた声を出す。
「ふーん」ジト目で見てくるトウコから，目線を左上にそらす。「怪我のことは後で聞くとして，ずいぶんそっちの女性と仲良さそうに話してみたいだけど，どういうご関係なのかしら？」
「君，突然，登場して失礼な人だね。私からしたら，君のほうこそ，誰って感じ。まさか彼女か何かなの？」
「ち，違うわよ」
「じゃあ何？」
「大学で憲法を勉強する仲間よ。ナ・カ・マ」
「へえ。私も彼とは，行政法を勉強する仲間って感じかな。今のところは，ね」
　　僕のほうに向かって左目でウインクしてくるシエルさんを見て，沸騰するトウコ。
「何よ，行政法の勉強仲間って。憲法はあらゆる法の中で一番最上位の効力をもつ最高の法よ。行政法なんてつまらない科目，よくやってられるわね」
「んー，その言い方は酷いんじゃないかな。行政法も知らないで，憲法を語れるっていうことないよねー。君は，『憲法は滅びても，行政法は存続する』ってオットー・マイヤーの言葉も知らないの？」
「知ってるわよ。私は行政法もできるけど，憲法のほうが『面白い』って言ってるの。ケンカ売ってるの？」
「どっちかというとケンカ売っているのは，君のほうだよね。そこまで言うなら，君の行政法の力，試させてもらおうかな。平成24年の司法試験の問題くらい覚えているんだよね？」
「上等。当たり前でしょ」

補話　銀色の狼

いや，それは「当たり前」ではないと思うのだが……

📖 平成24年司法試験公法系第2問

　Pは，Q県が都市計画に都市計画施設として定め，建設を計画している道路（以下「本件計画道路」という。）の区域内に，土地（以下「本件土地」という。）及び本件土地上の鉄骨2階建ての店舗兼住宅（以下「本件建物」という。）を所有して，商店を営業している。Pは，1965年に，本件土地を相続により取得し，本件建物を建築して営業を始めた。本件計画道路に係る都市計画（以下「本件計画」という。）は，1970年に決定され（以下，この決定を「本件計画決定」という。），現在に至るまで基本的に変更されていない。本件計画によれば，本件計画道路は，延長を1万5000メートル，幅員を32メートルとされ，R市を南北に縦断するように，a地点を起点とし，他の道路（県道）と交差する交差点（b地点）を経由して，c地点を終点とするものと定められている。a地点とc地点のほぼ中間にb地点が位置し，本件土地はb地点とc地点のほぼ中間に位置している。

　Q県は，本件計画道路のうちa地点からb地点までの区間については，交通渋滞を緩和させる必要性が高かったため，1975年から徐々に事業を施行した。予算の制約や関係する土地建物の所有者等の反対があり，計画を実現するには長期間を要したが，2000年には道路の整備が完了した。これに対し，本件計画道路のうちb地点からc地点までの区間（以下「本件区間」という。）については，やはり関係する土地建物の所有者等の反対もあって，1970年から現在まで全く事業が施行されておらず，事業を施行するための具体的な準備や検討も一切行われていない。Q県の財政事情が逼迫しているため，事業の施行は財政上もますます困難になっている。

　こうした状況において，Q県は，b地点とc地点の間の交通需要が2030年には2010年比で約40パーセント増加するものと推計し，この将来の交通需要に応じるために，本件計画道路の区間や幅員を縮小する変更をせずに本件計画を存続させている。もっとも，Q県が5年ごとに行っている都市計画に関する基礎調査によれば，R市の旧市街地に位置するc地点の付近において事業所及び人口が減少する「空洞化」の傾向が見られ，b地点とc地点の間の交通量は1990年から漸減し，2010年までの20年間に約20パーセント減少している。し

かし，c地点の付近で営業する事業者の多くは，空洞化に歯止めを掛けて街のにぎわいを取り戻すために，本件区間を整備する必要があると，Q県に対して強く主張し続けている。こうした地元の主張に配慮して，Q県も，本件区間の整備を進めれば，c地点付近の旧市街地の経済が活性化し，それに伴いb地点とc地点の間の交通需要が増えていくと予測して，上記のように将来交通需要を推計している。

あわせて，Q県は，本件区間を整備しないと，本件区間付近において道路密度（都市計画において定められた道路の1平方キロメートル当たりの総延長）が過少になることも，本件区間について縮小する変更をせずに本件計画を存続させることの理由に挙げている。Q県は，道路密度が，住宅地においては1平方キロメートル当たり4キロメートル，商業地においては1平方キロメートル当たり5キロメートルは最低限確保されるように（これらの数値を，以下「基準道路密度」という。），道路に係る都市計画を定める運用をしている。本件区間付近は，住宅地及び本件土地のような商業地から成るが，いずれにおいても，本件区間を整備しないと，道路密度が基準道路密度を1キロメートル前後下回ることになるため，Q県は本件計画をそのまま存続させる姿勢を崩していない。

最近になって，Pは，持病が悪化して商店を休業することが多くなった。また，本件建物は，建築から45年以上を経過して老朽化し，一部が使用できない状態になった。そこで，Pは，商店の営業をやめて本件建物を取り壊し，鉄筋コンクリート8階建てのマンションを建築して，自らも居住しながらマンションを経営して老後の生活を送ることを考えるようになった。しかし，このことをQ県の職員に話したところ，「本件土地は，本件計画道路の区域内にあるため建築が制限され（以下，この制限を「本件建築制限」という。），そのような高層の堅固な建物の建築は認められない。」と言われた。Pは，承服できず，訴訟を提起するために弁護士Sに相談した。Pは，8階建てマンションへの建て替えを第一に要望しているが，もしそれが無理であれば，Q県に対し，本件土地の地価が本件建築制限により低落している分に相当する額の支払を請求し（以下，この請求を「本件支払請求」という。），本件建物を鉄骨2階建てのバリアフリーの住宅に建て替えることを考えている。

【資料1　法律事務所の会議録】を読んだ上で，弁護士Tの立場に立って，弁護士Sの指示に応じ，設問に答えなさい。

なお，都市計画法及び都市計画法施行規則の抜粋を，【資料2　関係法令】に掲げてあるので，適宜参照しなさい。

補話　銀色の狼

〔設問１〕
　本件計画決定は，抗告訴訟の対象となる処分に当たるか。本件計画決定がどのような法的効果を有するかを明らかにした上で，そのような法的効果が本件計画決定の処分性を根拠付けるか否かを検討して答えなさい。

〔設問２〕
　Ｑ県が本件計画道路の区間又は幅員を縮小する変更をせずに本件計画を存続させていることは適法か。都市計画法の関係する規定を挙げながら，適法とする法律論及び違法とする法律論として考えられるものを示して答えなさい。

〔設問３〕
　Ｑ県が本件計画を変更せずに存続させていることは適法であると仮定する場合，ＰのＱ県に対する本件支払請求は認められるか。請求の根拠規定を示した上で，請求の成否を判断するために考慮すべき要素を，本件に即して一つ一つ丁寧に示しながら答えなさい。

【資料１　法律事務所の会議録】
　弁護士Ｓ：本日は，Ｐの案件について基本的な処理方針を議論したいと思います。まず，本件土地の現況はどうなっていますか。
　弁護士Ｔ：本件土地は，都市計画法上の近隣商業地域にあります。本件計画がなければ，Ｐが要望している高層の堅固なマンションを建築することに，法的な支障はありません。実際に，本件土地の周辺では，高層の堅固な建物が建築されています。
　弁護士Ｓ：しかし，ＰはＱ県の職員から，本件計画があるために建築が認められないと言われたのですね。
　弁護士Ｔ：はい。確かに，都市計画施設の区域内でも，都市計画法第53条の許可を受ければ，建築が可能です。しかし，鉄筋コンクリート８階建てという高層の堅固な建物になりますと，都市計画法が建築制限を定める趣旨から言って，許可を受けることは難しいと思います。そして，建築基準法の制度によれば，本件計画が定めるような都市計画施設の区域内では，都市計画法第53条の許可を受けていない建物は建築確認を受けられないことになります。
　弁護士Ｓ：そうですね。それでは，本件計画が違法なのでＰの建物は都市計

画法第53条の建築制限の適用を受けないと主張する方向で検討することにしましょう。したがって，Pが考えているマンションが，都市計画法第53条の許可の要件を満たすか否かは，検討しなくて結構です。しかし，1970年において本件計画決定が違法であったと主張することも，難しそうですね。

弁護士T：はい。どの都道府県でも，道路に係る都市計画は，高度経済成長期に人口増加と経済成長を前提に定められた結果として増えたのですが，地方公共団体の財政が悪化して，事業が全部又は一部施行されていない計画が残されている状況にあります。Q県でも，道路に係る都市計画全体のうち道路の延べ延長にして約50パーセントが，事業未施行の状態です。そこで，Q県は，2005年から，Q県でも近年進行している少子高齢化による人口減少や低成長経済を前提にして，道路に係る都市計画を全面的に見直すことにしました。見直しの結果，道路の区間や幅員を縮小するように都市計画を変更した例もあります。しかし，本件区間については本件計画を変更せずに存続させることにしたのです。

弁護士S：では，現時点において本件計画を変更せずに存続させていること，ここでは単に計画の存続ということにしますが，このことが違法といえるかどうかを検討してください。本件計画決定が1970年において違法であったという主張は，検討の対象から外してください。それでも，都市計画の存続を違法とした先例はなかなか見当たりませんので，計画の存続を適法とする法律論と違法とする法律論の双方を示して，都市計画法の関係規定を挙げながら，本件の具体的な事情に即して綿密に検討するようにお願いします。

弁護士T：承知しました。それから，計画の存続の違法性を主張するために，どのような訴えを提起するべきかという問題もあります。

弁護士S：そのとおりです。最高裁判所は，大法廷判決で，土地区画整理事業の事業計画の決定に処分性を認める判例変更をしましたね（最高裁判所平成20年9月10日大法廷判決，民集62巻8号2029頁）。ただし，都市計画施設として道路を整備する事業は，都市計画決定とそれに基づく都市計画事業認可との2段階を経て実施されるのですが，土地区画整理事業の事業計画の決定は，道路に係る都市計画でいえば，事業認可の段階に相当します。

補話　銀色の狼

弁護士T：そのためか，Q県の職員は，道路に係る都市計画決定は，この大法廷判決の射程の外にあり，事業の「青写真」の決定にすぎず，処分性はない，と解釈しているようなのです。

弁護士S：私たちとしては，この大法廷判決の射程をよく考えながら，道路に係る都市計画決定の法的効果を分析して，本件計画決定に処分性が認められるかどうか，判断する必要があります。都市計画決定の法的効果を分析する際には，その次の段階に位置付けられる都市計画事業認可の法的効果との関係も考慮に入れてください。綿密な検討をお願いします。

弁護士T：承知しました。本件計画決定に処分性が認められる場合，本件計画の変更を求める義務付け訴訟や，本件計画決定の失効確認訴訟を提起することになるのでしょうか。

弁護士S：いろいろ考えられますが，今の段階では，こうした個々の抗告訴訟の適法性を検討することまでは，していただかなくて結構です。また，本件計画決定の処分性が認められない場合に，どのような訴えを提起するべきかも問題ですが，この点についても，今の段階では，処分性の検討の際に必要な範囲で考慮するだけで結構です。

弁護士T：分かりました。

弁護士S：それで，Pは，絶対にマンションを建築したいという希望なのですか。

弁護士T：強い希望を持っています。建築資金も調達できるとのことです。マンションの設計の依頼まではしていませんが，それは，高い費用を掛けてマンションの設計を依頼しても，法的にマンションを建築できないことになると，設計費用が無駄になるからであって，意欲や財源がないからではありません。ただし，本件建築制限が適法とされる可能性があることは十分承知していて，その場合は，代わりに本件支払請求をすることを要望しています。

弁護士S：そのような本件支払請求が可能かどうかを検討する場合，いろいろな要素を考慮する必要がありますね。Pに有利な要素も不利な要素も一つ一つ示しながら，検討してください。請求の根拠規定やごく基本的な考慮要素も，丁寧に挙げてください。当然ながら，箇条書にとどめないでください。税法に関わる問題もありそうですが，その点は考慮しなくて結構です。

弁護士Ｔ：承知しました。

【資料２　関係法令】

○　都市計画法（昭和43年６月15日法律第100号）（抜粋）

（定義）

第４条　この法律において「都市計画」とは，都市の健全な発展と秩序ある整備を図るための土地利用，都市施設の整備及び市街地開発事業に関する計画で，次章の規定に従い定められたものをいう。

２～４　（略）

５　この法律において「都市施設」とは，都市計画において定められるべき第11条第１項各号に掲げる施設をいう。

６　この法律において「都市計画施設」とは，都市計画において定められた第11条第１項各号に掲げる施設をいう。

７～14　（略）

15　この法律において「都市計画事業」とは，この法律で定めるところにより第59条の規定による認可又は承認を受けて行なわれる都市計画施設の整備に関する事業及び市街地開発事業をいう。

16　（略）

（都市計画区域）

第５条　都道府県は，市又は人口，就業者数その他の事項が政令で定める要件に該当する町村の中心の市街地を含み，かつ，自然的及び社会的条件並びに人口，土地利用，交通量その他国土交通省令で定める事項に関する現況及び推移を勘案して，一体の都市として総合的に整備し，開発し，及び保全する必要がある区域を都市計画区域として指定するものとする。（以下略）

２～６　（略）

（都市計画に関する基礎調査）

第６条　都道府県は，都市計画区域について，おおむね５年ごとに，都市計画に関する基礎調査として，国土交通省令で定めるところにより，人口規模，産業分類別の就業人口の規模，市街地の面積，土地利用，交通量その他国土交通省令で定める事項に関する現況及び将来の見通しについての調査を行うものとする。

２～５　（略）

（都市施設）

第11条　都市計画区域については，都市計画に，次に掲げる施設を定めることができる。(以下略)
　一　道路，都市高速鉄道，駐車場，自動車ターミナルその他の交通施設
　二～十一　(略)
2　都市施設については，都市計画に，都市施設の種類，名称，位置及び区域を定めるものとするとともに，面積その他の政令で定める事項を定めるよう努めるものとする。
3～6　(略)
(都市計画基準)
第13条　都市計画区域について定められる都市計画（中略）は，（中略）当該都市の特質を考慮して，次に掲げるところに従つて，土地利用，都市施設の整備及び市街地開発事業に関する事項で当該都市の健全な発展と秩序ある整備を図るため必要なものを，一体的かつ総合的に定めなければならない。(以下略)
　一～十　(略)
　十一　都市施設は，土地利用，交通等の現状及び将来の見通しを勘案して，適切な規模で必要な位置に配置することにより，円滑な都市活動を確保し，良好な都市環境を保持するように定めること。(以下略)
　十二～十八　(略)
　十九　前各号の基準を適用するについては，第6条第1項の規定による都市計画に関する基礎調査の結果に基づき，かつ，政府が法律に基づき行う人口，産業，住宅，建築，交通，工場立地その他の調査の結果について配慮すること。
2～6　(略)
(都市計画の図書)
第14条　都市計画は，国土交通省令で定めるところにより，総括図，計画図及び計画書によつて表示するものとする。
2　計画図及び計画書における区域区分の表示又は次に掲げる区域の表示は，土地に関し権利を有する者が，自己の権利に係る土地が区域区分により区分される市街化区域若しくは市街化調整区域のいずれの区域に含まれるか又は次に掲げる区域に含まれるかどうかを容易に判断することができるものでなければならない。
　一～六　(略)

七　都市計画施設の区域
　　八～十四　（略）
３　（略）
（都市計画の告示等）
第20条　都道府県又は市町村は，都市計画を決定したときは，その旨を告示し，かつ，都道府県にあつては国土交通大臣及び関係市町村長に，市町村にあつては国土交通大臣及び都道府県知事に，第14条第１項に規定する図書の写しを送付しなければならない。
２　都道府県知事及び市町村長は，国土交通省令で定めるところにより，前項の図書又はその写しを当該都道府県又は市町村の事務所に備え置いて一般の閲覧に供する方法その他の適切な方法により公衆の縦覧に供しなければならない。
３　都市計画は，第１項の規定による告示があつた日から，その効力を生ずる。
（都市計画の変更）
第21条　都道府県又は市町村は，都市計画区域又は準都市計画区域が変更されたとき，第６条第１項若しくは第２項の規定による都市計画に関する基礎調査又は第13条第１項第19号に規定する政府が行う調査の結果都市計画を変更する必要が明らかとなつたとき，（中略）その他都市計画を変更する必要が生じたときは，遅滞なく，当該都市計画を変更しなければならない。
２　第17条から第18条まで及び前二条の規定は，都市計画の変更（中略）について準用する。（以下略）
（建築の許可）
第53条　都市計画施設の区域又は市街地開発事業の施行区域内において建築物の建築をしようとする者は，国土交通省令で定めるところにより，都道府県知事の許可を受けなければならない。（以下略）
　　一～五　（略）
２・３　（略）
（許可の基準）
第54条　都道府県知事は，前条第１項の規定による許可の申請があつた場合において，当該申請が次の各号のいずれかに該当するときは，その許可をしなければならない。
　　一・二　（略）
　　三　当該建築物が次に掲げる要件に該当し，かつ，容易に移転し，又は除却

補話　銀色の狼

することができるものであると認められること。
　　イ　階数が二以下で，かつ，地階を有しないこと。
　　ロ　主要構造部（中略）が木造，鉄骨造，コンクリートブロック造その他これらに類する構造であること。
（施行者）
第59条　都市計画事業は，市町村が，都道府県知事（中略）の認可を受けて施行する。
2　都道府県は，市町村が施行することが困難又は不適当な場合その他特別な事情がある場合においては，国土交通大臣の認可を受けて，都市計画事業を施行することができる。
3　国の機関は，国土交通大臣の承認を受けて，国の利害に重大な関係を有する都市計画事業を施行することができる。
4〜7　（略）
（認可又は承認の申請）
第60条　前条の認可又は承認を受けようとする者は，国土交通省令で定めるところにより，次に掲げる事項を記載した申請書を国土交通大臣又は都道府県知事に提出しなければならない。
　　一・二　（略）
　　三　事業計画
　　四　（略）
2　前項第3号の事業計画には，次に掲げる事項を定めなければならない。
　　一　収用又は使用の別を明らかにした事業地（都市計画事業を施行する土地をいう。以下同じ。）
　　二　設計の概要
　　三　事業施行期間
3　第1項の申請書には，国土交通省令で定めるところにより，次に掲げる書類を添附しなければならない。
　　一　事業地を表示する図面
　　二　設計の概要を表示する図書
　　三〜五　（略）
4　第14条第2項の規定は，第2項第1号及び前項第1号の事業地の表示について準用する。
（認可等の基準）

第61条　国土交通大臣又は都道府県知事は，申請手続が法令に違反せず，かつ，申請に係る事業が次の各号に該当するときは，第59条の認可又は承認をすることができる。
　一　事業の内容が都市計画に適合し，かつ，事業施行期間が適切であること。
　二　（略）
（都市計画事業の認可等の告示）
第62条　国土交通大臣又は都道府県知事は，第59条の認可又は承認をしたときは，遅滞なく，国土交通省令で定めるところにより，施行者の名称，都市計画事業の種類，事業施行期間及び事業地を告示し，かつ，国土交通大臣にあつては関係都道府県知事及び関係市町村長に，都道府県知事にあつては国土交通大臣及び関係市町村長に，第60条第3項第1号及び第2号に掲げる図書の写しを送付しなければならない。
2　市町村長は，前項の告示に係る事業施行期間の終了の日（中略）まで，国土交通省令で定めるところにより，前項の図書の写しを当該市町村の事務所において公衆の縦覧に供しなければならない。
（建築等の制限）
第65条　第62条第1項の規定による告示（中略）があつた後においては，当該事業地内において，都市計画事業の施行の障害となるおそれがある土地の形質の変更若しくは建築物の建築その他工作物の建設を行ない，又は政令で定める移動の容易でない物件の設置若しくは堆積を行なおうとする者は，都道府県知事の許可を受けなければならない。
2・3　（略）
（都市計画事業のための土地等の収用又は使用）
第69条　都市計画事業については，これを土地収用法第3条各号の一に規定する事業に該当するものとみなし，同法の規定を適用する。
第70条　都市計画事業については，土地収用法第20条（中略）の規定による事業の認定は行なわず，第59条の規定による認可又は承認をもつてこれに代えるものとし，第62条第1項の規定による告示をもつて同法第26条第1項（中略）の規定による事業の認定の告示とみなす。
2　（略）
（監督処分等）
第81条　国土交通大臣，都道府県知事又は指定都市等の長は，次の各号のいずれかに該当する者に対して，都市計画上必要な限度において，（中略）工

事その他の行為の停止を命じ，若しくは相当の期限を定めて，建築物その他の工作物若しくは物件（中略）の改築，移転若しくは除却その他違反を是正するため必要な措置をとることを命ずることができる。
　一　この法律若しくはこの法律に基づく命令の規定若しくはこれらの規定に基づく処分に違反した者（以下略）
　二～四　（略）
2～4　（略）
第91条　第81条第1項の規定による国土交通大臣，都道府県知事又は指定都市等の長の命令に違反した者は，1年以下の懲役又は50万円以下の罰金に処する。

○　都市計画法施行規則（昭和44年8月25日建設省令第49号）（抜粋）
（都市計画の図書）
第9条　（略）
2　法（注：都市計画法）第14条第1項の計画図は，縮尺2500分の1以上の平面図（中略）とするものとする。
3　（略）
第47条　法第60条第3項（中略）の規定により同条第1項（中略）の申請書に添付すべき書類は，それぞれ次の各号に定めるところにより作成（中略）するものとする。
　一　事業地を表示する図面は，次に定めるところにより作成するものとする。
　　イ　縮尺50000分の1以上の地形図によつて事業地の位置を示すこと。
　　ロ　縮尺2500分の1以上の実測平面図によつて事業地を収用の部分は薄い黄色で，使用の部分は薄い緑色で着色し，事業地内に物件があるときは，その主要なものを図示すること。収用し，若しくは使用しようとする物件又は収用し，若しくは使用しようとする権利の目的である物件があるときは，これらの物件が存する土地の部分を薄い赤色で着色すること。
　二　設計の概要を表示する図書は，次に定めるところにより作成するものとする。
　　イ　都市計画施設の整備に関する事業にあつては，縮尺2500分の1以上の平面図等によつて主要な施設の位置及び内容を図示すること。
　　ロ　（略）

三　（略）

「設問1からいくよ」シエルさんが話しはじめる。「本件計画決定に処分性があるかについて，本件計画決定の法的効果を明らかにした上で，そのような法的効果が本件計画決定の処分性を根拠付けるか否かを検討することが要求されているね。念のために聞いておくけど，処分性の定義は？」
「大田区ゴミ処理場事件（判例0-1）によれば，『公権力の主体たる国または公共団体が行う行為のうち，その行為によつて，直接国民の権利義務を形成しまたはその範囲を確定することが法律上認められているもの』に処分性が認められるわね」
「そうだね。本件計画決定の主体はQ県だから，本件計画決定は公権力の主体たる公共団体が行う行為だね。そうすると直接的な法効果性の要件を満たせば処分性が認められそうだけど，本件計画決定の法的効果としてどんなものが生じるのかな？」
「まず，建築が許可制になるという建築制限の法的効果が発生するわ（都市計画法（以下「法」という。）53条・54条）」
「その建築制限効果をもって処分性を根拠付けることはできるのかな？」
「ここは土地区画整理事業計画決定事件（判例補-1）を参照すべきね。これは土地区画整理事業計画決定に関して処分性を認めたもので，直ちに都市計画決定にまでは射程は及ばないけれど，その考え方は参考になるわ。この判例は，土地区画整理事業計画決定による建築制限効果だけではなく，『事業計画の決定がされることによって……換地処分を受けるべき地位に立たされる』という法的効果に着目して処分性を認めたんだったわね。このことからすると，建築制限効果により本件計画決定の処分性を根拠付けることはできないわね[*1]」
「そうすると本件計画決定の別の法的効果から処分性を根拠付けることができないかが問題になるわけだけど？」
「本件計画決定の仕組みに即して，もう一つの法的効果を観念することができるわ。弁護士Sの指摘するように，本件計画決定の後には都市計画事業認可（法59条1項）が予定されており，当該認可がなされると認可の告示（法62条1項）

補話　銀色の狼

と同時に強度の建築制限（法65条1項）がかかる上に，都市計画事業に土地収用法が適用されるようになり（法69条），都市計画事業認可は土地収用事業認定（土地収用法20条）に代えられ，その告示は土地収用事業認定の告示（同26条1項）とみなされる。後半部分の効果は『収用を受けるべき地位』に立たされるという法的効果と表現することができるわね。だから，『換地処分を受けるべき地位』に着目して処分性を認めた土地区画整理事業計画決定事件と同様に，本件計画決定にも処分性を認めるべきね」

「そんなに安直に考えられるかなあ。問題文でも示唆されているけど，土地区画整理事業計画決定事件で処分性を認められた土地区画整理事業計画決定は，都市計画では都市計画事業認可に該当するステージなんだよね。そうすると，今言ってくれた法的効果は都市計画事業認可の処分性の根拠付けになったとしても，その前段階の本件計画決定の処分性を根拠付けにはならないんじゃない？　むしろ本件計画決定の段階は未だ一般的・抽象的な青写真の段階に過ぎない。つまり土地区画整理事業計画決定事件の射程は都市計画事業認可に及んだとしても，本件計画決定には及ばないと考えるのが普通だよね[*2]」

「確かに，それが土地区画整理事業計画決定事件の『普通の読み方』かもしれないけど，気に入らないわね。実際に，相談に来ているＰさんは困っているじゃない。実効的な権利救済の観点[*3]から処分性を拡張した土地区画整理事業計画決定事件の趣旨を拡張すれば，本件計画決定の段階で処分性を認めるべきよ」

「そういう見解が成り立たないわけじゃないけどね[*4]。ただ土地区画整理事業計画決定事件の考慮した実効的な権利救済の内容については，もうちょっと慎重に捉えたほうがいいんじゃないかな。同事件は換地処分の段階で取消訴訟を起こした場合には事情判決（行訴法31条1項）となる可能性が相当程度あることから，実効的な権利救済を図るためには事業計画決定の段階で処分性を認めるべきとしたんだよね。そうすると，本問では土地区画整理事業計画決定と同じ段階にある都市計画事業認可に処分性を認めておけば実効的な権利救済は十分だよね。それに本件計画決定の処分性をあえて肯定しなくても都市計画制限不存在確認訴訟を実質的当事者訴訟として提起すればいいしね—[*5]」

「そういう定型的な判断は好きじゃないわね。要は，それは訴えの成熟性の問題ってことでしょ[*6]。訴えの成熟性の観点からは個別事案に即してアプローチし

230

て，当該事案において権利救済の必要性があれば，処分性を認める方向もあると思う」
「んー，本問で果たして訴えの成熟性があるといえるのかな」

　なにやら，物凄い空中戦が繰り広げられているのが分かるが，正直，僕の頭ではついていくのがやっとだった。

　　二人のにらみ合いの緊張状態がしばらく続き，僕は耐えられなくなって口をはさむ。

「せ，設問２に行かれたら，いかがでしょうか？」
「あなたに言われなくても分かってるわよ」僕のほうを一瞥することもなく，トウコは答える。「設問２は本件計画の存続の適法性の問題だったわね」
「私が適法論をまず論じるよ。どうせ憲法の人は違法論が好きでしょ？」シエルさんも結構怖いことを言う。「本件計画決定を変更する場合の根拠条文は法21条だよね。この条文の効果面をみると『変更しなければならない』と効果裁量を否定するかのような書きぶりになっているけど，本問では専ら要件該当性が争点だから要件裁量の有無及び幅を考えることのほうが重要だね。そして要件の文言をみると『変更する必要が明らかとなったとき』，『その他都市計画を変更する必要が生じたとき』と不確定概念を用いていて広範な裁量を認めているように見える。加えて，都市計画決定は行政計画という行政の行為形式に属するけど，行政計画は計画策定権者の広範な裁量を認めるのが特徴で[*7]，実際，法13条の都市計画基準を見ても計画の内容形成に広範な裁量を認めている。小田急訴訟本案判決（判例補－２）も政策的・技術的判断の必要性から都市計画決定・変更の広範な裁量性を導いているよね。この広範な計画裁量を前提として本件都市計画の存続の適法性を検討すると，Ｑ県はｃ地点付近における事業所及び人口が減少する空洞化の傾向があるという『基礎調査』を踏まえてｃ地点付近の旧市街地の経済を活性化する観点から本件計画を維持する必要性があると判断している。また，本件区間を整備しないと基準道路密度を１キロメートル前後下回る結果になる。よって，計画裁量の行使として本件計画の存続は適法であるといえるね」
「じゃあ，憲法大好きの私から，違法論を主張するわ」皮肉たっぷりのトウコ。「計画裁量にも限界があり，実際，小田急判決も『重要な事実に誤認があるこ

補話　銀色の狼

と等により重要な事実の基礎を欠くこととなる場合，又は，事実に対する評価が明らかに合理性を欠くこと，判断の過程において考慮すべき事情を考慮しないこと等によりその内容が社会通念に照らし著しく妥当性を欠くものと認められる場合に限り，裁量権の範囲を逸脱し又はこれを濫用したものとして違法となる』ものと解しているわね。Q県は『基礎調査』によれば1990年から2010年までの20年間で約20パーセント減少しているにも拘わらず本件区間の交通需要が約40％増加すると推計しており，この事実評価は明らかに不合理であって，交通需要の観点からは，法21条の『基礎調査……の結果都市計画を変更する必要が明らかとなつたとき』に該当する。しかもQ県は，空洞化に歯止めをかけたいc地点の付近で営業する事業者の主張へ配慮しているけど，それは他事考慮よね。よって，違法よ」

「基礎調査によれば，確かに過去20年間で交通需要の約20パーセント減は認められるけど，そういう基礎調査も踏まえて，本件計画を存続すればc地点付近の経済の活性化効果が見込めるから，交通需要が約40パーセント伸びるとQ県が判断することは裁量の範囲内だよね。それに別にQ県はあくまで交通需要の観点から本件計画を存続しているだけで，地元の主張をそのまま他事考慮したわけではないよね」

「本件計画を存続すれば交通需要が約40パーセント増加するって妄想はどこから出てくるわけ？　それに基準道路密度を下回るって言っても，たった1キロメートルでしょ。そういう運用に一般的に合理性があったとしても，それを機械的にいつでも貫くべきじゃない」

　ああ言えば，こう言う。おそらくどちらの議論も成り立ちうるのだろう。Q県の財政事情が逼迫して事業施行が困難な状況があるし，交通需要の観点からも道路整備の必要性があるといえないし，交通需要が約40パーセント増加はいかにも妄想っぽい。一方で事実評価の不合理性や他事考慮等のいわゆる判断過程統制審査により，どこまで踏み込んだ判断ができるのか，というのが難しいところだな。

「そ，そろそろ，設問3にいっちゃいますか？」

「わかってるわよ。脇からうるさいわね」怒られることがわかっていながらも，口を挟んでしまうのは僕の性である。「設問3は本件計画が適法であることを

前提とした本件支払請求の成否ね。これは憲法29条3項に基づく損失補償請求の可否の問題。憲法大好きで，権力と戦うのが大好きな私が，損失補償請求を認める主張を立ててみようかしらね」

「それでいいよー」ふわふわニコニコとシエルさん。

「憲法29条3項の財産権保障の趣旨を貫徹するためには，法律に補償規定を欠いていたとしても，同項に基づき直接損失補償請求ができると解すべきね（河川地附近地制限令違反事件・判例補-3）。そして，同条の趣旨が特定人の財産権について『特別の犠牲』が生じた場合に公平の観点から救済する点にあることからすれば，損失補償の要否は①広く一般人を対象とするか特定人を対象とするかという形式的基準及び②侵害行為が財産権の本質的内容を侵害するほど強度のものかという実質的基準により判断すべきよ。本問では，本件計画決定によりPという特定人に建築制限の効果が及んでおり①，当該建築制限によりPは実際に鉄筋コンクリート8階建てのマンションを建築するという土地利用が妨げられていて，財産権の本質的内容を侵害しているわ②。よって，本件でも請求は認められる」

「うーん，それはどうかなあ。Q県内の土地利用規制は一般的とも特定的とも言えるので本問では形式的基準はあまり参考にならないよね*8。だから実質的基準の判断が重要になる。都市計画は『都市の健全な発展と秩序ある整備』（法4条）という積極目的で実施されているし，建築制限もあくまで現状の土地利用の固定（現状凍結型）にとどまっているしね。1970年から約40年の長期の建築制限ではあるけれど，判例は60年以上の土地利用制限でも『特別の犠牲』を認めていないよ*9（盛岡都市計画制限補償請求事件・判例補-4）」

「その判例の藤田裁判官の補足意見をもっとよく読むべきね。計画決定による長期の土地利用制限に原則として損失補償が不要だとしても，計画決定の必要性・合理性という『前提を欠く事態』になれば，やはり損失補償は認めるべき。さっき私が言ったみたいに本件計画決定には種々の問題があるので，建築制限の前提となる計画決定の必要性・合理性がなく，『特別の犠牲』があるといえるわ」

「都市計画の必要性・合理性は私がさっき主張したみたいに，存在しているんだけどね。ここまで来ると水掛け論だけどさ」

補話　銀色の狼

　シエルさんとトウコの間に，沈黙が下りる。
　どうやら最後まで問題検討が一通り終わったらしい。途中から何がなんだかほとんどわからなくなってしまったが，とりあえず終わったようで良かった。
　二人とも一気にまくしたてたせいか，苦しげな息遣いをしている。肩が上下に大きく揺れているのが見える。
　だけど，二人は，100メートル走を全力で走った後のような満足げな顔をしていた。
　トウコが笑う。
「私は，トウコっていうの。あなたの名前は？」
「シエルよ。トウコちゃん。良い名前ね。それに素敵な銀色の髪。あなた，銀狼一族の末裔ね。道理で」
「別に，家系なんて関係ないでしょ」
「それはそう。家系なんて関係ない。今度，東京に遊びに行ったときには，憲法を教えてね」
「今度，京都旅行に来たときには，また行政法の勉強をしましょう」
　そう言って，トウコは僕のほうを見る。
「そうと決まれば，東京に帰ったら，行政法の特訓よ！　帰ったらすぐにみんなを集めよう。行くよ！」
　トウコに右腕を引っ張られる僕。
　胸元で小さく右手を振るシエルさん。
　やっぱり僕ってどう考えても，流され体質だよね。

平成24年司法試験公法系第2問　解答例

第1　設問1
　本件計画決定は「処分」（行訴法3条2項）に該当しない。
　「処分」とは，公権力の主体たる国または公共団体が行う行為のうち，その行為によって，直接国民の権利義務を形成しまたはその範囲を確定することが法律上認められているものをいう。本件計画決定の主体はQ県であり，本件計画決定は公権力の主体たる公共団体が行う行為である。しかし，以下で検討す

るように本件計画決定には直接的法効果性がない。

　第一に，本件計画決定により，建築が許可制になるという建築制限の法的効果が発生する（都市計画法（以下「法」という。）53条・54条）。しかしながら，土地区画整理事業計画決定事件は，当該決定による建築制限効果のみならず，「換地処分を受けるべき地位」に立たせるという法的効果にまで着目して，抗告訴訟に足る法効果とした。したがって，この判例と同様に考えれば，建築制限効果のみをもって，直接的法効果性を根拠付けることはできない。

　第二に，本件計画決定の後には都市計画事業認可（法59条1項）が予定されており，当該認可がなされると認可の告示（法62条1項）と同時に強度の建築制限（法65条1項）がかかる上に，都市計画事業に土地収用法が適用されるようになり（法69条），都市計画事業認可は土地収用事業認定（土地収用法20条）に代えられ，その告示は土地収用事業認定の告示（同26条1項）とみなされる。したがって，本件計画決定により，対象者は「収用を受けるべき地位」に立たされることになるので，建築制限効果と相まって直接的効果性が根拠付けられると考える見解も成り立ちうる。しかし，土地区画整理事業計画決定事件により処分性を認められた決定は本問でいえば事業認可の段階に相当するのであって，事業認可の直接的法効果性を根拠付けることができたとしても，その前段階の本計画決定の直接的法効果性まで根拠付けることができるかは問題がある。そこで検討すると，本計画決定の段階では「収用を受けるべき地位」に対する権利制限の切迫性は低く，いわば一般的抽象的な青写真に過ぎないのであって，直接的な法効果が発生しているとは解し得ない。また，本件計画決定の処分性をあえて肯定しなくても，都市計画制限不存在確認訴訟を実質的当事者訴訟として提起する方法があるので，実効的な権利救済の観点からも処分性を認める必要はない。

　したがって，本件計画決定に処分性はない。

第2　設問2

　本件計画存続の適法論としては，次のような主張が想定しうる。計画変更決定の根拠となる法21条は「変更する必要が明らかとなつたとき」，「その他都市計画を変更する必要が生じたとき」と不確定概念を用いていること及び都市計画の政策的・技術的判断の必要性からすると，計画内容の形成にはその性質上，広範な計画裁量が認められる（法13条参照）。Q県はc地点付近における事業所及び人口が減少する「空洞化」の傾向があるという「基礎調査」を踏まえてc地点付近の旧市街地の経済を活性化するために本件計画を維持する必要性があると判断しており，また，本件区間を整備しないと基準道路密度を1キロメートル前後下回る結果になることから本件計画を維持しなければなら

ない合理的理由もある。よって，計画裁量の行使として本件計画の存続は適法である。

他方で，本件計画存続の違法論としては，次のような主張が想定しうる。計画裁量にも限界があり，重大な事実誤認，事実評価の不合理性，要考慮事項の考慮不尽等があれば裁量権逸脱・濫用となる。「基礎調査」によれば1990年から2010年までの20年間で本件区間の交通需要が約20パーセント減少しているにも拘わらずQ県は約40％増加すると推計しており，この事実評価は明らかに不合理であって，法21条の「基礎調査……の結果都市計画を変更する必要が明らかとなつたとき」に該当する。また，Q県は，空洞化に歯止めをかけたいc地点の付近の事業者へ配慮しているが，これは他事考慮である。よって，本件計画存続は違法である。

交通需要が過去20年間で約20パーセント減少していたとしても，本件計画存続を通じたc地点付近の経済の活性化効果を踏まえれば，交通需要が約40パーセント増加すると推計することが明らかに不合理な事実評価とまではいえない。また，広範な計画裁量を前提とすれば，このようなc地点付近の経済活性化効果を考慮することは他事考慮ではない。よって，本件計画存続は適法である。

第3　設問3
1　憲法29条3項の財産権保障の趣旨を貫徹するために損失補償規定がない場合でも，PはQ県に対して，憲法29条3項に直接基づく損失補償請求をなしうる。
2　同条の趣旨は，特定人の財産権について「特別の犠牲」が生じた場合に公平の観点から救済する点にある。よって，①広く一般人を対象とするか特定人を対象とするかという形式的基準及び②侵害行為が財産権の本質的内容を侵害するほど強度のものかという実質的基準により判断して「特別の犠牲」が生じた場合には請求が認められる。

　　Q県内の建築制限効果は一般的とも特定的とも判断しうるので，形式的基準だけでは判断し得ない。そこで，侵害行為の内容をみると，都市計画は「都市の健全な発展と秩序ある整備」（法4条）という積極目的に基づく公用制限であり，建築制限もあくまで現状の土地利用の固定（現状凍結型）にとどまっていることからすると，財産権の本質的な内容の侵害とまではいえない。ここで現状凍結型であっても1970年から約40年の長期の建築制限を考慮すれば財産権侵害の程度は極めて強度であるとの判断もありうる。しかし，都市計画は一般的に長期にわたるものであって，約40年程度の建築制限は一般的な受忍限度の範囲内である。よって，本件支払

> 請求は認められない。
>
> 　　　　　　　　　　　　　　　　　　　　　　　　　　　　　　　　　　　　以上

* 1　土地区画整理事業計画決定事件の多数意見を素直に読めば，都市計画決定に伴う建築制限を理由に処分性を肯定する立場にはないと解されている（増田稔・最判解民平成20年度464-465頁（注13））。他方で，同事件の涌井裁判官意見は建築制限効果から土地区画整理事業計画決定の処分性を認めるため，この立場に立てば，本件計画の処分性を根拠付けうる可能性もある（同）。
* 2　前掲注1）458頁。
* 3　伝統的な処分性の定義に「実効的な権利救済」のメルクマールは示されていないが，伝統的な処分性の定義においても「実効的な権利救済」の観念は潜在していたと指摘するものとして，前掲注1）452-454頁。
* 4　原田大樹『例解　行政法』（東京大学出版会，2013年）471頁。
* 5　安本典夫『都市法概説（第2版）』（法律文化社，2013年）179頁。
* 6　カテゴリー的な判断ではなく，個別事案に即した訴えの成熟性のアプローチを採用すべきとする見解として，塩野Ⅱ110頁。
* 7　塩野Ⅰ216頁。
* 8　櫻井＝橋本413頁参照。
* 9　そのほか最判昭和48年10月18日民集27巻9号1210頁は，都市計画事業として土地を収用する場合には被収用地が建築制限を受けていないとすれば有するであろうと認められる価格での補償を要するとの判断をしたことから，収用時に損失を回収可能であるとして収容前の時点では損失補償不要と解する見解がありうるが，出題趣旨によれば，この点の詳細を論じる必要はない。この議論については，阿部Ⅱ407頁以下。

おわりに

　大学で行政法の講義を聞いたり，行政法の基本書を読んだりしてはみたものの，行政法事例問題の解き方がわからない，という方は多いのではないでしょうか。他の法律と異なり，行政法の場合には，仕組み解釈等の行政法特有の思考方法があり，これを独学で身につけるのは難しいように感じます。仕組み解釈等の特殊な思考方法は，適切な指導者により口伝でその「秘儀」を授けてもらうとわかりやすいのですが，なかなかそうした指導者に巡り会えないこともあるでしょう。

　本書は，登場人物の会話の応酬を通じて行政法の思考方法をお伝えするものなので，口伝による「秘儀」の継受と類似の効果があります。もちろん本書も「本」ではありますが，本書の〈物語〉に没入することにより，口頭のコミュニケーションと同じ効果を得られると思います。ですから，読者のみなさまには，本書の〈物語〉にどっぷりと浸かり，行政法を学んでいただければ幸甚です。

　本書を出版するにあたっては，多くの方々にお世話になりました。慶應義塾大学教授の橋本博之先生には，本書を帯文にて「大絶賛」していただき，本当に感謝しております。友人の弁護士の松尾剛行先生には原稿の下読みをして頂き，様々なご示唆をいただきました。友人の行政法学者の横田明美先生（千葉大学法政経学部准教授）にも有益なコメントをいただきました。慶應義塾大学教授の駒村圭吾先生には，（本書刊行について特に相談はしておりませんが）学部の憲法ゼミのときから現在に至るまで，日頃より様々な側面でご指導をいただいて

おります。また，『憲法ガール』出版の際に法律文化社をご紹介下さった龍谷大学准教授の斎藤司先生，法律文化社編集部の掛川直之様，イラストレーターの坂井えみり様なくして，本書の出版はありえませんでした。さらに，朝倉亮太様（東京大学法科大学院）及び清水元様（早稲田大学法科大学院）には内容にまで踏み込んだコメントをいただき，菅野邑斗様（中央大学専任指導員，司法試験在学中合格），田中達也様（関西学院大学法学部法律学科），長谷川翔大様（東京大学法科大学院），藤村大輔様（同志社大学法科大学院）には校正作業のご協力をいただきました。そのほか本書出版にあたっては，家族，友人等の多くの方にお世話になっております。この場で，本書出版にご協力頂いたすべての方に，お礼を申し上げます。

2014年5月

大島 義則

判例一覧

0−1	大田区ゴミ処理場事件・最判昭和39年10月29日民集18巻8号1809頁
	【処分性の定義】 「……行政事件訴訟特例法1条にいう行政庁の処分とは……公権力の主体たる国または公共団体が行う行為のうち，その行為によつて，直接国民の権利義務を形成しまたはその範囲を確定することが法律上認められているものをいうものであることは，当裁判所の判例とするところである」
0−2	成田新幹線訴訟・最判昭和53年12月8日民集32巻9号1617頁
	【処分性と内部行為論——主務大臣と特殊法人のケース】 「本件認可は，いわば上級行政機関としての運輸大臣が下級行政機関としてのD建設公団に対しその作成した本件工事実施計画の整備計画との整合性等を審査してなす監督手段としての承認の性質を有するもので，行政機関相互の行為と同視すべきものであり，行政行為として外部に対する効力を有するものではなく，また，これによつて直接国民の権利義務を形成し，又はその範囲を確定する効果を伴うものではないから，抗告訴訟の対象となる行政処分にあたらないとした原審の判断は，正当として是認することができ，原判決に所論の違法はない。」
0−3	簡易水道料金値上げ条例事件・最判平成18年7月14日民集60巻6号2369頁
	【処分性と条例制定行為——処分性否定例】 「……抗告訴訟の対象となる行政処分とは，行政庁の処分その他公権力の行使に当たる行為をいうものである。本件改正条例は，旧高根町が営む簡易水道事業の水道料金を一般的に改定するものであって，そもそも限られた特定の者に対してのみ適用されるものではなく，本件改正条例の制定行為をもって行政庁が法の執行として行う処分と実質的に同視することはできないから，本件改正条例の制定行為は，抗告訴訟の対象となる行政処分には当たらないというべきである。」
0−4	保育所廃止条例事件・最判平成21年11月26日民集63巻9号2124頁
	【処分性と条例制定行為——処分性肯定例】 「条例の制定は，普通地方公共団体の議会が行う立法作用に属するから，一般的には，抗告訴訟の対象となる行政処分に当たるものでないことはいうまでもないが，本件改正条例は，本件各保育所の廃止のみを内容とするものであって，他に行政

庁の処分を待つことなく、その施行により各保育所廃止の効果を発生させ、当該保育所に現に入所中の児童及びその保護者という限られた特定の者らに対して、直接、当該保育所において保育を受けることを期待し得る上記の法的地位を奪う結果を生じさせるものであるから、その制定行為は、行政庁の処分と実質的に同視し得るものということができる。

　また、市町村の設置する保育所で保育を受けている児童又はその保護者が、当該保育所を廃止する条例の効力を争って、当該市町村を相手に当事者訴訟ないし民事訴訟を提起し、勝訴判決や保全命令を得たとしても、これらは訴訟の当事者である当該児童又はその保護者と当該市町村との間でのみ効力を生ずるにすぎないから、これらを受けた市町村としては当該保育所を存続させるかどうかについての実際の対応に困難を来すことにもなり、処分の取消判決や執行停止の決定に第三者効（行政事件訴訟法32条）が認められている取消訴訟において当該条例の制定行為の適法性を争い得るとすることには合理性がある。

　以上によれば、本件改正条例の制定行為は、抗告訴訟の対象となる行政処分に当たると解するのが相当である。」

1-1	2項道路一括指定処分判決・最判平成14年1月17日民集56巻1号1頁

【2項道路一括指定処分の処分性】
「本件告示は、幅員4ｍ未満1.8ｍ以上の道を一括して2項道路として指定するものであるが、これによって、法第3章の規定が適用されるに至った時点において現に建築物が立ち並んでいる幅員4ｍ未満の道のうち、本件告示の定める幅員1.8ｍ以上の条件に合致するものすべてについて2項道路としての指定がされたこととなり、当該道につき指定の効果が生じるものと解される。」

「そして、本件告示によって2項道路の指定の効果が生じるものと解する以上、このような指定の効果が及ぶ個々の道は2項道路とされ、その敷地所有者は当該道路につき道路内の建築等が制限され（法44条）、私道の変更又は廃止が制限される（法45条）等の具体的な私権の制限を受けることになるのである。そうすると、特定行政庁による2項道路の指定は、それが一括指定の方法でされた場合であっても、個別の土地についてその本来的な効果として具体的な私権制限を発生させるものであり、個人の権利義務に対して直接影響を与えるものということができる。

　したがって、本件告示のような一括指定の方法による2項道路の指定も、抗告訴訟の対象となる行政処分に当たると解すべきである。」

1-2	もんじゅ訴訟・最判平成4年9月22日民集46巻6号1090頁

【直截・適切基準説】
「処分の無効確認訴訟を提起し得るための要件の一つである、右の当該処分の効力の有無を前提とする現在の法律関係に関する訴えによって目的を達することができない場合とは、当該処分に基づいて生ずる法律関係に関し、処分の無効を前提とする当事者訴訟又は民事訴訟によっては、その処分のため被っている不利益を排除することができない場合はもとより、当該処分に起因する紛争を解決するための争訟形態として、当該処分の無効を前提とする当事者訴訟又は民事訴訟との比較において、当該処分の無効確認を求める訴えのほうがより直截的で適切な争訟形態であるとみるべき場合をも意味するものと解するのが相当である」

「……被上告人らは本件原子炉施設の設置者である動力炉・核燃料開発事業団に対し，人格権等に基づき本件原子炉の建設ないし運転の差止めを求める民事訴訟を提起しているが，右民事訴訟は，行政事件訴訟法36条にいう当該処分の効力の有無を前提とする現在の法律関係に関する訴えに該当するものとみることはできず，また，本件無効確認訴訟と比較して，本件設置許可処分に起因する本件紛争を解決するための争訟形態としてより直截的で適切なものであるともいえないから，被上告人らにおいて右民事訴訟の提起が可能であって現にこれを提起していることは，本件無効確認訴訟が同条所定の前記要件を欠くことの根拠とはなり得ない。」

| 2－1 | 山林所得課税事件・最判昭和36年3月7日民集15巻3号381頁 |

【行政処分の無効──重大明白説，外形上一見明白説】
「行政処分が当然無効であるというためには，処分に重大かつ明白な瑕疵がなければならず，ここに重大かつ明白な瑕疵というのは，「処分の要件の存在を肯定する処分庁の認定に重大・明白な瑕疵がある場合」を指すものと解すべきことは，当裁判所の判例である……。右判例の趣旨からすれば，瑕疵が明白であるというのは，処分成立の当初から，誤認であることが外形上，客観的に明白である場合を指すものと解すべきである。……また，瑕疵が明白であるかどうかは，処分の外形上，客観的に，誤認が一見看取し得るものであるかどうかにより決すべきものであつて，行政庁が怠慢により調査すべき資料を見落したかどうかは，処分に外形上客観的に明白な瑕疵があるかどうかの判定に直接関係を有するものではなく，行政庁がその怠慢により調査すべき資料を見落したかどうかにかかわらず，外形上，客観的に誤認が明白であると認められる場合には，明白な瑕疵があるというを妨げない。」

| 2－2 | 名義無断借用所得税課税事件・最判昭和48年4月26日民集27巻3号629頁 |

【行政処分の無効──明白性補充要件説】
「……一般に，課税処分が課税庁と被課税者との間にのみ存するもので，処分の存在を信頼する第三者の保護を考慮する必要のないこと等を勘案すれば，当該処分における内容上の過誤が課税要件の根幹についてのそれであつて，徴税行政の安定とその円滑な運営の要請を斟酌してもなお，不服申立期間の徒過による不可争的効果の発生を理由として被課税者に右処分による不利益を甘受させることが，著しく不当と認められるような例外的な事情のある場合には，前記の過誤による瑕疵は，当該処分を当然無効ならしめるものと解するのが相当である。」

| 2－3 | 無限連鎖講課税処分事件・最判平成16年7月13日判時1874号58頁 |

【行政処分の無効──明白性補充要件説】
「……課税庁においてEが法人でない社団の要件を具備すると認定したことには，それなりの合理的な理由が認められるのであって，仮にその認定に誤りがあるとしても，誤認であることが本件各更正の成立の当初から外形上，客観的に明白であるということはできない。
　また，仮に本件各更正に課税要件の根幹についての過誤があるとしても，前記事実関係によれば，Dは，税務対策等の観点から講事業の社団化を図り，自ら，Eの定款の作成にかかわり，発起人会，会員総会及び理事会を開催し，Eの名におい

て事業活動を展開するとともに，Eに所得が帰属するとして法人税，法人事業税，法人県民税及び法人市民税の申告をし，申告に係るこれらの税を納付して，高額の所得税の負担を免れたというのである。そうすると，徴税行政の安定とその円滑な運営の要請をしんしゃくしても，なお，不服申立期間の徒過による不可争的効果の発生を理由としてDに本件各更正による不利益を甘受させることが著しく不当と認められるような例外的な事情がある場合……に該当するということもできない。」

2−4	国有農地売払特措法事件・最大判昭和53年7月12日民集32巻5号946頁
	【財産権侵害の判断基準——事後法による財産権の内容変更】 「憲法29条1項は，「財産権は，これを侵してはならない。」と規定しているが，同条2項は，「財産権の内容は，公共の福祉に適合するやうに，法律でこれを定める。」と規定している。したがつて，法律でいつたん定められた財産権の内容を事後の法律で変更しても，それが公共の福祉に適合するようにされたものである限り，これをもつて違憲の立法ということができないことは明らかである。そして，右の変更が公共の福祉に適合するようにされたものであるかどうかは，いつたん定められた法律に基づく財産権の性質，その内容を変更する程度，及びこれを変更することによつて保護される公益の性質などを総合的に勘案し，その変更が当該財産権に対する合理的な制約として容認されるべきものであるかどうかによつて，判断すべきである。」
2−5	紀伊長島町水道水源保護条例事件・最判平成16年12月24日民集58巻9号2536頁
	【配慮義務】 「本件条例は，水源保護地域内において対象事業を行おうとする事業者にあらかじめ町長との協議を求めるとともに，当該協議の申出がされた場合には，町長は，規制対象事業場と認定する前に審議会の意見を聴くなどして，慎重に判断することとしているところ，規制対象事業場認定処分が事業者の権利に対して重大な制限を課すものであることを考慮すると，上記協議は，本件条例の中で重要な地位を占める手続であるということができる。そして，前記事実関係等によれば，本件条例は，上告人が三重県知事に対してした産業廃棄物処理施設設置許可の申請に係る事前協議に被上告人が関係機関として加わったことを契機として，上告人が町の区域内に本件施設を設置しようとしていることを知った町が制定したものであり，被上告人は，上告人が本件条例制定の前に既に産業廃棄物処理施設設置許可の申請に係る手続を進めていたことを了知しており，また，同手続を通じて本件施設の設置の必要性と水源の保護の必要性とを調和させるために町としてどのような措置を執るべきかを検討する機会を与えられていたということができる。そうすると，被上告人としては，上告人に対して本件処分をするに当たっては，本件条例の定める上記手続において，上記のような上告人の立場を踏まえて，上告人と十分な協議を尽くし，上告人に対して地下水使用量の限定を促すなどして予定取水量を水源保護の目的にかなう適正なものに改めるよう適切な指導をし，上告人の地位を不当に害することのないよう配慮すべき義務があったものというべきであって，本件処分がそのような義務に違反してされたものである場合には，本件処分は違法となるといわざるを得ない。」

2-6	余目町個室付浴場事件・最判昭和53年5月26日民集32巻3号689頁，最判昭和53年6月16日刑集32巻4号605頁
	【目的違反・動機違反——国家賠償請求訴訟】 「……原審の認定した右事実関係のもとにおいては，本件児童遊園設置認可処分は行政権の著しい濫用によるものとして違法であり，かつ，右認可処分とこれを前提としてされた本件営業停止処分によつて被上告人が被つた損害との間には相当因果関係があると解するのが相当であるから，被上告人の本訴損害賠償請求はこれを認容すべきである。」 **【目的違反・動機違反——刑事訴訟】** 「本来，児童遊園は，児童に健全な遊びを与えてその健康を増進し，情操をゆたかにすることを目的とする施設（児童福祉法40条参照）なのであるから，児童遊園設置の認可申請，同認可処分もその趣旨に沿つてなされるべきものであつて，前記のような，被告会社のトルコぶろ営業の規制を主たる動機，目的とするa町のb児童遊園設置の認可申請を容れた本件認可処分は，行政権の濫用に相当する違法性があり，被告会社のトルコぶろ営業に対しこれを規制しうる効力を有しないといわざるをえない」
3-1	東京高決平成14年6月10日判時1803号15頁
	【執行停止——通常生ずる損害説】 「相手方のように法の定めに従って退去強制令書の発付を受けた者は，その送還先に送還される前提として，法5章に定める手続を経て，入国者収容所，収容場その他法務大臣又はその委任を受けた主任審査官が指定する場所に収容されることになり（法52条5項），これによって同章所定の限度で身体の自由が制限されることになるが，法は，これによって本邦から不法入国者等を退去させ，出入国の公正な管理を図ることとしているものである（法1条）。 　したがって，法の規定に基づき退去強制を受ける相手方が収容場等に収容されることにより，一定の限度でその自由が制限されることやその収容自体がもたらす精神的苦痛等の不利益を被ったとしても，そのような自由の制限や精神的苦痛等の不利益が収容の結果通常発生する範囲にとどまる限りにおいては，行訴法25条2項にいう「回復の困難な損害」には該当せず，相手方が受ける損害は社会通念上事後的な金銭賠償による回復をもって満足することもやむを得ないものといわなければならない。そうすると，退去強制令書に基づく収容処分の執行の停止を求める申立てにおいて，行訴法25条2項にいう「回復の困難な損害を避けるため緊急の必要があるとき」に該当するというためには，法が予定している身体拘束による自由の制限や精神的苦痛等の不利益を超え，退去強制を受ける者が収容に耐え難い身体的状況にあるとか，収容場等の環境その他諸般の事情により，収容を継続することが是認できない程度の特別の損害を被るおそれがあることを要すると解するのが相当である。」
3-2	大阪地判平成18年1月25日裁判所ウェブサイト
	【裁決主義】 「……法は，外国人に対する退去強制の手続として，退去強制事由に該当すると疑

うに足りる相当の理由がある外国人（容疑者）についてその者を収容してその身体を拘束した上，退去強制事由の有無の認定を行政処分としての入国審査官の認定により行うものとし，当該認定に異議のある容疑者に対しては，特別審理官に対する口頭による口頭審理の請求及び法務大臣に対する書面による異議の申出という2段階の不服申立手続を設け，当該容疑者に退去強制事由の有無について争う機会を確保するとともに，各不服申立期間をそれぞれ通知を受けた日から3日以内という極めて短いものとし，他方，法務大臣に対する異議の申出の手続においては，法務大臣において，異議の申出が理由があるかどうか，すなわち，入国審査官による退去強制事由の有無についての認定に誤りがあるか否かについての判断にとどまらず，出入国管理行政の責任を最終的に負う者として当該容疑者に対しその者が退去強制事由に該当する（異議の申出が理由がない）にもかかわらず在留特別許可を付与するか否かについての判断をもするものとして，退去強制事由の有無及び退去強制事由が認められる場合最終的に当該容疑者に退去強制を受けさせるかその者に本邦における在留を特別に認めるかを迅速かつ適正に確定させる仕組みを採用しているものということができる。

　このような退去強制の手続に関する法の趣旨，目的等に加えて，退去強制事由に該当する旨の入国審査官の認定に対する上記2段階の不服申立手続において，当該認定が誤りがある旨の判定又は裁決がされた場合については，当該判定をした特別審理官において又は当該裁決をした法務大臣の通知を受けた主任審査官において直ちに当該容疑者を放免するものとされ，法文上入国審査官の認定に対する取消しが規定されていないことをも併せ考えると，法は，退去強制事由に該当する旨の入国審査官の認定に不服がある場合には，法所定の申立期間内に特別審理官に対する口頭審理の請求及び法務大臣に対する異議の申出という2段階の不服申立てを経るものとした上，なお不服がある場合には，当該不服申立手続における最終判断としての法務大臣の異議の申出が理由がない旨の裁決に対してのみ取消訴訟を提起することができるものとし，当該取消訴訟において退去強制事由に該当する旨の入国審査官の認定の違法を（在留特別許可を付与しないものとした判断の違法とともに）争わせる仕組み（裁決主義）を採用したものと解するのが相当というべきである。」

5-1	病院開設中止勧告事件・最判平成17年7月15日民集59巻6号1661頁

【医療法上の勧告の処分性】
「(1)医療法は，病院を開設しようとするときは，開設地の都道府県知事の許可を受けなければならない旨を定めているところ（7条1項），都道府県知事は，一定の要件に適合する限り，病院開設の許可を与えなければならないが（同条3項），医療計画の達成の推進のために特に必要がある場合には，都道府県医療審議会の意見を聴いて，病院開設申請者等に対し，病院の開設，病床数の増加等に関し勧告することができる（30条の7）。そして，医療法上は，上記の勧告に従わない場合にも，そのことを理由に病院開設の不許可等の不利益処分がされることはない。

　他方，健康保険法（平成10年法律第109号による改正前のもの）43条ノ3第2項は，都道府県知事は，保険医療機関等の指定の申請があった場合に，一定の事由があるときは，その指定を拒むことができると規定しているが，この拒否事由の定めの中には，「保険医療機関等トシテ著シク不適当ト認ムルモノナルトキ」と

の定めがあり，昭和62年保険局長通知において，「医療法第30条の7の規定に基づき，都道府県知事が医療計画達成の推進のため特に必要があるものとして勧告を行ったにもかかわらず，病院開設が行われ，当該病院から保険医療機関の指定申請があった場合にあっては，健康保険法43条の3第2項に規定する『著シク不適当ト認ムルモノナルトキ』に該当するものとして，地方社会保険医療協議会に対し，指定拒否の諮問を行うこと」とされていた（なお，平成10年法律第109号による改正後の健康保険（平成11年法律第87号による改正前のもの）43条の3第4項2号は，医療法30条の7の規定による都道府県知事の勧告を受けてこれに従わない場合には，その申請に係る病床の全部又は一部を除いて保険医療機関の指定を行うことができる旨を規定するに至った。）。

　　(2)　上記の医療法及び健康保険法の規定の内容やその運用の実情に照らすと，医療法30条の7の規定に基づく病院開設中止の勧告は，医療法上は当該勧告を受けた者が任意にこれに従うことを期待してされる行政指導として定められているけれども，当該勧告を受けた者に対し，これに従わない場合には，相当程度の確実さをもって，病院を開設しても保険医療機関の指定を受けることができなくなるという結果をもたらすものということができる。そして，いわゆる国民皆保険制度が採用されている我が国においては，健康保険，国民健康保険等を利用しないで病院で受診する者はほとんどなく，保険医療機関の指定を受けずに診療行為を行う病院がほとんど存在しないことは公知の事実であるから，保険医療機関の指定を受けることができない場合には，実際上病院の開設自体を断念せざるを得ないことになる。このような医療法30条の7の規定に基づく病院開設中止の勧告の保険医療機関の指定に及ぼす効果及び病院経営における保険医療機関の指定の持つ意義を併せ考えると，この勧告は，行政事件訴訟法3条2項にいう「行政庁の処分その他公権力の行使に当たる行為」に当たると解するのが相当である。後に保険医療機関の指定拒否処分の効力を抗告訴訟によって争うことができるとしても，そのことは上記の結論を左右するものではない。」

5-2	宇都宮地決平成19年6月18日裁判所ウェブサイト
	【介護保険法の公表の処分性】 「差止めの訴えの対象である「処分」（行政事件訴訟法3条7項）とは，「行政庁の処分その他公権力の行使にあたる行為」（同条2項）であり，国または公共団体の機関が行う行為のうち，その行為によって直接国民の権利義務を形成し，またはその範囲を確定することが法律上認められているものをいう。 　行政機関による公表は，非権力的な事実行為であり，それ自体によって直接国民の権利義務に影響を及ぼすものとはいえず，「行政庁の処分その他の公権力の行使にあたる行為」にはあたらない。」
5-3	弁護士戒告処分公表事件・最決平成15年3月11日判時1822号55頁
	【社会的信用の低下等と執行停止――弁護士に対する戒告処分】 「弁護士に対する戒告処分は，それが当該弁護士に告知された時にその効力が生じ，告知によって完結する。その後会則97条の3第1項に基づいて行われる公告は，処分があった事実を一般に周知させるための手続であって，処分の効力として行われるものでも，処分の続行手続として行われるものでもないというべきである。

そうすると，本件処分の効力又はその手続の続行を停止することによって本件公告が行われることを法的に阻止することはできないし，本件処分が本件公告を介して第三者の知るところとなり，相手方の弁護士としての社会的信用等が低下するなどの事態を生ずるとしても，それは本件処分によるものではないから，これをもって本件処分により生ずる回復困難な損害に当たるものということはできない。」

5-4	弁護士懲戒処分事件・最決平成19年12月18日判時1994号21頁
	【社会的信用の低下等と執行停止──弁護士に対する懲戒処分】 「相手方は，その所属する弁護士会から業務停止3月の懲戒処分を受けたが，当該業務停止期間中に期日が指定されているものだけで31件の訴訟案件を受任していたなど本件事実関係の下においては，行政事件訴訟法25条3項所定の事由を考慮し勘案して，上記懲戒処分によって相手方に生ずる社会的信用の低下，業務上の信頼関係の毀損等の損害が同条2項に規定する「重大な損害」に当たるものと認めた原審の判断は，正当として是認することができる。」
6-1	旅券発給拒否事件・最判昭和60年1月22日民集39巻1号1頁
	【理由付記と取消事由】 「……単に「旅券法13条1項5号に該当する。」と付記されているにすぎない本件一般旅券発給拒否処分の通知書は，同法14条の定める理由付記の要件を欠くものというほかはなく，本件一般旅券発給拒否処分に右違法があることを理由としてその取消しを求める上告人の本訴請求は，正当として認容すべきである。」
6-2	個人タクシー事件・最判昭和46年10月28日民集25巻7号1037頁
	【告知・聴聞の機会と取消事由】 「しかし，同法による個人タクシー事業の免許の許否は個人の職業選択の自由にかかわりを有するものであり，このことと同法六条および前記122条の2の規定等とを併せ考えれば，本件におけるように，多数の者のうちから少数特定の者を，具体的個別的事実関係に基づき選択して免許の許否を決しようとする行政庁としては，事実の認定につき行政庁の独断を疑うことが客観的にもっとも認められるような不公正な手続をとつてはならないものと解せられる。すなわち，右6条は抽象的な免許基準を定めているにすぎないのであるから，内部的にせよ，さらに，その趣旨を具体化した審査基準を設定し，これを公正かつ合理的に適用すべく，とくに，右基準の内容が微妙，高度の認定を要するようなものである等の場合には，右基準を適用するうえで必要とされる事項について，申請人に対し，その主張と証拠の提出の機会を与えなければならないというべきである。免許の申請人はこのような公正な手続によつて免許の許否につき判定を受くべき法的利益を有するものと解すべく，これに反する審査手続によつて免許の申請の却下処分がされたときは，右利益を侵害するものとして，右処分の違法事由となるものというべきである。」
6-3	群馬中央バス事件・最判昭和50年5月29日民集29巻5号662頁
	【告知・聴聞の機会と取消事由】

「……一般乗合旅客自動車運送事業の免許の許否の決定手続において，陸運局長による聴聞及び運輸審議会における公聴会は，それぞれ重要な使命と役割を有するものというべきであるが，その重要性の程度，したがってまたその手続上の瑕疵が運輸大臣による許否の決定の法的効力に及ぼすべき影響については，両者の間に差異があり，これを区別して考察する必要がある。すなわち，運輸審議会が機構的に運輸大臣から独立した地位と構成をもつ第三者的機関であるのに対し，陸運局長は運輸大臣の純然たる補助機関であり，またその行う聴聞も，運輸審議会における公聴会に比して簡略であることが予定されていると見受けられること，更に運輸審議会の決定に対しては運輸大臣がこれを尊重すべき旨を特に法が定めていること等から考えると，免許の許否の決定に関する審理手続において最も重要な意義を有するのは，運輸審議会における公聴会であり，陸運局長の聴聞は，主として運輸審議会における公聴会審理が行われない場合に特別の価値をもつものであつて，これが行われる場合には，単なる補充的な意義及び機能しか有しないものと解せられる。そうすると，陸運局長の聴聞が右のような従たる意義しかもたない場合には，たとえその聴聞手続に瑕疵があつたとしても，最終的な運輸大臣の許否の決定自体を取り消さなければならないほどの違法があるものとするには足りないと解するのが相当である。」

7－1	小田急判決・最大判平成17年12月7日民集59巻10号2645頁
	【原告適格の判断枠組み】 「行政事件訴訟法9条は，取消訴訟の原告適格について規定するが，同条1項にいう当該処分の取消しを求めるにつき「法律上の利益を有する者」とは，当該処分により自己の権利若しくは法律上保護された利益を侵害され，又は必然的に侵害されるおそれのある者をいうのであり，当該処分を定めた行政法規が，不特定多数者の具体的利益を専ら一般的公益の中に吸収解消させるにとどめず，それが帰属する個々人の個別的利益としてもこれを保護すべきものとする趣旨を含むと解される場合には，このような利益もここにいう法律上保護された利益に当たり，当該処分によりこれを侵害され又は必然的に侵害されるおそれのある者は，当該処分の取消訴訟における原告適格を有するものというべきである。 　そして，処分の相手方以外の者について上記の法律上保護された利益の有無を判断するに当たっては，当該処分の根拠となる法令の規定の文言のみによることなく，当該法令の趣旨及び目的並びに当該処分において考慮されるべき利益の内容及び性質を考慮し，この場合において，当該法令の趣旨及び目的を考慮するに当たっては，当該法令と目的を共通にする関係法令があるときはその趣旨及び目的をも参酌し，当該利益の内容及び性質を考慮するに当たっては，当該処分がその根拠となる法令に違反してされた場合に害されることとなる利益の内容及び性質並びにこれが害される態様及び程度をも勘案すべきものである（同条2項参照）。」
7－2	総合設計許可取消請求事件・最判平成14年1月22日民集56巻1号46頁
	【所有権者と原告適格】 「以上のような同項の趣旨・目的，同項が総合設計許可を通して保護しようとしている利益の内容・性質等に加え，同法が建築物の敷地，構造等に関する最低の基

準を定めて国民の生命，健康及び財産の保護を図ることなどを目的とするものである（1条）ことにかんがみれば，同法59条の2第1項は，上記許可に係る建築物の建築が市街地の環境の整備改善に資するようにするとともに，当該建築物の倒壊，炎上等による被害が直接的に及ぶことが想定される周辺の一定範囲の地域に存する他の建築物についてその居住者の生命，身体の安全等及び財産としてのその建築物を，個々人の個別的利益としても保護すべきものとする趣旨を含むものと解すべきである。そうすると，総合設計許可に係る建築物の倒壊，炎上等により直接的な被害を受けることが予想される範囲の地域に存する建築物に居住し又はこれを所有する者は，総合設計許可の取消しを求めるにつき法律上の利益を有する者として，その取消訴訟における原告適格を有すると解するのが相当である。」

7－3	仙台市建築確認取消請求事件・最判昭和59年10月26日民集38巻10号1169頁

【建築確認と狭義の訴えの利益】
「しかしながら，右工事が完了した後における建築主事等の検査は，当該建築物及びその敷地が建築関係規定に適合しているかどうかを基準とし，同じく特定行政庁の違反是正命令は，当該建築物及びその敷地が建築基準法並びにこれに基づく命令及び条例の規定に適合しているかどうかを基準とし，いずれも当該建築物及びその敷地が建築確認に係る計画どおりのものであるかどうかを基準とするものでない上，違反是正命令を発するかどうかは，特定行政庁の裁量にゆだねられているから，建築確認の存在は，検査済証の交付を拒否し又は違反是正命令を発する上において法的障害となるものではなく，また，たとえ建築確認が違法であるとして判決で取り消されたとしても，検査済証の交付を拒否し又は違反是正命令を発すべき法的拘束力が生ずるものではない。したがつて，建築確認は，それを受けなければ右工事をすることができないという法的効果を付与されているにすぎないものというべきであるから，当該工事が完了した場合においては，建築確認の取消しを求める訴えの利益は失われるものといわざるを得ない。」

7－4	東京高決平成21年2月6日裁判所ウェブサイト

【狭義の訴えの利益と執行停止】
「……このまま建築工事が続行され，本件建築物が完成すると，本件建築物の倒壊，炎上等により，申立人らはその生命又は財産等に重大な損害を被るおそれがあるということができる。
　　しかも……本件建築物の建築等の工事は完了間近であるところ，本件建築物の建築等の工事が完了すると，本件処分の取消しを求める訴えの利益は失われるのである……。そうすると，上告審において本件処分の取消しを求める訴えは不適法なものとして却下されることになって，申立人らにおいて建築確認に係る本件建築物の倒壊，炎上等により損害を被ることを防止することができなくなる（他の手段，例えば民事訴訟により建築続行禁止の仮処分を求めることなども考えられないではないが，認容されるための要件が異なるのであり，建築確認取消訴訟と同じように損害の防止を図ることが可能であるとは必ずしもいえないものである。）。このような事態は，法が，申立人らに対し，建築確認取消訴訟の原告適格を認め，同人らが当該建築確認に係る建築物により損害を被ることを防止する手

	段を与えていることと実質的に適合しない結果をもたらすものである。」 「このような点を斟酌すると，申立人らは，本件処分により生ずる重大な損害（本件処分に係る本件建築物の倒壊，炎上等による自己の生命，財産等の侵害）を避けるため，本件処分の効力を停止する緊急の必要があると解するのが相当である。」
8－1	新潟空港事件・最判平成元年2月17日民集43巻2号56頁
	【主張制限】 「……上告人が本件各免許の違法事由として具体的に主張するところは，要するに，(1)被上告人が告示された供用開始期日の前から本件空港の変更後の着陸帯乙及び滑走路乙を供用したのは違法であり，このような状態において付与された本件各免許は法101条1項3号の免許基準に適合しない，(2)本件空港の着陸帯甲及び乙は非計器用であるのに，被上告人はこれを違法に計器用に供用しており，このような状態において付与された本件各免許は右免許基準に適合しない，(3)日本航空株式会社に対する本件免許は，当該路線の利用客の大部分が遊興目的の韓国ツアーの団体客である点において，同条同項1号の免許基準に適合せず，また，当該路線については，日韓航空協定に基づく相互乗入れが原則であることにより輸送力が著しく供給過剰となるので，同項2号の免許基準に適合しない，というものであるから，上告人の右違法事由の主張がいずれも自己の法律上の利益に関係のない違法をいうものであることは明らかである。そうすると，本件請求は，上告人が本件各免許の取消しを訴求する原告適格を有するとしても，行政事件訴訟法10条1項によりその主張自体失当として棄却を免れないことになるが，その結論は原判決より上告人に不利益となり，民訴法396条，385条により原判決を上告人に不利益に変更することは許されないので，当裁判所は原判決の結論を維持して上告を棄却するにとどめるほかなく，結局，原判決の前示の違法は，その結論に影響を及ぼさないこととなる。」
9－1	市川市接待訴訟・最判昭和61年2月27日民集40巻1号88頁
	【地方公共団体の長に対する賠償命令の可否】 「……普通地方公共団体の長は，当該地方公共団体の条例，予算その他の議会の議決に基づく事務その他公共団体の事務を自らの判断と責任において誠実に管理し及び執行する義務を負い（法138条の2），予算についてその調製権，議会提出権，付再議権，原案執行権及び執行状況調査権等広範な権限を有するものであつて（法176条，177条，211条，218条，221条），その職責に鑑みると，普通地方公共団体の長の行為による賠償責任については，他の職員と異なる取扱をされることもやむを得ないものであり，右のような普通地方公共団体の長の職責並びに前述のような法243条の2の規定の趣旨及び内容に照らせば，同条1項所定の職員には当該地方公共団体の長は含まれず，普通地方公共団体の長の当該地方公共団体に対する賠償責任については民法の規定によるものと解するのが相当である。」
9－2	大阪高判昭和59年1月25日行裁例集35巻1号8頁
	【住民要件が要求される時点】 「本件訴訟は地方自治法242条の2の規定に基づく住民訴訟であるから，控訴人らが芦屋市の住民であることを要件とするものであり，しかもその住民であること

	の要件は本件訴えの適法要件であるから事実審の口頭弁論終結時まで存在していることを要するものと解すべきである。」
9－3	指名競争入札村外業者排除事件・最判平成18年10月26日判時1953号122頁
	【一般競争入札の趣旨】 「地方自治法234条1項は「売買，貸借，請負その他の契約は，一般競争入札，指名競争入札，随意契約又はせり売りの方法により締結するものとする。」とし，同条2項は「前項の指名競争入札，随意契約又はせり売りは，政令で定める場合に該当するときに限り，これによることができる。」としており，例えば，指名競争入札については，契約の性質又は目的が一般競争入札に適しない場合などに限り，これによることができるものとされている（地方自治法施行令167条）。このような地方自治法等の定めは，普通地方公共団体の締結する契約については，その経費が住民の税金で賄われること等にかんがみ，機会均等の理念に最も適合して公正であり，かつ，価格の有利性を確保し得るという観点から，一般競争入札の方法によるべきことを原則とし，それ以外の方法を例外的なものとして位置付けているものと解することができる。また，公共工事の入札及び契約の適正化の促進に関する法律は，公共工事の入札等について，入札の過程の透明性が確保されること，入札に参加しようとする者の間の公正な競争が促進されること等によりその適正化が図られなければならないとし（3条），前記のとおり，指名競争入札の参加者の資格についての公表や参加者を指名する場合の基準を定めたときの基準の公表を義務付けている。以上のとおり，地方自治法等の法令は，普通地方公共団体が締結する公共工事等の契約に関する入札につき，機会均等，公正性，透明性，経済性（価格の有利性）を確保することを図ろうとしているものということができる。」
9－4	福江市ゴミ処理場請負契約事件・最判昭和62年3月20日民集41巻2号189頁
	【随意契約の許容性——「その性質又は目的が競争入札に適しないものをするとき」の意義】 「……同項1号に掲げる「その性質又は目的が競争入札に適しないものをするとき」とは，原判決の判示するとおり，不動産の買入れ又は借入れに関する契約のように当該契約の目的物の性質から契約の相手方がおのずから特定の者に限定されてしまう場合や契約の締結を秘密にすることが当該契約の目的を達成する上で必要とされる場合など当該契約の性質又は目的に照らして競争入札の方法による契約の締結が不可能又は著しく困難というべき場合がこれに該当することは疑いがないが，必ずしもこのような場合に限定されるものではなく，競争入札の方法によること自体が不可能又は著しく困難とはいえないが，不特定多数の者の参加を求め競争原理に基づいて契約の相手方を決定することが必ずしも適当ではなく，当該契約自体では多少とも価格の有利性を犠牲にする結果になるとしても，普通地方公共団体において当該契約の目的，内容に照らしそれに相応する資力，信用，技術，経験等を有する相手方を選定しその者との間で契約の締結をするという方法をとるのが当該契約の性質に照らし又はその目的を究極的に達成する上でより妥当であり，ひいては当該普通地方公共団体の利益の増進につながると合理的に判断される場合も同項1号に掲げる場合に該当するものと解すべきである。そし

て，右のような場合に該当するか否かは，契約の公正及び価格の有利性を図ることを目的として普通地方公共団体の契約締結の方法に制限を加えている前記法及び令の趣旨を勘案し，個々具体的な契約ごとに，当該契約の種類，内容，性質，目的等諸般の事情を考慮して当該普通地方公共団体の契約担当者の合理的な裁量判断により決定されるべきものと解するのが相当である。」

10-1	山形県小国町砂利譲渡事件・最判平成17年11月17日判時1917号25頁

【「適正な対価」なき譲渡に議会の議決を要求している趣旨】
「地方自治法237条2項は，条例又は議会の議決による場合でなければ，普通地方公共団体の財産を適正な対価なくして譲渡し，又は貸し付けてはならない旨規定している。一方，同法96条1項6号は，条例で定める場合を除くほか，財産を適正な対価なくして譲渡し，又は貸し付けることを議会の議決事項として定めている。これらの規定は，適正な対価によらずに普通地方公共団体の財産の譲渡等を行うことを無制限に許すとすると，当該普通地方公共団体に多大の損失が生ずるおそれがあるのみならず，特定の者の利益のために財政の運営がゆがめられるおそれもあるため，条例による場合のほかは，適正な対価によらずに財産の譲渡等を行う必要性と妥当性を議会において審議させ，当該譲渡等を行うかどうかを議会の判断にゆだねることとしたものである。このような同法237条2項等の規定の趣旨にかんがみれば，同項の議会の議決があったというためには，当該譲渡等が適正な対価によらないものであることを前提として審議がされた上当該譲渡等を行うことを認める趣旨の議決がされたことを要するというべきである。」

10-2	神戸市債権放棄議決事件・最判平成24年4月20日民集66巻6号2583頁

【地方議会による損害賠償請求権放棄の可否と限界】
「地方自治法96条1項10号は，普通地方公共団体の議会の議決事項として，「法律若しくはこれに基づく政令又は条例に特別の定めがある場合を除くほか，権利を放棄すること」を定め，この「特別の定め」の例としては，普通地方公共団体の長はその債権に係る債務者が無資力又はこれに近い状態等にあるときはその議会の議決を経ることなくその債権の放棄としての債務の免除をすることができる旨の同法240条3項，地方自治法施行令171条の7の規定等がある。他方，普通地方公共団体の議会の議決を経た上でその長が債権の放棄をする場合におけるその放棄の実体的要件については，同法その他の法令においてこれを制限する規定は存しない。
　したがって，地方自治法においては，普通地方公共団体がその債権の放棄をするに当たって，その議会の議決及び長の執行行為（条例による場合には，その公布）という手続的要件を満たしている限り，その適否の実体的判断については，住民による直接の選挙を通じて選出された議員により構成される普通地方公共団体の議決機関である議会の裁量権に基本的に委ねられているものというべきである。もっとも，同法において，普通地方公共団体の執行機関又は職員による公金の支出等の財務会計行為又は怠る事実に係る違法事由の有無及びその是正の要否等につき住民の関与する裁判手続による審査等を目的として住民訴訟制度が設けられているところ，住民訴訟の対象とされている損害賠償請求権又は不当利得返還請求権を放棄する旨の議決がされた場合についてみると，このような請求権が認め

	られる場合は様々であり，個々の事案ごとに，当該請求権の発生原因である財務会計行為等の性質，内容，原因，経緯及び影響，当該議決の趣旨及び経緯，当該請求権の放棄又は行使の影響，住民訴訟の係属の有無及び経緯，事後の状況その他の諸般の事情を総合考慮して，これを放棄することが普通地方公共団体の民主的かつ実効的な行政運営の確保を旨とする同法の趣旨等に照らして不合理であって上記の裁量権の範囲の逸脱又はその濫用に当たると認められるときは，その議決は違法となり，当該放棄は無効となるものと解するのが相当である。そして，当該公金の支出等の財務会計行為等の性質，内容については，その違法事由の性格や当該職員又は当該支出等を受けた者の帰責性等が考慮の対象とされるべきものと解される。」
11－1	サテライト大阪判決・最判平成21年10月15日民集63巻8号1711頁
	【場外車券発売施設設置許可と原告適格】 「一般的に，場外施設が設置，運営された場合に周辺住民等が被る可能性のある被害は，交通，風紀，教育など広い意味での生活環境の悪化であって，その設置，運営により，直ちに周辺住民等の生命，身体の安全や健康が脅かされたり，その財産に著しい被害が生じたりすることまでは想定し難いところである。そして，このような生活環境に関する利益は，基本的には公益に属する利益というべきであって，法令に手掛りとなることが明らかな規定がないにもかかわらず，当然に，法が周辺住民等において上記のような被害を受けないという利益を個々人の個別的利益としても保護する趣旨を含むと解するのは困難といわざるを得ない。」 「……法及び規則が位置基準によって保護しようとしているのは，第一次的には，上記のような不特定多数者の利益であるところ，それは，性質上，一般的公益に属する利益であって，原告適格を基礎付けるには足りないものであるといわざるを得ない。したがって，場外施設の周辺において居住し又は事業（医療施設等に係る事業を除く。）を営むにすぎない者や，医療施設等の利用者は，位置基準を根拠として場外施設の設置許可の取消しを求める原告適格を有しないものと解される。」 「……位置基準は，一般的公益を保護する趣旨に加えて，上記のような業務上の支障が具体的に生ずるおそれのある医療施設等の開設者において，健全で静穏な環境の下で円滑に業務を行うことのできる利益を，個々の開設者の個別的利益として保護する趣旨をも含む規定であるというべきであるから，当該場外施設の設置，運営に伴い著しい業務上の支障が生ずるおそれがあると位置的に認められる区域に医療施設等を開設する者は，位置基準を根拠として当該場外施設の設置許可の取消しを求める原告適格を有するものと解される。そして，このような見地から，当該医療施設等の開設者が上記の原告適格を有するか否かを判断するに当たっては，当該場外施設が設置，運営された場合にその規模，周辺の交通等の地理的状況等から合理的に予測される来場者の流れや滞留の状況等を考慮して，当該医療施設等が上記のような区域に所在しているか否かを，当該場外施設と当該医療施設等との距離や位置関係を中心として社会通念に照らし合理的に判断すべきものと解するのが相当である。」
12－1	宝塚市パチンコ条例事件・最判平成14年7月9日民集56巻6号1134頁

		【司法的執行の可否】 「国又は地方公共団体が提起した訴訟であって，財産権の主体として自己の財産上の権利利益の保護救済を求めるような場合には，法律上の争訟に当たるというべきであるが，国又は地方公共団体が専ら行政権の主体として国民に対して行政上の義務の履行を求める訴訟は，法規の適用の適正ないし一般公益の保護を目的とするものであって，自己の権利利益の保護救済を目的とするものということはできないから，法律上の争訟として当然に裁判所の審判の対象となるものではなく，法律に特別の規定がある場合に限り，提起することが許されるものと解される。」
12－2		徳島市公安条例事件・最大判昭和50年9月10日刑集29巻8号489頁
		【条例制定権の限界】 「すなわち，地方自治法14条1項は，普通地方公共団体は法令に違反しない限りにおいて同法2条2項の事務に関し条例を制定することができる，と規定しているから，普通地方公共団体の制定する条例が国の法令に違反する場合には効力を有しないことは明らかであるが，条例が国の法令に違反するかどうかは，両者の対象事項と規定文言を対比するのみでなく，それぞれの趣旨，目的，内容及び効果を比較し，両者の間に矛盾牴触があるかどうかによつてこれを決しなければならない。例えば，ある事項について国の法令中にこれを規律する明文の規定がない場合でも，当該法令全体からみて，右規定の欠如が特に当該事項についていかなる規制をも施すことなく放置すべきものとする趣旨であると解されるときは，これについて規律を設ける条例の規定は国の法令に違反することとなりうるし，逆に，特定事項についてこれを規律する国の法令と条例とが併存する場合でも，後者が前者とは別の目的に基づく規律を意図するものであり，その適用によつて前者の規定の意図する目的と効果をなんら阻害することがないときや，両者が同一の目的に出たものであつても，国の法令が必ずしもその規定によつて全国的に一律に同一内容の規制を施す趣旨ではなく，それぞれの普通地方公共団体において，その地方の実情に応じて，別段の規制を施すことを容認する趣旨であると解されるときは，国の法令と条例との間にはなんらの矛盾牴触はなく，条例が国の法令に違反する問題は生じえないのである。」
補－1		土地区画整理事業計画決定事件・最大判平成20年9月10日民集62巻8号2029頁
		【土地区画整理事業計画決定の処分性】 「……，土地区画整理事業の事業計画については，いったんその決定がされると，特段の事情のない限り，その事業計画に定められたところに従って具体的な事業がそのまま進められ，その後の手続として，施行地区内の宅地について換地処分が当然に行われることになる。前記の建築行為等の制限は，このような事業計画の決定に基づく具体的な事業の施行の障害となるおそれのある事態が生ずることを防ぐために法的強制力を伴って設けられているのであり，しかも，施行地区内の宅地所有者等は，換地処分の公告がある日まで，その制限を継続的に課され続けるのである。 　そうすると，施行地区内の宅地所有者等は，事業計画の決定がされることによって，前記のような規制を伴う土地区画整理事業の手続に従って換地処分を受けるべき地位に立たされるものということができ，その意味で，その法的地位に直接

的な影響が生ずるものというべきであり、事業計画の決定に伴う法的効果が一般的、抽象的なものにすぎないということはできない。」

「もとより、換地処分を受けた宅地所有者等やその前に仮換地の指定を受けた宅地所有者等は、当該換地処分等を対象として取消訴訟を提起することができるが、換地処分等がされた段階では、実際上、既に工事等も進ちょくし、換地計画も具体的に定められるなどしており、その時点で事業計画の違法を理由として当該換地処分等を取り消した場合には、事業全体に著しい混乱をもたらすことになりかねない。それゆえ、換地処分等の取消訴訟において、宅地所有者等が事業計画の違法を主張し、その主張が認められたとしても、当該換地処分等を取り消すことは公共の福祉に適合しないとして事情判決（行政事件訴訟法31条1項）がされる可能性が相当程度あるのであり、換地処分等がされた段階でこれを対象として取消訴訟を提起することができるとしても、宅地所有者等の被る権利侵害に対する救済が十分に果たされるとはいい難い。そうすると、事業計画の適否が争われる場合、実効的な権利救済を図るためには、事業計画の決定がされた段階で、これを対象とした取消訴訟の提起を認めることに合理性があるというべきである。」

「以上によれば、市町村の施行に係る土地区画整理事業の事業計画の決定は、施行地区内の宅地所有者等の法的地位に変動をもたらすものであって、抗告訴訟の対象とするに足りる法的効果を有するものということができ、実効的な権利救済を図るという観点から見ても、これを対象とした抗告訴訟の提起を認めるのが合理的である。したがって、上記事業計画の決定は、行政事件訴訟法3条2項にいう「行政庁の処分その他公権力の行使に当たる行為」に当たると解するのが相当である。」

補-2	小田急訴訟本案判決・最判平成18年11月2日民集60巻9号3249頁
	【計画裁量とその限界——判断過程統制審査】 「都市計画法は、都市計画について、健康で文化的な都市生活及び機能的な都市活動を確保すべきこと等の基本理念の下で（2条）、都市施設の整備に関する事項で当該都市の健全な発展と秩序ある整備を図るため必要なものを一体的かつ総合的に定めなければならず、当該都市について公害防止計画が定められているときは当該公害防止計画に適合したものでなければならないとし（13条1項柱書き）、都市施設について、土地利用、交通等の現状及び将来の見通しを勘案して、適切な規模で必要な位置に配置することにより、円滑な都市活動を確保し、良好な都市環境を保持するように定めることとしているところ（同項5号）、このような基準に従って都市施設の規模、配置等に関する事項を定めるに当たっては、当該都市施設に関する諸般の事情を総合的に考慮した上で、政策的、技術的な見地から判断することが不可欠であるといわざるを得ない。そうすると、このような判断は、これを決定する行政庁の広範な裁量にゆだねられているというべきであって、裁判所が都市施設に関する都市計画の決定又は変更の内容の適否を審査するに当たっては、当該決定又は変更が裁量権の行使としてされたことを前提として、その基礎とされた重要な事実に誤認があること等により重要な事実の基礎を欠くこととなる場合、又は、事実に対する評価が明らかに合理性を欠くこと、判断の過程において考慮すべき事情を考慮しないこと等によりその内容が社会通念に照らし著しく妥当性を欠くものと認められる場合に限り、裁量権の範囲を逸脱又はこれを濫用したものとして違法となるとすべきものと解するのが相当である。」

補-3	河川地附近地制限令違反事件・最大判昭和43年11月27日刑集22巻12号1402頁
	【憲法29条3項に直接基づく損失補償請求の可否】 「しかし，同令4条2号による制限について同条に損失補償に関する規定がないからといつて，同条があらゆる場合について一切の損失補償を全く否定する趣旨とまでは解されず，本件被告人も，その損失を具体的に主張立証して，別途，直接憲法29条3項を根拠にして，補償請求をする余地が全くないわけではないから，単に一般的な場合について，当然に受忍すべきものとされる制限を定めた同令4条2号およびこの制限違反について罰則を定めた同令10条の各規定を直ちに違憲無効の規定と解すべきではない。」
補-4	盛岡都市計画制限補償請求事件・最判平成17年11月1日判時1928号25頁
	【長期の建築制限と損失補償の可否】 「上記目録2記載の土地は，当初，市街地建築物法26条，市街地建築物法施行令30条，同法7条，9条により，特別の事由があるとして行政官庁の許可を受けない限りそこに建築物を突出させることができないこととなり，昭和25年11月23日に建築基準法が施行された後は，昭和43年法律第101号による改正前の同法44条2項に基づく建築物の建築の制限を課せられていた。さらに，昭和44年6月14日に都市計画法が施行されて以降，上記都市計画は，都市計画法施行法2条にのっとり都市計画法の規定による都市計画とみなされることとなったため，同土地は，同法53条に基づく建築物の建築の制限を受けている。」 「原審の適法に確定した事実関係の下においては，上告人らが受けた上記の損失は，一般的に当然に受忍すべきものとされる制限の範囲を超えて特別の犠牲を課せられたものということがいまだ困難であるから，上告人らは，直接憲法29条3項を根拠として上記の損失につき補償請求をすることはできないものというべきである。これと同旨の原審の判断は，是認することができ，原判決に所論の違法はない。」

■著者紹介

大島 義則（おおしま・よしのり）

　1983年生．慶應義塾大学大学院法務研究科専門職学位課程修了
　2009年弁護士登録
　現在，弁護士
〔主要業績〕
『行政法ガールⅡ』（法律文化社，2020年）
『憲法ガールⅡ』（法律文化社，2018年）
『憲法ガール Remake Edition』（法律文化社，2018年）
『憲法ガール』（法律文化社，2013年）
『ソーシャルメディア時代の個人情報保護Q＆A』（日本評論社，2012年／分担執筆）

Horitsu Bunka Sha

行 政 法 ガ ー ル

2014年7月20日　初版第1刷発行
2025年5月20日　初版第10刷発行

著　者　　大島義則

発行者　　畑　　　光

発行所　　株式会社 法律文化社

〒603-8053 京都市北区上賀茂岩ヶ垣内町71
電話 075(791)7131　FAX 075(721)8400
customer.h@hou-bun.co.jp
https://www.hou-bun.com/

印刷：西濃印刷㈱／製本：㈱吉田三誠堂製本所
装幀・挿画：坂井えみり
ISBN 978-4-589-03611-7
Ⓒ2014　Yoshinori Oshima　Printed in Japan

乱丁など不良本がありましたら，ご連絡下さい。送料小社負担にてお取り替えいたします。
本書についてのご意見・ご感想は，小社ウェブサイト，トップページの「読者カード」にてお聞かせ下さい。

JCOPY〈出版者著作権管理機構　委託出版物〉

本書の無断複写は著作権法上での例外を除き禁じられています。複写される場合は，そのつど事前に，出版者著作権管理機構（電話 03-5244-5088，FAX 03-5244-5089, e-mail: info@jcopy.or.jp）の許諾を得て下さい。

大島義則先生の既刊本

法科大学院生，司法試験・予備試験受験生必携!!

小説形式で司法試験の過去問をわかりやすく解説。
主張と反論というかたちでくり広げられる僕とその仲間たちとの会話から，
合格答案作成の作法を楽しく修得。解答例で出題趣旨等を徹底的に分析。

行政法ガールⅡ 〔平成26〜令和元年の答案例〕

●A5判・234頁・並製 **2,530**円

平成26〜令和元年司法試験論文試験の解き方を指南。裁量基準，原告適格など受験生が悩みがちな論点を掘り下げて解説。個別の処分根拠法規だけでなく，実質的な処分根拠法規の意味内容を探究する「仕組み解釈」の技術を会得できる。

憲法ガールⅡ 〔平成25〜30年の答案例〕

●A5判・224頁・並製 **2,530**円

小説形式で平成25〜30年の司法試験論文式問題の解き方を指南。出題意図をよみとるコツ，各論点の考え方，答案作成のテクニック（当事者の主張・反論・私見の書き方）を解説し，平成30年にみられるリーガルオピニオン型の出題形式の動向にも全面的にフォローする。

憲法ガール Remake Edition 〔平成18〜24年の答案例〕

●A5判・262頁・並製 **2,750**円

紛争・訴訟を念頭におき主張・反論・私見の論述を求める司法試験問題の解き方を指南。平成18〜24年の答案例として，『憲法ガール』(2013年刊)の全論点網羅型のものに，試験当日の限られた時間内でも作成できるよう短い答案例を追加。引用文献・判例一覧をアップデート。

法律文化社
表示価格は消費税10%を含んだ価格です